U0570670

剥茧抽丝看历史

后妃争议

闫林林◎编著

似嗔似怨，动摇半壁江山
卷起珠帘，揭秘如烟往事

陕西新华出版传媒集团
三秦出版社

图书在版编目（CIP）数据

后妃争议 / 闫林林编著. -- 西安：三秦出版社，
2014.5（2022.3 重印）
（剥茧抽丝看历史）
ISBN 978-7-5518-0787-6

Ⅰ.①后… Ⅱ.①闫… Ⅲ.①后妃—生平事迹—中国
—古代—通俗读物 Ⅳ.①K828.5-49

中国版本图书馆 CIP 数据核字(2014)第 103905 号

后妃争议

闫林林　编著

出版发行	陕西新华出版传媒集团　三秦出版社	
社　　址	西安市雁塔区曲江新区登高路 1388 号	
电　　话	（029）81205236	
邮政编码	710061	
印　　刷	三河市燕春印务有限公司	
开　　本	710mm×1000mm　1/16	
印　　张	16	
字　　数	200 千字	
版　　次	2014 年 5 月第 1 版	
	2022 年 3 月第 3 次印刷	
印　　数	6001-11000	
标准书号	ISBN 978-7-5518-0787-6	
定　　价	59.80 元	

网　　址	http://www.sqcbs.cn

前　言

　　中国是一个对历史文化的传承极其重视的国家。中国拥有五千年的历史，创造出了无比灿烂的文化。如果你想要更好地了解中国的历史，那么最好从历史上重量级人物的争议以及重要事件的争议上细细地进行观看。

　　皇帝是历史的缩影，从他们或悲或喜的一生中，或神奇或平淡的故事中，隐现了中国封建历史的发展轨迹。正所谓"观看君王沉浮间的经历轶闻，洞悉君王宝座中的权利奥秘"。

　　宰相是一人之下、万人之上的大人物，在中国古代的政治舞台上扮演着非常重要的角色。如果一朝之宰相清正刚廉、直言敢谏，那么，将会有利于社稷的安定与百姓的幸福，会流芳百世，被后人称赞；倘若一朝之宰相阿谀逢迎、卖官鬻爵，那么必将会对社会的安定与百姓的生活带来危害，会遗臭万年，遭后人唾骂。

　　在历史的长河中，不只有帝王将相，还有很多花容月貌的妃子。千万不要小看了这些女人，她们在很多风云大事、江山更迭中起着至关重要的作用。可以说，这些女子在潜移默化或一颦一笑间，就可以舞动政治的波澜。

　　宦官是世界上古代所有帝国的一个特殊的人群，在中国历史上扮演着非常重要的角色。他们或谨守本分，努力工作，为整个朝代做出了突出的贡献；或操纵天子，总揽大权，加速了朝廷的灭亡……

　　除了重要人物之外，几乎每个朝代都会出现几个不同的党派，他们因立场不同、观点不同，对事物的看法也不相同，为此他们常常争论不休，各自阐述自己的理由，为了战胜对方，甚至不惜使用政治手段。本套丛书再现各朝党政内幕，坐看权柄更替。

　　在历史的长河中，曾发生过多起叛乱，比如八王之乱、安史之乱等。他们在权力、钱财、美色或其他诱因的刺激下，对权利充满了无限的欲望，渴望通过政变获得更大的权利……

　　中华民族的历史是一部多灾多难的历史，几千年来出现了众多大小冤案。在这里，读者将看到最具代表的冤假奇案，探知最不为人知的隐秘故事。

　　本套丛书分为《皇帝争议》《宰相争议》《后妃争议》《宦官争议》《党争争议》《叛乱争议》与《冤案争议》七册，从不同的方面详细地再现了历史的真相，正所谓"抽丝剥茧看历史，清晰明了又深刻"！

目　录

第一章　心狠手辣的吕雉 ·········· 1

后妃档案 ·········· 2

人物简评 ·········· 3

生平故事 ·········· 3

　因"命相"结成了夫妻 ·········· 3

　费尽心思保刘盈 ·········· 5

　诛杀有功之臣 ·········· 8

　"人彘惨案" ·········· 11

　吕氏集团不断膨胀 ·········· 13

　临死之前的梦魇 ·········· 15

第二章　历经四朝的窦漪房 ·········· 17

后妃档案 ·········· 18

人物简评 ·········· 20

生平故事 ·········· 20

　出身贫寒却令人羡慕 ·········· 20

　麻雀也能变凤凰 ·········· 23

　用爱心行动寻找失散的亲人 ·········· 27

　真情敌是小男人邓通 ·········· 29

　外戚专权的延续 ·········· 32

第三章　爱情失败的陈阿娇 ………………………… 37

　　后妃档案 …………………………………………… 38

　　人物简评 …………………………………………… 39

　　生平故事 …………………………………………… 39

　　　　藏在阴谋和利益下的佳话 ……………………… 39

　　　　极度膨胀的嫉妒之心 ……………………………… 42

　　　　千古巫蛊带来的恶果 ……………………………… 45

　　　　千金买赋终无用 …………………………………… 47

第四章　草根上位的卫子夫 ………………………… 51

　　后妃档案 …………………………………………… 52

　　人物简评 …………………………………………… 53

　　生平故事 …………………………………………… 53

　　　　无心插柳柳成荫 …………………………………… 53

　　　　风雨过后就是彩虹 ………………………………… 56

　　　　兄弟家人也都飞黄腾达 …………………………… 58

　　　　稳坐皇后之位 38 年 ……………………………… 61

　　　　成败皆因巫蛊 ……………………………………… 64

　　　　草根皇后卫子夫 …………………………………… 67

第五章　绝色恶毒的赵飞燕 ………………………… 69

　　后妃档案 …………………………………………… 70

　　人物简评 …………………………………………… 71

　　生平故事 …………………………………………… 71

　　　　从弃婴到皇后 ……………………………………… 71

　　　　肆意淫乱后宫 ……………………………………… 76

　　　　残害皇帝嫔妃子嗣 ………………………………… 80

　　　　恶性最终得到报应 ………………………………… 82

第六章　贤心妒肠的独孤皇后 ············· 85

后妃档案 ························· 86

人物简评 ························· 87

生平故事 ························· 87

立下忠贞不二的誓言 ··············· 87

帮助丈夫争夺天下 ················ 89

熊熊燃烧的妒忌之火 ··············· 93

做事绝不徇私枉法 ················ 96

错换太子的遗恨 ················· 98

第七章　为权力而生的武则天 ············· 105

后妃档案 ························ 106

人物简评 ························ 108

生平故事 ························ 108

被迫入尼姑庵修行 ················ 108

再次回到皇宫 ·················· 111

耍尽手段夺皇后位 ················ 113

对皇权进行挑战 ················· 117

与亲儿子争夺权力 ················ 120

终于如愿登基称帝 ················ 123

第八章　奇才薄命的上官婉儿 ············· 127

后妃档案 ························ 128

人物简评 ························ 129

生平故事 ························ 129

家中遇难技艺早成 ················ 129

伴"后"如伴虎 ················· 131

才华出众　德行欠缺 ……………………………………… 135

政治斗争中丧命 ………………………………………… 138

第九章　招祸惹灾的杨玉环 ……………………… 143

后妃档案 …………………………………………………… 144

人物简评 …………………………………………………… 146

生平故事 …………………………………………………… 146

抢夺儿子的妻子 ………………………………………… 146

荒唐的转变 ……………………………………………… 150

与皇帝进行"较量" ……………………………………… 152

亲戚、干儿子化为"狼虎" ……………………………… 156

终尝恶果　一命呜呼 …………………………………… 159

第十章　有吕武之才的刘娥 ……………………… 163

后妃档案 …………………………………………………… 164

人物简评 …………………………………………………… 166

生平故事 …………………………………………………… 166

初识刘恒暗相会 ………………………………………… 166

问鼎皇后之位的艰难历程 ……………………………… 169

丈夫去世　临朝听政 …………………………………… 174

正式成为大宋的统治者 ………………………………… 177

想方设法提高母族地位 ………………………………… 178

内外均治理得井然有序 ………………………………… 180

刘娥、仁宗与李氏之间的纠结 ………………………… 182

告别人世还政权 ………………………………………… 184

第十一章　仁心厚德的马秀英 …………………… 189

后妃档案 …………………………………………………… 190

人物简评 ·· 191

生平故事 ·· 191

　　患难夫妻　共创基业 ···················· 191

　　仁厚贤德协助治国 ························ 196

　　帝后性格与手段互补 ···················· 200

　　家庭式的管理 ···························· 203

　　令人感动的临终遗愿 ···················· 205

第十二章　为政治牺牲的阿巴亥 ·········· 207

后妃档案 ·· 208

人物简评 ·· 209

生平故事 ·· 209

　　一帆风顺的前半生 ························ 209

　　与皇太极进行较量 ························ 212

　　最后的生死决战 ·························· 216

第十三章　手握晚清命脉的慈禧 ·········· 221

后妃档案 ·· 222

人物简评 ·· 224

生平故事 ·· 224

　　进宫选秀得宠爱 ·························· 224

　　诞下龙子升贵妃 ·························· 226

　　咸丰去世　辛酉政变 ···················· 228

　　慈禧的掌权之路 ·························· 238

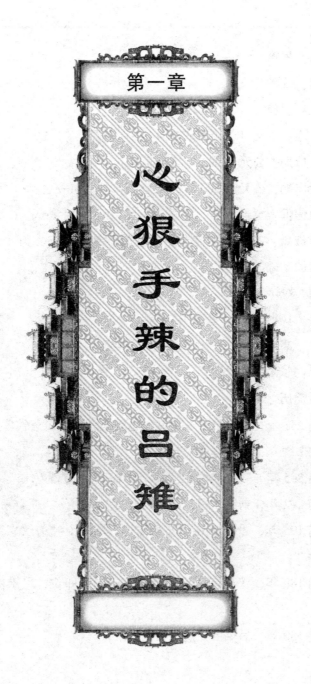

第一章

心狠手辣的吕雉

☆姓名：吕雉

☆别名：吕娥姁

☆民族：汉族

☆出生地：单父（今山东省单县）

☆出生日期：公元前241年（辛酉年）

☆逝世日期：公元前180年

☆宗教信仰：黄老之学

☆主要成就：与刘邦共定天下，临朝称制十六年，为"文景之治"奠定了坚实的基础。

☆配偶：刘邦

☆子女：1个儿子，1个女儿

☆谥号：高皇后

☆陵墓：长陵

☆生平简历：

公元前241年，吕雉出生在单父，也就是今天的山东省单县。

公元前224年，吕雉嫁给刘邦为妻。

公元前205年，刘邦被项羽打败，吕雉被俘，成为人质。

公元前202年，刘邦称帝，吕雉为皇后。

公元前195年，吕雉的儿子刘盈即位，历史上称为汉惠帝，吕雉被尊为皇太后。

公元前188年，汉惠帝因为疾病去世，少帝即位，吕雉被尊为太皇太后。

公元前180年，吕雉因为疾病去世。

人物简评

　　在中国历史上，她是第一个专权的后宫之主。她既有能力，又有魄力，为创建大汉王朝费劲了心思；她既有缜密的心思，又有狠毒的心肠，为了追求权力，可以不择手段：杀功臣、害后宫、诛刘姓王等。她是谁? 她就是汉高祖刘邦的皇后——吕雉。

　　在中国封建史上，吕雉可以说是一个非常著名的后宫人物。她不仅干政，而且最终还成功地掌权了。为了达到自己的目的，她用尽了方法，耍尽了手段，其果断、其凶狠，实在令人汗颜，同时也给后人留下了非常深刻的印象。

　　当然了，我们也不能否认吕雉确实有胆量，有谋略，为大汉王朝的建立与发展作出了杰出的贡献，是中国历史上一位非常出色的女性统治者。

生平故事

因"命相"结成了夫妻

　　吕公，也就是吕雉的父亲与沛县的县令是好朋友，因为受到了他人的诬陷而逃到了好朋友家里避难。吕雉在跟随父亲逃跑的日子中，非常真切地看到了人世的险恶。非常幸运的是，他们来到县令家之后，暂时地可以确保平安了，他们的生活重新恢复了以往的平静。

　　那个时候，刘邦还仅仅是一个小亭长，萧何则是县令的属官。因为沛县的官吏与英雄豪杰们听到县令家中来了贵客，都纷纷前去祝贺。刘邦也接受了萧何的邀请一起去县令家拜会吕公，令他意想不到的是，正是这次的拜会，改变了他的命运。

吕雉天生就是一个天生丽质的美人，拥有非常高贵的气质。吕公擅长看相，认为这个女儿非比寻常，将来必定是人中凤凰，于是将其视为掌上明珠，非常宠爱。即便是当县令的好朋友向他求亲，他也没有答应。而当吕公在众多的宾客中看见刘邦的时候，对于他奇贵的命相很是惊讶，感觉他才是能够配得上女儿的人。刘邦听了之后，非常惊喜，因为他只不过靠着运气才得到了一个相当小的官，而且整天里不学无术，而吕公竟然说他命相十分奇贵，还要将他仙女一样的女儿嫁给他。当地好人家的女儿都不想嫁给他为妻，如今，却能够娶到这样一位貌美如花的娘子，他怎么能够不惊不喜呢？

尽管吕雉的母亲对于刘邦非常不满意，但是，吕公却始终坚持那个决定，最后，吕夫人实在没有办法也就同意了。于是，刘邦与吕雉就这样走到了一起。虽然命相之说很难让人信服，但是这对夫妻的结合，倘若从后来发生的事情来看，还真的有一点儿天作之合的意思。

当时的刘邦由于只是担任一个小亭长的职务，地位卑下，需要处理的事情也不多，更不用说经历什么大风大浪，因此，他更多的时间都是在与吕雉一起享受平凡而且温馨的生活，日子过得非常殷实。几年之后，吕雉为刘邦生下一个儿子与一个女儿，更是给原本就很幸福的生活增加了喜事。

秦二世元年，也就是公元前 209 年，当陈胜吴广在大泽乡揭竿起义，并且对全国各地产生很大影响的时候，一时之间，天下的时局出现了大乱。这个时候，刘邦也不再继续贪恋与妻子的这种平静的幸福，而是对陈胜吴广的起义积极响应，率领起义军为推翻秦朝的暴政而奋斗，同时也开始了他人生中的新历程。吕氏家族的人全都加入了由刘邦统领的起义军。

当秦王朝灭亡之后，诸家起义军的结盟也就此结束了，刘邦和项羽变成了敌人。几年之后，刘邦的部队被项羽的部队打得落花流水，溃不成军，父亲太公以及妻子吕雉也落入了项羽的手中，成为了人质，刘邦在万般不得已的情况下，带着儿女以及残余的部下投靠了吕雉的兄长

——吕泽。在通过几年的整顿之后，刘邦的元气慢慢地恢复了，直到汉高祖四年，也就是公元前203年九月，才与项羽以鸿沟作为界中分天下，划定了楚河汉界。这就是历史上非常著名的"楚汉争霸"时代。在这个时候，项羽把太公和吕雉归还给了刘邦。太公的年龄已经太大了，他唯一的意义就是刘邦的父亲，但将吕雉还回去，则代表着为刘邦增添了智谋上的力量。吕雉天生聪慧而勇敢，尽管被项羽关押了好几年，但是却没有表现出过任何害怕的神色，甚至还可以看出项羽的诸多弱点。项羽将她送回刘邦的身边，就相当于给自己又增加了一枚非常危险的棋子。果不其然，没有过多长时间，刘邦的大将——韩信率领大军将项羽围在了垓下，还逼得西楚霸王项羽在乌江自刎而亡，刘邦最终夺下了整个天下，创建了大汉王朝。刘邦登基称帝，历史上称为汉高祖；吕雉自然成为了皇后；他们的儿子刘盈自然而然地就被封为太子；女儿也被册封为鲁元公主，嫁给了张敖作为妻子，

项羽在鸿门宴上放过刘邦是一个大错，放过吕雉又是一个大错。吕雉是什么样的人？可惜西楚霸王项羽竟然没有看出她的能力，殊不知，这个女人也是导致他毁灭的重要因素之一。

费尽心思保刘盈

刘邦登基称帝之后，吕雉皇后就住在长乐宫中，却不能够非常惬意地去享受椒房殿的温馨与芬芳，她需要帮助刘邦处理各种各样的事务。最开始的几年，因为朝廷是一个"布衣将相"的格局，这些大臣以前都是与刘邦平起平坐的，大部分的诸侯国王都是和他一起打天下的有功之臣。平常在宫里设宴的时候，有些武将总是醉酒失态、狂呼乱叫、拔剑乱砍，嘴里也总是一些骂人的话，朝廷上一点儿也不成体统，刘邦也没有办法控制他们，直到后来宫里制订了条条框框的宫规，这种情况才慢慢变好了，刘邦也才真正体会到了做天子的乐趣。

古代的帝王在位高权重的时候，一定会贪恋美色。刘邦原本就是一

个好色之人，只因为在打天下的时候，没有太多时间去想这些东西，如今，自己成为天子，自然也该好好享受美人恩爱了。他在山东起兵的时候，曾经娶了一个长得非常美的女子，也就是历史上所说的戚夫人。后来，戚夫人给刘邦生了一个儿子，名叫刘如意。刘邦对于这个小儿子是十分喜爱，远远超过了对他的大儿子刘盈的喜爱。在小如意十岁的时候，刘邦就封他为赵王。吕雉将这一切都看在眼里，自知自己已经不再年轻漂亮了，危机也已经开始悄悄地潜伏了。

刘邦在位的时候，依旧东征西讨，到处平乱，并且经常将戚夫人带在自己身边。而那个时候的吕后，却已经年老色衰，失去刘邦的宠爱了。而对于她而言，更大的威胁是，戚夫人对于刘邦的宠爱并不是满足，她希望刘邦能够改立自己的儿子如意为太子，这样一来，自己的将来就能够成为尊贵的皇太后了。刘邦欣然答应了，因为他不太喜欢刘盈，觉得他太懦弱，以后肯定他成不了什么大器。于是，他准备在上朝的时候与大臣们一起商议这件事情。

但是，刘邦低估了自己的皇后吕雉。他以为自己已经是天子，就可以目空一切，根本不用考虑吕后的存在。吕雉怎么可能让他得逞呢？而且，吕雉深沉的心思，绝对是刘邦想不到的。与此同时，令他感到意外的是，不但吕后，而且群臣也不同意。

此议一出，朝廷众臣就一致反对。因为刘盈担任太子已八年了，倘若没有任何理由突然就被废了，朝廷将会失去威严，也失去人心，影响将会非常明显。刘邦虽然心中不高兴，但是感觉众大臣的话也是有一定的道理的，就只好暂时将这件事情放下，但是却并没有放弃希望。

吕后在东厢偷听诸臣争议这件事情的时候，心里非常紧张。她能够看出刘邦的心已经偏向了戚夫人和刘如意。尽管朝中大臣都不同意更换太子，但是她心里还是很不踏实，不知道该怎样做才可以躲过这一劫。

这个时候，吕后突然想到了张良。张良是刘邦手下最懂得用计之人，吕后就悄悄地派他的哥哥吕释之去向张良求援。果不其然，张良只出了一个主意就将吕后的担忧解除了。他说："皇上自从登位之后，有四个德

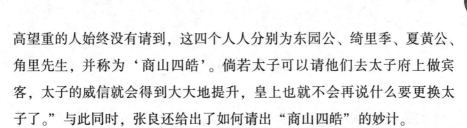

高望重的人始终没有请到，这四个人人分别为东园公、绮里季、夏黄公、角里先生，并称为'商山四皓'。倘若太子可以请他们去太子府上做宾客，太子的威信就会得到大大地提升，皇上也就不会再说什么要更换太子了。"与此同时，张良还给出了如何请出"商山四皓"的妙计。

吕释之把张良的话告诉吕后之后，吕后非常高兴，就依据张良的计谋给四位高士送去了很多财物，而且以言语相劝。四位高士得知当今的皇后与太子这样看中自己，又送来了如此多财物，心中非常高兴，于是，就接受了吕后的邀请。吕后的心这才彻底地放下来。

汉高祖十一年，也就是公元前196年，淮南王英布发动叛乱。刘邦因为有病在身，就想要派遣太子刘盈率领兵将前去征讨。但是，刘盈从来没有打过仗，"商山四皓"看到这样的情景，就献计说，如果太子率军出征，胜则无果，败则损威，有百害而无一利。吕释之将这些话转达给吕后，吕后就按照他们的话前去劝说刘邦，并且说刘盈年纪还小，不可以指挥那些久经沙场的老将。而皇上则完全不同了，尽管有病在身，但是威风却在，即便是带病打仗，也肯定能够胜利而归的。虽然刘邦心中对此很不高兴，但是却无言以辩，最后不得不带着病再一次亲自出征了。

刘邦平定英布叛乱，回朝之后，病情加重了，担心自己不久就要离开人世了，就再一次提出更换太子的事情。吕后听说这件事情后，心中非常惶恐。为了防止太子之事有变，她悄悄地安排好了一切事情。当一次庆宴在朝中举行的时候，太子由"商山四皓"陪同一起上朝拜贺。当刘邦看到这四位他非常尊重却多次邀请也没有请到老者的时候，非常吃惊，就问他们其中的原因。"商山四皓"回答说："太子仁孝恭敬，尊礼儒士，天下士子都引颈愿为太子所用。"刘邦被这话深感震撼，就叹了一口气，对戚夫人说："太子的羽翼已经丰满，现在又有了这四位贤者的辅助，将来一定可以执掌天下，更换太子的时候，就此作罢吧。"

在"是否更换太子"这个斗争当中，吕后最终是以全胜结束。由此可见，她的心计是多么深沉啊。到这个时候，吕后之威，已经没有人可以撼动了！

诛杀有功之臣

吕后非常有心计，而且出手也是相当果断而狠毒的。在国家慢慢地稳定之后，她开始逐渐地将一些朝廷重臣视为眼中钉、肉中刺。如果不将这些人除去，将来肯定会成为自己的后患的。于是，她就开始将注意力转移到朝中异己上。在这个过程中，她的果断与狠毒得到了淋淋尽致的发挥。

刘邦打天下的时候，手下有一位著名的将领——韩信。他为大汉王朝的创建立下了不朽的功勋。但是，当天下统一之后，韩信的才华就慢慢地失去了用处，再加上功高盖主，后来，就开始被刘邦猜忌，并且被降为淮阴侯。这让韩信非常郁闷、颓废。韩信使用了很多消极的方式进行反抗，经常闭门不出，即使皇上召见，他也借助生病作为借口拒绝前往。吕后更是将韩信看作是心腹大患，觉得必须除掉他，自己才能够心安。因此，她就不断地思考着如何尽快将韩信除掉。

韩信善于带兵打仗，但对于使心眼、耍诡计就显得力不从心了。于是，在与吕后的较量当中，他已经非常明显地处于弱势。以往威武的大将军，竟然落难于此，真是太可悲了！吕后没有给韩信任何翻身的机会，而韩信竟然没有丝毫招架之力。

就这样，韩信在猜忌与压抑的环境中，终于忍无可忍，最后选择了反叛的道路。他趁着刘邦离开京城平叛的机会，打算假传圣旨，将城中被拘禁的罪犯和奴隶全部赦免，然后，再将吕后与太子制伏，将朝政控制在自己的手中。韩信没有想到的是，百密总会有一疏，因为家中有一个奴仆得罪了他，他就把这个人囚禁起来，并且想要杀了。那个人的弟弟想要救自己的哥哥，就连夜来到吕后这里将韩信的计划告诉了吕后。

吕后急忙召来萧何，并与之商量了一条计策，想要让韩信自投罗网。这个时候的萧何早已成为了吕后的忠实部下，面对昔日的好兄弟，他也没有丝毫的犹豫，一心准备着将韩信除去。

吕后派人假装是从前线回来的，说刘邦已经取得了胜利，用不了几

天就来回来了，命令众位大臣上朝祝贺．韩信就以生病为借口不去。吕后看到之后，知道韩信不是一个会轻易中计的人，就派萧何去请。萧何曾经对韩信有恩，"萧何月下追韩信"的故事被人们千古传颂，说的就是，当年，韩信在刘邦手下一直没有得到重用，有些灰心丧气，就跟着别的将领逃跑了。而萧何平日在与韩信聊天的时候，已经看出他有大才，就去将他追了回来，并且在刘邦面前大力推荐韩信，说他是一位非常难得的军事奇才，希望刘邦能够重用他。于是，刘邦拜韩信为大将军。后来，事实也证明，韩信没有辜负萧何的期望，展现了自己的旷世奇才。萧何对于韩信的知遇之恩，韩信一直是没齿难忘！因此，现在，萧何亲自来请韩信，即使韩信还有所怀疑，也不能推迟了。吕后正是看准了这一点，才派萧何出马的，最后也成功地将韩信诱了出来。

韩信刚刚踏入宫门，事先埋伏在那里的武士就立即将韩信给擒获了，并且押到了吕后的面前。吕后说了韩信的好几大罪状．韩信听到吕后这样说，心中很清楚吕后是一定要杀了自己的，无奈之下只能仰天长叹道："飞鸟尽，良弓藏；狡兔死，走狗烹……"吕后命令，把韩信斩于长乐宫钟室，至于韩信的亲戚朋友也没有一个人幸免的，全部都受到了株连。刘邦平定叛乱回来之后，得知吕后处死了韩信这件事情，不仅没有怪她，而且自己心中反而是一块石头落地了。但是，他对此也感到非常惋惜，毕竟韩信有着惊天动地的才华，也曾经帮助自己立下过很大的功劳，现在就这样被处死了，心中还是有心舍不得的，但他更多的却是感觉心中踏实了很多，自己的皇位更加稳固了，再也不用担心韩信这个军事奇才将来可能与自己作对了。

韩信死了之后，异己并没有就此消灭干净，于是，第二个目标就是梁王彭越。在楚汉争霸的时候，彭越是刘邦手下的一员大将，尽管他没有韩信的功劳大，但是也是战功赫赫．刘邦坐了江山之后，就册封彭越为梁王。但是，当刘邦出征平叛的时候，让他领军讨伐叛贼的时候，他却不愿意去，就故意以生病作为借口不出，刘邦对此很是恼怒，就把他贬为庶人，流放到蜀地青衣县。

当他走到郑县的时候，正好碰到吕后从这里经过，他就向吕后说了自己的冤情，希望吕后可以为自己求情，不要求还能够做官，只求能够让他回到老家——昌邑。吕后听完后，立即答应了他的请求，并且把他带回了长安.

刘邦看到吕后这样公然违背自己的旨意，非常吃惊，就质问吕后为什么要这么做，吕后却胸有成竹地回答："我带彭越回来并不是真的要替他求情，而是这样一个人物，如果起兵反叛，将来肯定会成为朝廷的心腹大患，怎么能够将他留在世上呢？"

刘邦深深地感受到自己的心机远远比不上吕后，对她由衷地佩服，就听从了她的建议，与吕后一起秘密谋划。之后，吕后就暗中指使人诬告彭越谋反，于是刘邦立即下诏书处死了彭越，并且灭了他的三族，而且这还没有完，还命人将彭越的尸身剁成了肉酱，遍赐诸侯王，以此作为警戒。可怜一代功臣彭越就这样死在了刘邦与吕后的手中，实在是太冤了！

当淮南王英布看见彭越的肉酱的时候，不禁胆颤心惊，整天坐卧不安，因为刘邦与吕后先后将韩信与彭越处死，下一个极有可能就该是自己了。于是，他当机立断率兵反叛。在他起兵之后，朝廷这边还曾经发生过一个小插曲，即刘邦原本想让刘盈出兵没有成功，最后只得亲自带兵出征的事情，上文已经提到过了，这里就不再赘述了。不过，刘邦虽然最终在平叛战役中获胜，但是刘邦也中了一箭，很长时间才治好。不久之后，卢绾也步了英布的后尘，认定自己将是下一个被害之人，因此，也起兵造反，在兵败之后，就投靠了匈奴，但是也没有躲过被杀的下场。

在朝廷中，吕后通过精心的策划和安排，帮助刘邦相继将所有的异姓王都铲除了，甚至即使是刘家的反对派也没有逃过这一劫，朝中大臣做事都变得小心翼翼，唯恐被刘邦与吕后认为有不臣之心，继而招来杀身之祸。与此同时，吕后也开始慢慢地扩大自己的势力，为她后来夺取政权奠定了坚定的基础。

在当时的朝廷之中，吕后狠毒的心肠，深沉的心思，可以说是无人能及的。自从诸位有功之臣先后被消灭后，不仅是那个时候的朝臣，就连后人听了之后也是又惊又怕，吕后之威，竟至于此！

"人彘惨案"

汉高祖十二年，也就是公元前 195 年四月，刘邦因为疾病去世了，17 岁的太子刘盈正式登基称帝，历史上称为汉惠帝，吕后自然也成为汉王朝的皇太后。

这个时候，吕后就想要大肆将异党铲除，打算将所有残余功臣宿将一举消灭。没有想到的是，走漏了消息，吕后的心腹审食其报告说，有人提示，周勃、陈平以及灌婴等手握重兵在外，数量达到数十万，如果吕后此时在朝廷内这样做，他们一定会同时造反，而朝中的各位大臣也一定会向他们倒戈的，到了那个时候，吕后一方就会陷入困境了。吕后听完之后，仔细想了想，觉得非常有道理，就暂时将这个念头打消了。于是，吕后就将目光转移到了戚夫人的身上。因为刘邦已经死了，戚夫人已经失去了刘邦做靠山，戚夫人与她的儿子赵王刘如意立即成了吕后的眼中钉、肉中刺。她马上采取行动，把戚夫人囚禁在永巷，将她的头发剪掉，给她戴上脚镣与手铐，让她穿上罪犯的衣服，每天舂米做苦力。于是，在未央宫的永巷中，每天都会传出非常悲伤的歌唱，令人听后十分心碎与心痛。

这个时候的戚夫人，不仅为自己的命运感到悲伤，而且更担心远在千里之外的儿子，也就是赵王如意。因为她害怕自己受罚之后，下一个就会轮到小如意身上。幸好刘邦在世的时候，已经料到自己百年之后，他们母子一定会有危险，就派了朝中一个地位非常高，而且最有正义感的相国——周昌跟在赵王如意的身边保护他。在刘邦在世的时候，这个周昌就敢于在刘邦的面前直言进谏，对于那些敢于顶撞自己或者令自己感到不安的臣子，刘邦都会想办法将其除去，但是偏偏这个周昌身上却有着一股让刘邦说不出来的惧意，每次听完他的谏言之后，就不禁予以考虑，不敢有丝毫的怠慢。与此同时，他也知道，这个周昌并不是一个普通人，有他保护如意，应该可以不用担心了.

当吕后听说戚夫人每天唱着含悲带怨恨的歌的时候，相当愤怒，马上决定将赵王如意除去，以便斩草除根，以绝后患。

想要除去赵王如意，就一定要先将周昌调开。吕后先后数次召见周昌，周昌知道这其中必定有一定的原因，就没有与之相见。吕后自然不会善罢甘休，就不断地施压，在这样的情况下，毕竟只是一个臣子的周昌最终还是被成功地调开了。如此一来，赵王如意就失去了保护伞。吕后立即派人召见赵王如意，他的年龄还小，周昌又离开了自己，尽管明明知道有危险，但是也只能前往长安。

当心地非常善良的汉惠帝刘盈听说这件事情之后，知道他的母亲想要加害如意，就决心要尽自己的力量保护弟弟。于是，他先母亲一步来到了长安城外，将弟弟如意迎接回宫。尽管如意差点夺走了他的皇帝之位，但是他并没有在意这些，而是顾念着兄弟之情，要保护弟弟的性命。他直接将弟弟如意安排在了自己的宫中，日夜进行看护，不管是寝食，还是出行，两个人都在一起。吕后对此是完全没有料到的，自己的儿子拼命保护着自己的敌人，她一时之间居然不知道该怎么办了。

但是，百密还是有一疏的，更何况刘盈年龄还不足 20 岁，心智肯定是有限的。尽管是一个小小的疏漏，却酿成了无法挽回的大祸！

有一天早晨，汉惠帝刘盈想要去打猎，但是接连好几天的早出晚归，让年幼的弟弟如意早已经非常疲惫了，刘盈不忍心将弟弟如意叫醒，想要让他多睡一会儿，就自己一个人出宫狩猎了。

令他想不到的是，自己一时的关爱，却让弟弟如意失去了性命！吕后正是趁着惠帝不在如意身边这个千载难逢的机会，派人强行给如意灌下了毒酒，鸩杀了赵王如意！可怜的如意当时仅仅只有 12 岁，就死在了吕后的魔掌中。当汉惠帝非常兴奋地满载猎物归来，想要与弟弟如意分享的时候，却得到了如意已经被毒死的消息。他大惊失色，内心万分悲痛，不禁抚摸着弟弟的尸体狠狠地痛哭，但是也无济于事了。他只能将弟弟如意按照王礼安葬了，这也是他能够为弟弟如意所做的最后的事情了。

惠帝与他的母亲吕后斗，还显得太嫩了一些，吕后想要杀的人，谁也阻止不了。除掉赵王如意之后，吕后就更加得意了，她不甘心让戚夫人轻易地死去，就想出了一条灭绝人性的毒计。

她的这个计划可以说是惨绝人寰！她先派人将戚夫人的四肢砍掉，将她的双眼挖去，然后使用药物将她的两只耳朵熏聋，再给她喂了哑药，使她口不能言，然后把她扔到了猪圈中，称为"人彘"。吕后为了展示自己的"得意成果"，就约上他的儿子汉惠帝一起前去观看。当汉惠帝看到以前美丽端庄的戚夫人居然变成了这样一个怪物的时候，不禁大惊失色，回到寝宫之后，就生了一场重病，心中异常悲伤，他怎么也没有想到，自己的母亲竟然这样恶毒。他看到朝政大权都在吕后的手中，虽然自己是皇帝，但是却没有实权，在心灰意冷之际，就开始纵情声色，不再管朝政了。尽管他知道自己这样放纵自己，必定会对自身的健康产生不好的影响，甚至会危及生命，但是，他也顾不了那么多了，在这样的环境中生活，让他生不如死。所以，他把一切都抛之脑后，一天到晚知道饮酒作乐，不管外面发生什么事情，也都与自己没有关系。从此之后，吕后更是将大权紧紧地握在手中，控制着朝廷的一切！

吕氏集团不断膨胀

吕后掌控大权之后，就开始大肆地铲除异己。虽然非常狠毒，但是对于自己的儿子与女儿还是十分疼爱的，不管是谁，只要对她的儿子与女儿有什么想法，她都会立即将其铲掉。与此同时，她开始大力培植吕姓家族在朝中的势力，似乎想要将刘姓天下变成吕姓天下。为了更好地控制朝廷将来的大权，她让女儿鲁元公主，也就是汉惠帝的姐姐的女儿嫁给了汉惠帝，并且立其为皇后，历史上称为张皇后。外甥女嫁给舅舅，这样的结合完全属于乱伦，但是吕后根本不管，只要权力将来不落入别人手中就好了。不过，可惜的是，后来，张皇后一直没有生育，吕后不由地开始发愁，不知道该怎样立太子。刘邦的其他儿子倒是有很多，但是与自己都没有任何的血缘关系，当然不能将这样的机会送给他们。在百般无奈之下，吕后又想到了一个计谋，把惠帝和一个姬妾所生的儿子交给张皇后抚养，然后再将孩子原来的母亲杀掉，如此一来，她认为朝政大权将来就不会落入他人手中了。这个养子就被立为太子，以便日后继承帝位。

惠帝七年，也就是公元前188年八月，惠帝由于无尽地放纵终于使得自己被疾病缠身，并且没有过多长时间就去世了。这个时候的吕后已经年逾花甲，面对汉惠帝的去世，她哭声震天，但是却没有掉一滴眼泪，众位大臣都感到非常奇怪。

当时，张良已经去世了，他的儿子张辟疆只有15岁，但是却相当聪明，他对丞相陈平说道："太后的儿子刚刚去世，惠帝的儿子们都还小，她一定担心不能够统领诸臣，于是产生非常大的疑惧，这样下去，诸位大臣的性命就危险了。"

陈平心中感到非常不安，但却没有良好的计谋。张辟疆却胸有成竹，建议陈平帮助吕后培养吕家的势力，让太后的亲人吕产、吕台以及吕禄担任重要职务，其他吕家人也都正式进宫做官，官职都要大一些，这样一来，诸位大臣的杀身之祸就可以解除了。

陈平听完之后，虽然感到有些不妥，但是也没有别的什么办法，也只好暂时按照这样去办理这件事情了。果不其然，吕后知道这个结果之后，心中非常高兴，不禁长长地出了一口气，因为她终于能够让吕氏一族人都在朝中担任重要的职务了。兵权刚刚落入吕后的手中，她的丧子之痛才真正地流露出来，她才为儿子刘盈的去世哭出了眼泪。

汉惠帝死了之后，吕后就让张皇后的养子登基做了皇帝，历史上称为少帝。但是因为他的年龄太小了，再加上吕后的势力十分庞大，他这个皇帝基本上就是一个摆设，而吕后才是真正的主宰者。

吕后不停地为吕姓族人加官进爵，各处的关键职位都由吕姓人来担当。如此一来，用不了多长时间，恐怕这天下就要改姓吕了。在这个过程中，右丞相王陵曾经提出，高祖在世的时候曾经与大臣为盟，誓曰："不是刘氏而王，天下共击之。"这让吕后非常不满，而左丞相陈平与太尉周勃都非常清楚其中的利害关系，就说道："何人是天下之主就是何人说了算。当年高祖乃天下之主，自然可以那样说，现在吕后主宰天下，为什么不能以自己意见为主呢？"由此，吕后就看出了到底谁支持自己，谁反对自己。

后来，王陵大声指责陈平与周勃，这两个人却笑他不识大局，并且说："真正能够使刘家天下得以保全的，不是那种能够当面对吕后进行斥责的人，而是可以忍辱负重的义士。"没过多久，王陵就被罢黜官职了。从此之后，朝廷当中再也没有一个人敢与吕后作对。吕后就让陈平担任右丞相之职，辟阳侯审食其担任左丞相之职，追封父亲吕公为宣王，哥哥吕泽也以王位相赠，侄子吕台、吕禄等都被册封为王，而吕产、吕禄担任将军，分别统率南军和北军。

当朝廷已经慢慢地变成吕后的天下的时候，这里就一定要交代一个人物——少帝刘恭。虽然这个年龄不大的小皇帝只不过是一个傀儡，但是他毕竟有着自己的思想。当他得知自己的身世之后，就暗自发誓，等到自己长大之后，一定要报这个仇。非常可惜的是，他实在是年纪太小，没有经历过什么事情，这样轻易地将心中的想法说出来，怎么可能不被吕后的耳目听到呢？于是，吕后马上把他囚禁在永巷，对外声称少帝得了重病，没有办法见人，甚至都不允许周围的侍臣靠近他。没多久，少帝就被暗中杀害了。少帝死了之后，吕后就立汉惠帝的另一个儿子，也就是常山王刘义为皇帝，当然了，朝政大权依旧紧紧地握在自己的手中。

在封建历史上，吕后是第一个想要将天下改姓的女人，而且做得井然有序，相当到位。如果她能够再活更长点时间，也许汉朝的历史真的要被改写了。幸亏人的生命是有时限的，而她在生命走到尽头的时候，还没有来得及实施更大的动作，这可能也算是汉王朝的一种幸运吧！

临死之前的梦魇

吕后八年，也就是公元前 180 年七月，年近七旬的吕后患上了重病，她深深地知道自己活不了多长时间了，害怕自己死了之后，吕氏家族会有危险，就开始加紧了安排，希望可以让吕氏家族控制整个朝廷。但是，她在培养吕氏势力并且继续将刘邦旧臣铲除的过程中，反对的声音一天比一天高涨，自己的身体又越来越不好，所以，在连续几次受到挫折之后，心情异常抑郁，病情也随之变得更加严重了。长乐宫似乎笼罩在一片非常阴暗的气氛中，宫中人们一个个也是惊恐不安，都觉得会发生一些不寻常的事情，只是不知道会是什么事情，会不会牵连到自己。

吕后在宫廷中纵横了大半生，这个时候却病倒了在床上，她的心中突然产生了一种无法解释的悲凉和孤独。多年来，吕后的心中并不踏实，那两个被她害死的人经常出现在她的脑海中。而这个时候，已经没有力气再站起来的吕后，更是天天晚上梦到被自己制成"人彘"的戚夫人与被自己鸩杀的赵王刘如意前来索命。她在临死之前，还没有忘记册封吕产为相国，册封吕禄女为皇后，以便更好地巩固吕氏的天下。与此同时，她给吕产、吕禄等人留下了遗言，自己逝世之后，不用他们去送葬，而要将主要的精力放到兵权上，以便防止自己死了之后，在朝廷中引起变动，对吕氏一族产生什么不利。吕后安排好一切之后，终于闭上了眼睛，离开了这个世界。

这个恶毒的女人终于死了！她离开人世之后，朝廷肯定会发生新的变动，而且这个变动一定会改变历史的进程。果不其然，吕后刚死没有多久，汉高祖的长孙齐王刘襄在山东起兵，所有刘姓诸侯王纷纷积极响应，一起声讨诸吕的罪行，想要一举歼灭吕氏集团。而这次主持大局的，就是周勃与陈平，这两个一直忍辱负重的老臣。他们带着刘氏的族人，发动了一场宫廷政变，在几天之内就将吕氏集团彻底地铲除了。从此之后，在朝廷中，吕氏再也没有任何势力了。于是，由吕雉一手策划的吕氏篡权的风波彻底结束了。众位大臣经过讨论之后，最终一致拥戴汉高祖的另一个儿子刘恒登基为帝，历史上称为汉文帝。汉文帝即位后，西汉的历史进入了一个新的篇章。汉文帝与他的继任者汉景帝统治的时期，国力昌盛，百姓富足，历史上称之为"文景之治"。

第二章

历经四朝的窦漪房

后妃档案

☆姓名：窦漪房

☆别名：窦漪

☆民族：汉族

☆出生地：清河郡观津

☆出生日期：公元前 205 年

☆逝世日期：公元前 135 年

☆宗教信仰：黄老之学

☆主要成就：辅佐三位皇帝

☆配偶：刘恒

☆子女：2 个儿子，1 个女儿

☆谥号：孝文皇后

☆陵墓：霸陵

☆生平简历：

公元前 205 年，窦漪房出生在清河郡观津。

公元前 195 年，窦漪房以宫女的身份被分给了代王刘恒，后来被刘恒看中。

公元前 188 年，窦漪房为刘恒生下了一个儿子刘启，也就是后来汉景帝。

公元前 185 年，窦漪房被册封为王后。

公元前 180 年，刘恒被拥立为天子，窦漪房入主汉宫。

公元前 179 年，大儿子刘启被立为太子，窦漪房被册封为皇后。

公元前 157 年，太子刘启继承王位，窦漪房被册封为皇太后，历史上才称为窦太后。

公元前 141 年，汉景帝刘启去世，太子刘彻继承王位，历史上称为汉武帝，窦漪房晋升为太皇太后。

公元前 135 年，窦漪房因为疾病去世，享年 71 岁。

人物简评

　　她历经四朝，尽心尽力辅佐大汉的三个皇帝，参与并推动了历史上非常著名的文景之治，陪同并见证了大汉王朝逐渐地走向强大繁荣。她的一生是非常幸运的，由于她谦让律己、宽容豁达的性格，从小秀女到宠姬然后再到皇后，她几乎未经历什么大的风浪。她是谁？她就是窦漪房、窦皇后、窦太后。

　　窦太后是西汉最后一个推崇"黄老思想"的统治者，由于她的影响，西汉政权才继承了刘邦时代制定的"与民生息"与"无为而治"的政策，推动汉朝走向了最为鼎盛的时期。她聪慧机智，有胆有识，流芳百世。

生平故事

出身贫寒却令人羡慕

　　窦氏出生在一个十分贫穷的家庭中，生活在刘邦和项羽争夺天下的乱世中，再加上连续好几年的天灾，窦家困苦的生活已经达到了一个极限——庄稼都旱死了，飞禽走兽也跑光了，野菜都被挖没了，野果也都被摘光了，家人吃了这一顿，不知道下一顿在哪里，有的时候，一连好几天都没有东西可以吃。

　　为了逃避兵荒马乱，她的父亲带着全家隐居在观津钓鱼，但是，后来不幸坠入河中死了。当窦家知道这个消息的时候，全家人狠狠地痛哭了一场，对于这个已经破败不堪的家庭来说，窦漪房父亲的去世可以说是雪上加霜。窦漪房的母亲被病魔缠身，支撑了几年之后也去世了，家里只剩下窦漪房与她的兄弟相依为命，窦漪房排行老二，上面有一个哥哥，下面有一个弟弟。

为了维持生活，让哥哥弟弟能够吃饱饭，窦漪房在万般无奈之下卖身为奴，成了一个财主家的帮工，无论什么活都得干，每天都累得直不起腰来。当窦漪房刚刚满 13 岁的那一年，她的命运再一次发生了非常重大的改变。那个时候，刘邦已经坐了江山，下令广招天下的美女，以便使后宫得以充实，从而显示大汉江山的繁荣，实际上，也就是饱暖思淫欲。

表面上说是选美，实际上根本不是选，而是直接抢。当时那个选美官就好像是鬼子进了清河一样，走到哪里，哪里就会哭声震天。选美官只要看到长得漂亮的姑娘，什么话都不说，直接将其强行带走。不想进宫的，倘若家里条件好点也行，只要贿赂一下选美官，就可以不去皇宫了。倘若拿不出银子，那么只能白白哭泣了，因为那些心肠狠毒的选美官可不会因为女子哭了就放过她的。

当时，窦漪房碰巧在井边打水被选美官看到了。窦漪房虽然生活非常贫苦，但是并没有因此使她天生美丽的容颜消退半分，因此，她被选美官看中了。窦漪房家自然没有能力拿银子贿赂那些选美官，只能听天由命地被抓走。不过，窦漪房并没有像其他女子那样大哭大闹，因为她知道即便是再怎么哭也不会有任何作用的，她只是恳求选美官让她见哥哥与弟弟最后一面。选美官对窦漪房动了恻隐之心，就允许他们兄妹三人聚一聚。兄妹三人坐在一起，为即将到来的分别而万分难过。窦漪房的哥哥劝她立即逃走，但是她却拒绝了，为了能够让哥哥与弟弟不再饿肚子，她心甘情愿进宫，然后将每个月的月钱都寄回来给家里。

窦漪房尤其割舍不下的是她那个年幼的小弟弟，她最后为弟弟洗了洗头，又为弟弟做了顿饭，亲眼看着他全部吃完，才在选美官再三催促之下，依依不舍地告别了哥哥与弟弟，离开了自己生活多年的家乡。

一入宫门深似海，小人物的命运经常掌控在那些大人物的手中。那个时候，窦漪房的命运就被刘邦的皇后吕雉控制着。大家都知道，我们应该扼住命运的咽喉，但是，对于古代的女人而言，大多数都是被命运扼住了喉咙。窦漪房就是这些女人中的其中之一，所不同的是，不是厄运扼住了她的喉咙，而是幸运。

依据常规，新进宫的宫女都是需要验明正身的，原本皇后是不需要管这等烦琐的事情的，但是吕雉不想后宫中再有第二个深受刘邦宠幸的戚夫人出现，所以，她决定亲自把好宫女这一关。吕雉将姿色出众的宫女全部留在了自己的宫中，充当各种的杂役，将长相不佳的宫女送到刘邦的面前，当然了，刘邦是不会看上她们的。

就这样，窦漪房根本没有见过刘邦，直接成了吕雉的侍女。不过，窦漪房从未想过要得到皇帝的宠幸，只不过想挣点银子，以便让自己的哥哥与弟弟吃饱穿暖，因此，这样的安排也是不错的，她很满意。

之后，窦漪房就开始全心全意地做好侍女的本分工作，她也曾听说过皇后吕雉的手段是多么多么地厉害，所以，从来不敢有一丝一毫的马虎。窦漪房不仅心灵手巧，而且善解人意，与吕雉相处时间长了，吕雉逐渐地喜欢上了这个小丫头。窦漪房也觉得吕雉吕皇后并不是别人所说的恶毒之人，只是脾气暴躁了一点而已，并未做出什么不可饶恕的事情。有的时候，窦漪房反而发现吕雉做了一些好事，比如，将一些思乡心切的宫女放回家，并且给足够的银两做盘缠。对于窦漪房，吕雉也经常赏赐给她很多东西，所以在窦漪房眼中，吕雉一点儿也不坏。

从吕雉对待窦漪房与戚夫人的不同来看，这只可以说明，人性是相当复杂的，吕雉对于某些人而言，也许是吃人的魔鬼，但是，对于另外一些人而言，就可能是善良的天使。吕雉经常告诫窦漪房，作为女人，一定要安分守己，有自知之明，不要出轨，做一些异想天开的事情。宫女就只是宫女，就应该做宫女该做的事情。就这样，窦漪房待在吕雉身边平平静静地过了好几年。

公元前195年，随着刘邦的驾崩，窦漪房的平静生活被打乱了。作为皇太后的吕雉，控制了朝政大权，宫女们也开始悲伤哭泣，不知道以后的命运会怎样。那个时候，吕雉开始变得更加飞扬跋扈，让除了太子刘盈之外的刘邦的儿子们离开京城，是她所做的第一件事情。吕雉吕太

后将刘邦其他儿子送回了各自的封国，并且挑选了一些宫女送给他们，其实就是为了暗中监视他们，以便能够及时地掌控他们的一举一动，每个王子赐了五名宫女，窦漪房也在这些宫女当中。

窦漪房由于老家在清河，距离赵国不远，就特别希望可以到赵国去。于是，她就主动向派遣宫女的宦官提出请求，想要将自己的名字放入赵国的花名册中。然而，太监拒绝了她的请求，因为她给那太监的银子太少了。不过，窦漪房并没有就此死心，因为太想念哥哥与弟弟了，于是，她就撞着胆子，偷偷地找了个机会，跪在吕太后的面前，哭着诉说自己对于亲人的思念之情，哀求吕太后能够格外恩典，将她分给赵王刘如意，这样一来，她可以距离家乡更近一些，也容易与哥哥、弟弟团聚了。

然而，吕雉听完她的诉求之后，并没有答应，只说了一句话："跟着赵王不会有什么好结果的。"然后，就命令太监将窦漪房拖走了。数年之后，直到她成为了代王姬，戚夫人"人彘"事件传出来之后，她才终于明白吕雉当年那句话的真正含义。

最后，窦漪房被分给了代王，也就是后来历史上非常著名的汉文帝刘恒。窦漪房可以撞到了好运气，她的际遇令无数人羡慕不已。

麻雀也能变凤凰

窦漪房与其他四个宫女被送到了代国，山西的晋阳，即如今的太原，与窦漪房的家乡有着很远的距离，窦漪房非常伤心地想，或许这辈子都见不到自己的哥哥与弟弟了。窦漪房走了一路，哭了一路。在前往代国的路上，窦漪房一直沉浸在远离家乡，不能与哥哥、弟弟相见的悲痛当中。

就在代王首次见到这五个宫女的时候，发生了非常戏剧性的变化，窦漪房的命运也就此彻底改变了。代王刘恒从第一眼见到面容十分憔悴，不饰一丝粉黛的窦漪房时，就对她产生了一丝怜爱之情。其他四个宫女都看傻了，本来在路上她们精心打扮，就是为了能够入代王的眼，没想到一切都落空了，早知道是这样，她们也就不用尽心思擦粉了，直接哭一哭，将自己弄得憔悴一些就可以了。

不过，窦漪房身上所流露出来的与世无争的淡然气质，并不是其他宫女能够相比的。也许就是因为这样，才吸引了代王的眼球。因为刘恒也是一个非常善良的人，善良之人见到可怜之人很自然就容易动心，感觉应该去保护这个女人。而且，窦漪房展现出来的柔弱一下子消除了刘恒的戒心，让其想到她也是被吕雉蛮横控制的一个人，顿时感到同病相怜。

于是，代王刘恒让其他四个宫女退了出去，独独留下了窦漪房。而这个时候的窦漪房相当紧张，根本不敢抬头看刘恒。刘恒围着她走了一圈，然后停在她的正前方，让她将头抬起来，其声音非常温柔亲切。尽管窦漪房也想看看代王，但是她就是不敢抬头。直到代王又温柔地重复了一遍，她才慢慢地将头抬了起来。当她看到代王那张十分英俊的脸庞的时候，微微地一笑，清澈的目光中带着淡淡的忧伤，正是这这惊心动魄的一瞥，让代王喜欢上了这个柔弱的美丽女子。

也许真的是托吕雉的福，才让刘恒和窦漪房，这两个根本没有一点儿关系的人，在机缘巧合之下，走到了一起。这可能就是上天注定的缘分。

数月之后，其他四个宫女依旧是宫女，而窦漪房却变成了代王的王妃，这个令无数人羡慕的身份，不是窦漪房耍尽心机得来的，而是命运在冥冥之中为她安排好的。当然了，也不能说她什么也没做，她依靠自己的聪慧、温柔与代王刘恒坦诚相待，让其明白自己是代王的人，自己的心在代王身上，尽管她是吕太后派来的宫女，但是她愿意把自己的将来托付给代王，她是靠着代王生活的。这样一来，刘恒才真正地明白她的心意，才敢于宠爱她，才封她为妃，不管是真爱也好，还是两个人商量好的也罢，总而言之，先向吕雉表示他们顺从的想法，才能赢得活路。吕雉杀了好几个其他的皇子，但是却没有杀刘恒的原因之一，也许就是窦漪房帮助代王消除了吕太后的戒心吧。

再说其他四个宫女再次见到窦漪房时，就必须向她跪拜。世界变化的是如此之快，她们亲眼目睹了窦漪房的好运气，目睹了窦漪房身边转换的整个过程。然而，窦漪房仍然是之前的窦漪房，她并未因为身份地位的改变而改变性格。如果是其他的宫女得以恩宠，恐怕尾巴早就已经翘上天了，但是，窦漪房没有，她依旧对每一个人都彬彬有礼，没有一丝骄横之气。

刘恒原本是有自己的王后的，不过，在史书上并没有记载这个王后的名字，只是说她是刘恒的王后。这位王后比较能生育，在窦漪房到代王府前，就已经为刘恒生了四个儿子了。那个时候，刘恒才20多岁，那么，她也应该是20多岁。这样频繁的生育肯定会让其身体提前衰竭的，她生下来的儿子身体也不太好，这为王后以后的悲剧埋下了伏笔。

刘恒得到了窦漪房之后，就开始专宠她。一个女人，特别是像窦漪房这样原本无钱无势的小宫女，能够得到代王这样的宠爱，死也应该瞑目了。窦漪房也非常知足。她表现出来的知足、谦卑、谨慎、朴实、贤淑以及守礼等，使其在代王宫有了相当好的名声。

几年之后，刘恒的结发妻子因病去世，窦漪房自然而然地成为了代王的王后。窦漪房为刘恒生下来了两个儿子一个女儿：大儿子刘启，二儿子刘武，大女儿刘嫖。可谓是生死由命，富贵在天，是别人夺不走，抢不去。窦漪房当王后的那一年曾经想，或者这辈子就会这样安安静静地走下去了，有代王的陪伴在身边，自己就是世界上最为幸福的女人了。然而，上天似乎不想让这个女人过平静的生活，还有更大的荣华富贵在等她。

当刘恒与窦漪房正过着幸福甜蜜的生活时，在遥远的皇宫中爆发了宫廷政变。骄横狠毒的吕雉死了，吕氏家族全族也随之覆灭了，刘盈的儿子——刘弘也被杀死了。大汉皇帝的宝座空了出来。丞相周平与太尉周勃等众位大臣，经过商量之后，最后决定请代王刘恒入宫继任大汉王朝的皇帝。

之所以选择刘恒的原因让人感到非常不可思议，不是因为刘恒有着多大才能，而是由于刘恒的性格十分温和，而且其母薄太后以及刘恒现在的妻子窦漪房均出身贫寒，没有十分显赫的家世背景，本身的性格也都十分老实，刘恒登基为帝后，她们不会因为自己的儿子、丈夫是皇帝，像吕雉那样兴风作浪，糟蹋蹂躏大汉王朝。有了前车之鉴后，他们必须防着外戚干政。出生贫寒居然也成为了一个人上位的原因，这样千古难遇的机会，也让窦漪房遇到了，我们不得不感叹她的运气实在是太好了。

就这样，历史上非常著名的孝文帝归位。但是原王后所生的四个儿子都先后夭折了，当刘恒听到丧子的噩耗时，欲哭无泪。尽管他与原王后没有什么感情，但是这四个王子毕竟是自己的亲生骨肉。更何况刘恒平日里都不忍心踩死一只蚂蚁。总而言之，刘恒非常伤心，他觉得自己不应该做这个皇帝，若不是要做皇帝，他的儿子们也不会死，而且他觉得自己也不是做皇帝的那块料，于是，他就想着要把皇帝的位置让给其他兄弟来做。这可把那些大臣们吓坏了，当初，为了拥立刘恒做皇帝，那些大臣可以说是将刘恒的兄弟们都得罪了，如今刘恒却想把皇位让出去。如果刘恒的兄弟做了皇帝，那么这群大臣们岂不是有大祸降临了？

无论刘恒说让出皇位是真的还是假的，那一天晚上，周勃等众位大臣是一夜未眠。第二天一大早，他们联合起来，求见薄太后，也就是刘恒的母亲，请求薄太后出面做刘恒的规劝工作。在薄太后一番苦口婆心的规劝之后，刘恒才将让出皇位的念头打消了。

为了更好地稳住刘恒，众位大臣接连好几次上书要求他早日立太子。那么，应该立谁为太子呢？刘恒的嫡长子已经不在人世了，现在的儿子均为窦漪房所生，因此，太子之位最后很自然地就落到了窦漪房的大儿子——刘启的身上。于是刘恒在继承王位没多久就在第二年正月的时候，立刘启为太子。大儿子已经被立为了太子，母亲窦漪房却仍旧是妃子，这与礼法是相悖的，所以，众位大臣们又向刘恒提出立窦漪房为皇后的请求。

就这样，母凭子贵，在大儿子刘启被立为太子的同一年3月份，孝文帝正式册封窦漪房为皇后。现实版的麻雀变凤凰上演了。窦漪房在贵

人或是命运的推动之下，一步接着一步地登上了人生的巅峰，成为可大汉王朝万分尊贵的皇后。窦皇后的女儿刘嫖被册封为馆陶长公主，小儿子刘武先被册封为代王，后来又册封为淮阳王。

窦皇后的人生可以说是非常幸运的，她没有像历代后宫的那些争宠的女人，她从未经历过宫廷中那种明争暗斗，就得到了众人渴慕的最高富贵。窦漪房身份的之所以能够一步步地转变，与她的好运气是分不开的，也与她没有吕雉那样好的家底，没有吕雉那样的野心，只有温柔与聪慧有着莫大的关系。

用爱心行动寻找失散的亲人

窦漪房做了皇后之后，一直想要将已经失散数年的弟弟——窦广国找回来。窦广国，字少君，在四五岁的时候，因为哥哥在田里种地，家中无人照料，窦广国被人拐卖到了外地，从此之后，就杳无音信。窦漪房的哥哥窦长君找到了，如果将弟弟窦广国也找回来，那么他们兄妹三个人就能够团聚了，而且也算是对已经死去的父母双亲尽一些孝道。尽管窦漪房现在已经是尊贵的皇后了，但是她仍然不敢提出寻找弟弟的要求，因为这个时候，薄太后正在操办着尊礼薄氏祖先的大事。她不敢与薄太后相媲美。但是，窦漪房因为一个好心的建议，却意外地帮了她一个大忙。在她被册封的当天，她建议刘恒，宴请天下一切鳏寡孤独之人，并且将很多布匹、米面、肉食等赏赐给那些生活贫困之人。

对于窦皇后的这个建议，素来以善良而闻名的刘恒很高兴地表示赞同，并且没多久就开始正式实施。于是，天下的百姓都对窦皇后的善良与爱心口口相传，窦漪房的家世也慢慢地流传开来。

后来，窦漪房窦皇后的家世就传到了一个名叫窦少君的年轻人耳中。这个年轻人就是窦漪房要找的亲弟弟。当年分别时，窦少君仅仅只有五六岁，现在已经长大成人了。他前后被拐卖过很多次，最后在河南宜阳的一个财主家做了奴仆，替人家进山去挖石炭。白天劳动，晚上就与其他工人们一起睡在悬崖下边的窝棚中。有一天，主人派遣窦少君到山上去烧炭。没有想到，这一天夜里，刮起了狂风，下起了暴雨，山崖上发生了泥石流，大多数的工人都死了，因为窦少君睡在窝棚的最外边，可以轻易地逃跑，这才保住了性命。

几天之后，他跟着主人来到了长安，在这里他听说皇帝新册封的皇后姓窦，名字叫漪房，清河郡人。当窦少君听到窦漪房这个名字的时候，不由地怔了一下。自己当年那个被抓进宫中做宫女的姐姐不是也叫窦漪房吗？尽管窦少君离家之时年龄还很小，但是却非常清楚地记得自己的籍贯与姓氏，还隐隐约约地记得与姐姐一同去采摘桑叶时，从树上掉下来的场景。窦少君将这些事情一一写了下来，然后，托人转交给了窦漪房。窦漪房看完窦少君所写的事情之后，就决定召见他。

尽管窦漪房的相貌有了很大的改变，但是窦少君仍然认出了自己的姐姐。然而，窦漪房却已经认不出来自己的弟弟了，因为当年离开时，弟弟才五六岁，现在已经长大成人了。窦漪房害怕自己认错，因为那样一来很可能会造成不堪设想的后果，毕竟她现在已经不是寻常人，而是高高在上的皇后了。于是，她问窦少君如何证明他就是自己的亲弟弟。

少君想了想，说道："当年，姐姐离开我进宫的时候，还专门讨来米汤水给我洗了一次头，临走的时候，又给我做了一顿饭，看着我吃完才走的。"当窦漪房听到这些场景的时候，握着弟弟的手已经哭得不能说话了。

史官将这一幕非常详细地记录了下来。史书上说，当时，不但是皇帝刘恒被感动得留下了眼泪，就连身旁的宫女也感到得痛哭流涕。窦漪房对哥哥与弟弟进行了重赏，将他们都安排在京师住在了一起。刘恒按照惯例又要对窦漪房的哥哥与弟弟进行封赏，被窦漪房及时地阻止了。

尽管窦漪房这样谨慎，不想给大臣们留下一点儿把柄，但是她依旧遇上了麻烦。按照常理来说，这属于窦漪房的家事，与其他人没有一点儿关系，但是因为她身份比较特殊，是大汉朝的皇后，所以，她就没有了家事，所有的事情都变成了国家大事。已经草木皆兵的大臣们对于窦

漪房忽然冒出来的这两个年轻力壮的兄弟非常担心。他们害怕窦漪房会成为第二个吕雉，他们必须将所有的隐患都扼杀在萌芽状态。

有一次，上早朝的时候，绛侯、灌将军等众位大臣事先商量好，一起向文帝进谏，大致的意思就是说窦氏的哥哥与弟弟皆是鲁莽之徒，没有一点儿文化素养，不应当凭借皇后的关系就予以加官晋爵，应当让他们做个富贵闲人就可以了，而且还应当挑选一些德高望重、学富五车的大臣与他们做邻居，教导他们，监督他们，以防他们无故滋事扰民。

窦漪房接受了大臣们的所有意见，毕竟她如今刚刚坐上皇后之位，还不知晓权力怎样使用，这与后来她成为皇太后后的作风有着很大的区别，也许这也是她后来对儒士十分讨厌的根本原因。就这样，在大臣们向刘恒进谏完了之后，窦漪房就请来了一些德行兼备的长者教育自己的哥哥与弟弟。也因为这个原因，窦长君与窦少君兄弟后来成为了贤德的谦谦君子，从来都不敢以显贵的地方而表现得盛气凌人，反倒平安而富贵地过完了一生。与吕雉兄弟的一生相比，这样的人生还算是比较不错的。

真情敌是小男人邓通

当刘恒和窦漪房恩恩爱爱地走过30多年之后，当窦漪房的美丽容颜逐渐消退，成为半老徐娘，当刘恒也已经不再年轻的时候，回忆前尘往事，无数的感慨一起涌上了心头，刘恒和窦漪房间的爱情也从以前的山盟海誓、缠绵悱恻到了如今的相濡以沫、白头偕老。

然而，没有过多久，窦漪房身上发生了一件非常不幸的事情——窦皇后的双目失明了。那个时候，窦漪房也就才四十多岁，在以后的几十年中，这个贤惠善良的女人不得不与黑暗、孤独相伴。好在现在的窦漪房已经经历了很多事情，什么都看开了。她认为应该是她的，不管怎么样，最后都是她的；不应该是她的，即便再强求也无济于事。人有旦夕祸福，月有阴晴圆缺，人这一辈子总是会遇到各种各样的坎坷与挫折。

窦漪房能够看开，但是她的哥哥却不能。眼看着皇帝开始宠爱慎夫人，而自己的妹妹又双目失明了，于是，窦氏兄弟就来到窦漪房的寝宫，十分担心地问道："皇上已经不再像以前那样宠爱你了，你现在的眼睛又失明了，皇上是否会废掉你呢？"窦漪房非常平静地回答："绝对不会。我对于皇上很有信心。我对于我们之间的感情也非常有信心。皇上宠爱慎夫人是一件好事，但是这与我和皇上间的感情相比，他们间的感情就仅仅是一朵小浪花罢了。"由此可见，窦漪房是一个多么自信，心胸多么宽广的女人啊！

因为窦漪房眼睛看不见，行动也不方便了，所以刘恒带她参加活动的次数就少了许多，但是宫中的那些非常重要活动，刘恒还是一定会带着窦漪房参加的。

有一次，在皇家举行的宴会之上，刘恒和窦漪房坐在一起闲谈，慎夫人看到之后走了过来，想要和皇后平起平坐。然而，没有想到的是，一个名叫袁盎的大臣就是不允许她就座，将她领到旁边，让她和侍者坐在一起。慎夫人对此非常生气，怎么都不肯坐下。

这个时候，刘恒也生气了，站起来转身走了。其实，刘恒之所以会生气，主要有两方面的原因：第一，慎夫人太不懂规矩了；第二，大臣袁盎也太放肆了，当着众位大臣的面那样指责自己宠爱的慎夫人。袁盎一看情势不对，就连忙追赶上刘恒，为自己进行解释："皇上，臣知道您对慎夫人是非常喜欢的，但是她毕竟不是大汉王朝的皇后，国有国法，家有家规，慎夫人再怎么得宠也不能与窦皇后平起平坐啊。如果窦皇后也学习吕雉，像对待以前的戚夫人那样对待慎夫人，那么，后宫肯定就会乱了章法的。"

刘恒听完袁盎的解释之后，感觉很有道理，不仅没有再生气，而且还对他进行赏赐。由此可见，刘恒对于慎夫人并非相当宠爱慎，否则，他肯定不会听取袁盎的劝的！对于刘恒所做的事情，窦漪房心中都明白，并且铭记于心，满怀感激。

从此之后，慎夫人失宠了，实际上她是不是真正得到了刘恒的宠爱

还是一件值得怀疑的事情。除了慎夫人之外，史书上记载。刘恒还宠爱过另外一名子女，但是关于刘恒如何宠爱她，史书上没有任何的记载，他们间的爱情故事更是少得可怜。刘恒好像对于女人越来越不感兴趣额了，但是窦漪房却一点儿也不高兴。没多多久，窦漪房发现，刘恒似乎爱上了一个名字叫邓通的男子。

刘恒对于邓通的宠爱才称得上是真正的宠爱，窦漪房在爱情上没有败给任何一个女人，却败给了一个小男人。谁也不会想到，大汉王朝的天子刘恒不仅喜欢女人，而且还喜欢男子。秘密最终被揭开了，刘恒不近女色的原因，就是他有断袖之癖，龙阳之好。

刘恒对于邓通非常喜爱，因为邓通不仅漂亮、善良，更重要的就是他符合刘恒的口味，换句话说，刘恒就是对他有感觉，在后宫三千佳丽身上，刘恒没有找到这种感觉，但是却在邓通的身上找到了。

刘恒对于邓通可以说是宠爱到了极致。刘恒，这个非常勤俭节约，总是令自己与整个后宫都穿朴素衣着的皇帝，赏赐给了邓通数以万计的绫罗绸缎，邓通不敢接受，刘恒就用皇帝的命令强迫他接受。刘恒还特意为邓通修建了非常豪华的别墅，提升他担任上大夫之职，不管是吃饭还是睡觉，总是与之如影随形。后来，刘恒又将蜀郡的严道铜山赏赐给了邓通，并且赋予他铸造钱币的权力，换句话说，从此之后，邓通想造多少钱，就造多少钱。所以，后世在形容一个人非常有钱的时候，经常会用"富比邓通"这个词。

刘恒对于邓通的爱没有掺杂一丝一毫的利益关系，属于一种非常纯粹的爱。邓通在强大的帝王面前，非常自卑，对于皇帝的过分宠爱也十分恐惧。有一次，他问刘恒："皇上，我什么也不是，什么也没有，为何您要对我这么好呢？"刘恒不假思索地回答："因为我非常喜欢你啊。"也许这就是世界上最为简单而却意味深长的答案了。

窦漪房的人生始终是一帆风顺的，这个时候，她遇到了一生中最大的挑战。面对这种挑战，她却没有任何办法。窦漪房的亲信不断地将刘恒与邓通的故事告诉她，但是却没人告诉她，刘恒为何会爱上一个男人。

当然了，那个时候还没有同性恋这个说法，窦漪房对于刘恒的行为不知道该如何去形容，想要进行劝阻却又说不出口。于是，她不得不默默地忍受，就这样看着自己心爱的男人被另外一个男人抢走。

但是，刘恒将铸造钱币的权力授予邓通，这让窦漪房感觉刘恒做得有点儿过分了。假如再不加以阻止，邓通就要将刘恒勤俭节约的好形象全部毁掉了。于是，窦漪房求见了刘恒，刚开始只不过是旁敲侧击，还未说到正题上面，刘恒就已经非常不耐烦了，挥了挥手将窦漪房赶了出去。

到这个时候，窦漪房实在是没有一丝一毫的办法了。她怎么也想不明白，邓通到底有什么本事，能够将刘恒迷得这样神魂颠倒？在窦漪房看来，这两个男人间不可能会出现爱情，她实在不知道刘恒宠爱邓通的原因，只能将邓通视为与妲己一类的妖媚人物，属于狐狸精转世。由此可见，那个时代。在同性恋的认知上还是相当狭隘的，窦漪房并不是先知，也只能有这样偏见性的见解，半辈子都十分幸运之人，终于遇到解释不了的难题，不过，她也只能将这些放在了内心去逐渐地融化。

外戚专权的延续

公元前157年，汉文帝去世了，太子刘启继承王位，历史上称为汉景帝，皇后窦漪房顺理成章地成为了皇太后，历史上称为窦太后，开始了她把持朝政的生活。窦太后太溺爱他的小儿子刘武了，不仅赏赐了不可计数的奇珍异宝，而且还想让他坐上皇帝的宝座。刚开始的时候，汉景帝刘启对于这位母亲非常宠爱，并且在平叛"七国之乱"中立功的弟弟也是非常喜爱，不但进出的时候与之同辇，而且在一次家宴中还曾经言明要把江山相托给他。

在那次的家宴之上，景帝曾经对弟弟刘武说道："在我死了之后，将皇位传给你。"刘武嘴上道谢推辞着，但是其内心却非常高兴，窦太后也是相当满意，但是她的侄子窦婴却进谏说道："父子相传，这是汉代的祖

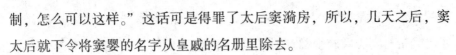

制，怎么可以这样。"这话可是得罪了太后窦漪房，所以，几天之后，窦太后就下令将窦婴的名字从皇戚的名册里除去。

后来，汉景帝刘启就丞相之职的人选向窦太后进行请教的时候，窦漪房回答："就是那个惹我生气的窦婴啊。"史书上对此有记载，历史上记载的窦漪房真的是举贤不避讳惹自己生气之人。

窦太后一门心思想着让汉景帝将皇帝之位传给小儿子刘武。但是汉景帝刘启当时那么说，只不过是酒后失言而已，并不是真心的，但是，如果不那样做又与母后窦漪房的意愿相悖，正在进退两难的时候，公卿大臣以古制、祖训作为理由，对于这件事情表示坚决反对。于是，汉景帝刘启当机立断立他的大儿子刘荣为皇太子。然而，非常可惜的是，不到一年，刘荣就含冤被废黜了。这个时候，窦太后乘机再一次向汉景帝进言，要求立刘武为皇位继承人。

大臣袁盎等人上书说这件事情不妥当，汉景帝趁着这个机会立儿子刘彻作为太子，窦太后的心愿再一次落空了，而梁王刘武得知这件事情是袁盎等人从中作梗之后，就派出刺客将袁盎等十多个大臣都杀了。汉景帝得知这个消息之后，龙颜大怒，严令将真凶缉捕归案。就这样，事情败露了，刘武没有一点儿办法，刺客自杀而亡。幸好，馆陶公主将其中的实情告诉了窦太后，在窦太后的强行干预之下，这件事情就这样不了了之。不过，汉景帝的心中从此之后已经容不得梁王刘武了。

公元前144年，梁王刘武因为疾病去世了。窦太后听到这个消息之后，整天以泪洗面，不吃不喝，而且还常常大骂："皇上真的将武儿杀了！"汉景帝非常孝顺，得知这些之后，有点儿手忙脚乱，不知道该怎么办才好，还是姐姐馆陶长公主给他出了一个主意，让汉景帝将梁国分成了五份，册封刘武的五个儿子为王，五个女儿都赏赐给汤沐邑，窦太后这才转悲为喜。

因为窦太后亲身经历了文景之治的整个过程，亲眼看见了大汉王朝推行无为而治的黄老思想之后，由弱小变得强大，由贫穷变得富有的全过程。所以，她非常信奉黄老学说。窦太后晚年的时候，权倾朝野，朝廷的统治思想是她最为关注的事情。在汉文帝时期，窦太后就曾经让儿子汉景帝与窦氏家族全部都对黄老之术进行研读。一旦有人对老子有点儿非议，窦太后就会立即对其进行非常严厉的惩罚。窦太后对于老子的书非常喜欢，很讨厌儒家学说，有一次，她召见一个名字叫辕固生的儒生的时候，询问他对老子学说的看法，辕固生不以为然地回答："这只不过是一本寻常人家所读之书，没有什么道理可言。"窦太后听后非常生气，说道："难道必须要是司空城旦书吗？"言语中的讽刺儒教非常苛刻，与诸司空狱官、城旦刑法可以相提并论。辕固生听了窦太后的话，转身就想要离开。但是，没有想到的是，窦太后将他喝住，并且强行命令他到猪圈中与猪进行搏斗。那个时候，还是太子的刘彻看到辕固生只不过是一个文弱书生，担心他打不过猪，就将一把匕首扔了进去，辕固生利用这把匕首才刺死了那头猪。由于窦太后的干预，因此，汉景帝在位16年当中，一直都没有使用儒生。

公元前141年，汉景帝刘启去世，太子刘彻继承王位，历史上称为汉武帝。汉武帝刘彻即成皇位之后，窦漪房晋升为太皇太后，她仍然左右朝政，不准将治国的思想改变。武帝即位没有多长时间，就下诏"举贤良方正能言直谏之士"，丞相卫绾建议在所推荐的贤良文学方正中将法家和纵横家这两派的学者罢黜。尽管卫绾并未提出"罢黜百家"，但是窦太后仍然对他的这一做法很不满意，数月后，卫绾的丞相之职就被罢黜了。

太皇太后听说刘彻十分喜欢儒学，非常不以为然，经常出面对朝政加以干预。汉武帝也不好违背祖母的意思，因此，一切朝廷政事随时请示于她。那个时候，担任御史大夫之职的赵绾与担任郎中令之职的王臧，迎鲁耆儒申公来朝，并且建议仿古制，设立明堂辟雍，改历易服，行巡狩封禅等礼仪，而且还建议以后政事"可不必事事请命东宫"。太皇太后听了之后，非常愤怒，命令汉武帝立刻下令将赵绾与王臧官职革除。直到她去世之前，汉武帝都不曾重用儒生，由此可见，她在政治之上到底有多大的影响力。

这个时候的窦漪房相当霸道，自己信奉黄老学说，就强行让皇帝也学习，推行无为而治然后又经常对朝政进行干涉，一有时间就非得搞一个辩论赛，对老子学说和孔子学说哪个更好进行讨论，然后再对主张儒学的官员进行打压。

晚年的窦太后虽然独断专行，但是却辅佐年少的汉武帝，的确有着治国之功，她将黄老学说当作治国的指导思想，推行无为而治，约法省刑，与汉武帝的任用儒生、独尊儒术、建功立业的思想有着很大的矛盾。另一方面，窦太后经常利用太皇太后的身份临朝听政，对汉武帝处理国家大事进行干涉，慢慢地引得血气方刚的刘彻非常反感。直到建元六年，也就是公元前 135 年，窦太后去世之后，汉武帝才可以毫无顾忌地施展自己的政治抱负。

在少年天子刘彻看来，外戚专权的印象太深刻了。汉武帝在安排自己的身后事的时候，脑海中常常浮现自己刚刚做皇帝时如同傀儡一样的情景。于是，汉武帝在晚年时期，立钩弋夫人的儿子，年龄仅仅只有 6 岁的刘弗陵作为太子，为了防止自己死了之后，吕后篡国与窦太后专权的旧事重演，他决定先把刘弗陵生母钩弋夫人除掉，以便防止"子少母壮，太后专权"现象的出现。就这样，年仅 24 岁的钩弋夫人被无辜地赐死了。刘彻将年幼的儿子交给了丞相——霍光，让霍光学习周公辅佐成王的故事，好好地辅佐自己的儿子，这可以说是窦太后专权留下了一个负面影响，导致武帝非常片面地对前代国家致乱的原因进行了总结，因此，采用了所谓的防患未然，以便长治久安的相当残酷的方法。

后世的历史学家评曾经说过："每个政治历史人物，都有其自己的功过是非！窦漪房也不例外。"窦太后当年始终推崇"无为而治"的黄老之术，这是因为大汉初期，经历了秦末农民战争之后，国力与人口都急速下降，那个时候的政治环境就决定了一定要使用修养生息的政策，再也不能兴起动乱，应当逐渐地积蓄国力，以便求得稳步发展！后来，在窦太后的大力维持之下，经过两朝"文景之治"，大汉王朝的国力才得以复苏！汉武帝的作为，都是在这个基础之上的！

到了汉武帝时期，国力已经变得充实，在大汉王朝前两个皇帝刻意回避下或是滞留下来的问题已经到了必须解决的地步。当时的形势急切需要一个主张革新的政治主帅对现实问题进行改变与解决。那个时候，各种矛盾都变得非常突出，也不能够急于一时，"干涉朝政"与"守旧"也许并不是说是窦太后一个人的力量，而是那个时候朝政的主流思想就是如此，窦太后多方阻止汉景帝与汉武帝，也许就是为了防止矛盾的激化！也许这根本算不上"干政"，因为她的主张也并不是她一个人的想法，而汉帝乃至祖训都是这样的！

汉武帝采纳董仲舒"罢黜百家，独尊儒术"的意见，也是那个时代所需要的，也是那个形势所需要的！那个时候，需要将力量集中起来办大事，而这个思想不仅集中了皇权，而且还将全国文人的思想集中了起来！从而，有效地减少了后来政策执行过程中的阻碍！我们只能说，窦漪房所信奉的黄老思想已经在后期不适用了，两个思想的交替不能说是因为某一个人而受到阻碍！任何一种思想与政策，均是从启蒙盛行到光大兴盛，然后再到停滞衰落，接着是垂死挣扎，最后就是消亡被取代！这属于一个非常正常的过程，也是必经的路程！每个参与者都会经历对一个新思想进行拥护，然后到这个思想追不上时代的发展，逐渐地落伍，最后被代替，窦太后也非常幸运地走过了这样一个过程。

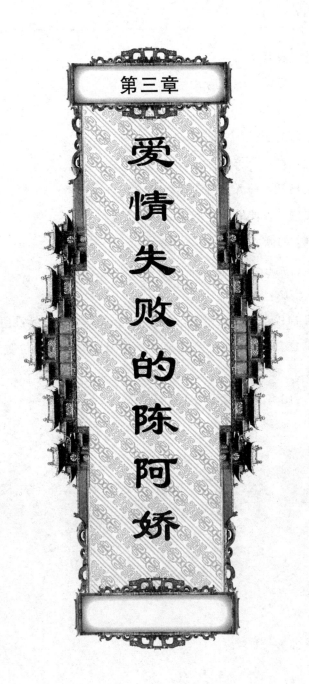

第三章

爱情失败的陈阿娇

后妃档案

☆姓名：陈阿娇

☆别名：娇娇、陈皇后

☆民族：汉族

☆出生地：长安

☆出生日期：不详

☆逝世日期：公元前110年

☆主要成就：协助汉武帝刘彻登基为帝

☆配偶：刘彻

☆子女：无儿无女

☆生平简历：

公元前141年，太子刘彻登基为皇帝，太子妃陈阿娇被册封为皇后。

公元前130年，因为巫蛊的原因，陈阿娇的皇后之位被废，被迫迁居到长门宫。

公元前110年，陈阿娇病死在长门宫。

人物简评

　　阿娇是汉武帝刘彻的首任皇后，与汉武帝青梅竹马，从小一起长大，因为她的家族帮助刘彻登基为帝有功，她成为了大汉王朝最为尊贵的女人，即成为了后宫之主。然而，她因为骄傲蛮横，妒忌之心甚重，不允许汉武帝喜欢别的女人。而且还经常以曾经助刘彻上位进行要挟，因而，招致刘彻的厌弃，被剥夺了皇后的封号，赶到了长门宫，最终病死在那里。

　　或许有人会觉得阿娇是宫廷权利之间斗争的牺牲品，然而，说到底，她悲惨的结局完全是因为她的性格所致。由于非常显赫的身世造就了骄横的性格，也成就了她的皇后之位，最后也毁掉了她的整个人生，正所谓"成也身世，败也身世！"

生平故事

藏在阴谋和利益下的佳话

　　陈氏名阿娇，大多数人都称她为"陈阿娇"。她出身皇室贵族，外祖父是汉文帝，外祖母是孝文皇后窦漪房，舅舅是汉景帝，表弟兼丈夫是汉武帝，母亲是馆陶长公主刘嫖。虽然她的父亲身份也不差，但是与她母亲这家人相比，就显得稍逊一筹。

　　馆陶长公主刘嫖将阿娇当作掌上明珠，非常宠爱，希望女儿以后能成为最尊贵的女人。换句话说，刘嫖看上了太子刘荣，想要将女儿嫁过去，这样一来，女儿日后就能成为大汉王朝的皇后了。

　　于是，刘嫖找到了刘荣的生母栗姬，为自己的女儿做媒。没想到，心高气傲的栗姬非常不客气地拒绝了刘嫖。就这样，刘嫖乘兴而来，却受辱而归，因此，就起了将太子刘荣废掉的想法。

那个时候，汉景帝有两个得宠的妃子，一个是太子刘荣之母栗姬，另一个是胶东王刘彻之母王娡。王娡听说栗姬拒绝刘嫖的事情之后，觉得这是一个机会，马上屈意迎合，对刘嫖百般进行讨好，想为儿子刘彻争夺太子之位。那个时候，王娡只是景帝后宫中一个普通的"美人"。当她试着向景帝提刘彻与阿娇的婚事时，景帝一口就回绝了。这让王娡深深地懂得，在宫中必须有一个大靠山。于是，她就目标对准了长公主刘嫖。

聪明的王娡拿了一块饴糖果给儿子刘彻出，并且告诉儿子这是表姐阿娇送给他的。年幼的刘彻一边吃着饴糖一边说："我现在想要找表姐玩。"于是，王娡就带着刘彻前去拜访长公主刘嫖，想要先把关系搞好。刘嫖看到刘彻十分机灵可爱，心想这不就是一个未来的太子吗。于是，刘嫖也用饴糖收买刘彻，将他抱在怀中，问道："彻儿，你要不要娶老婆啊？"

正在吃饴糖的刘彻不假思索地回答："当然要!"接着，刘嫖用手指着一个小宫女，问："彻儿喜欢这个吗？"刘彻摇着头回答："不喜欢。"于是，刘嫖又指着四周所有宫女说："那你就从她们中选了一个喜欢的吧。"刘彻说："这些我一个也不喜欢。"刘嫖微笑着指着阿娇问道："那你喜欢阿娇吗？"

刘彻听到姑妈这样问，马上拍着小手高兴地说道："喜欢，当然喜欢，如果我能娶阿娇为妻，我就为她盖一座黄金的屋了!"实际上，当时的刘彻只不过是想，跟着表姐阿娇才有饴糖吃。这就是"金屋藏娇"的由来，这个典故被记载在《汉武故事》中。

长公主刘嫖听到刘彻如此回答，相当高兴，王娡也非常满意地笑了。不过，王娡多用了个心眼，说道："这是一件好事，但是我可不敢做主，这得问皇帝拿。"长公主刘嫖说："这个不用担心。"于是，刘嫖立即跑到汉景帝刘启那里，将刘彻所说的话复述了一遍，并且请求同意陈娇和刘彻的婚事。

汉景帝听到长公主刘嫖的话，哈哈大笑起来，认为儿子小小年纪就这么聪明，这么有魄力，非常难得。于是，景帝就同意了这门亲事。

从此之后"金屋藏娇"被世人传为一段佳话，这个婚约也成为那个时候汉朝政治的一个非常重要的转折点。因为阿娇与刘彻的婚事已经定了，但刘彻现在是胶东王，那么，阿娇将来也只能是一个王妃。长公主心想，只有让刘彻成为太子，最后做了皇帝，那么，自己的女儿才能荣登皇后的宝座。于是，长公主刘嫖开始大力支持刘彻，使得朝廷的局势发生了很大的改变。

之后，长公主和王娡经常聚在一起商量如何将栗姬与刘荣打倒。刘嫖擅长使用挑破离间之计。于是，她开始汉景帝面前说栗姬不是，诬陷太子刘荣相当愚笨，赞扬刘彻十分聪明机敏，胸有雄才伟略。碰巧，栗姬在惩罚一个宫女时被景帝看到了，从此，景帝对栗姬的好感大大降低了。而王娡这一边也竭尽全力讨好汉景帝，说自己在生刘彻前天，做了一个很奇怪的梦，梦到刘邦拿了一个太阳给王娡，王娡吞下之后，第二天就产下了刘彻。

就这样，长公主与王娡联起手来，一边极力地挑拨离间，一边竭力讨好，而骄傲的栗姬还蒙在鼓里。所以，没过多久，汉景帝就将原太子刘荣废掉，立刘彻为为太子，而原太子的生母栗姬最后被活活地气死了。在这场权利的斗争中，长公主刘嫖与王娡以完胜收尾。

等到刘彻正式被册封为太子之后，王娡就被册封为皇后。而这个时候，长公主刘嫖就迫不及待地让刘彻娶了自己的宝贝女儿阿娇。汉景帝去世之后，刘彻继承王位，历史上称为汉武帝。汉武帝即位之后，就册封陈阿娇为皇后。在这里需要说明一下：在中国的传统中，一直存在"立嫡立长"的说法。换句话说，如果正妻生下儿子，就要立正妻的儿子；如果正妻没有儿子，在所有庶出的儿子中要立年龄最大的那一个。其实，刘彻是嫔妃所生的十皇子，既不属于"嫡."，又不属于"长"。他之所以能够平步青云，夺得太子之位，甚至最后坐上龙椅，完全是依靠陈阿娇娘家的势力。

极度膨胀的嫉妒之心

从成为太子妃到被册封为皇后，陈阿娇与汉武帝刘彻之间的感情一直不错。刚成亲的时候，刘彻对于这位表姐妻子多少还是有一些敬畏的。以至于在他登基后很长时间内，陈阿娇都在宫中任意妄为，宫中所有的姬妾，甚至她的小丈夫刘彻都对她言听计从。当然了，刘彻如此纵容她，在一定程度上与她背后的家族势力有着很大关系。就这样，陈阿娇专宠了十多年。这也许就是阿娇一生中最美丽、最快乐的时光。

然而，阿娇虽然十年受专宠，但是都没有为刘彻生下一男半女。窦太后原本就对刘彻母子不满，看到刘彻十年也没有子嗣，就认为刘彻有病，不适合做皇帝。当刘彻的皇帝之位由于没有子嗣而受到威胁的时候，刘彻自然也就不会像以前那样宠着阿娇了。于是，陈阿娇的性格缺陷慢慢地暴露了处理。

因为阿娇从小在溺爱中长大，现在又贵为皇后，因此十分骄横。只要刘彻有一点儿做的不符合她的心意，她就去揭刘彻的老底："如今，皇上可是威风了，但是你不要忘记了，之所以能有今天，完全是因为我的母亲在暗中帮你。"对于一个男人来说，这样的话是非常伤自尊的，更何况还是一个高高在上的皇帝。说一遍两遍，刘彻可能还会忍着，但是阿娇天天把这话挂在嘴上，刘彻不反感才怪呢。

不过，面对这样骄横的皇后，刚开始汉武帝从来没有想过将她废除了。因为，自己现在之所以能坐上皇帝的宝座，多半还是因为她。再加上她的外祖母以及娘家势力都还在，所以刘彻并没有过分地追究阿娇的蛮不讲理。惹不起，我还躲不起吗？于是，刘彻开始有意识地躲着陈阿娇，冷落陈阿娇。当陈阿娇看到汉武帝刘彻总是躲着自己的时候，非常生气。于是，她就开始拿宫中的小宫女们出气，动不动就发火，惩罚她们。

就在汉武帝将骄横的阿娇冷落在一旁的时候，他遇到了十分温顺美

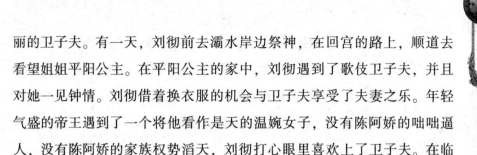
丽的卫子夫。有一天，刘彻前去灞水岸边祭神，在回宫的路上，顺道去看望姐姐平阳公主。在平阳公主的家中，刘彻遇到了歌伎卫子夫，并且对她一见钟情。刘彻借着换衣服的机会与卫子夫享受了夫妻之乐。年轻气盛的帝王遇到了一个将他看作是天的温婉女子，没有陈阿娇的咄咄逼人，没有陈阿娇的家族权势滔天，刘彻打心眼里喜欢上了卫子夫。在临走之时，将卫子夫带回皇宫。

阿娇知道之后，就与刘彻吵了一架，然后哭着跑回了娘家。阿娇在母亲刘嫖的面前哭着对刘彻进行控诉："我那么爱他，他却这样对我！如果不是母亲暗中相助，他怎么可能有今天。现在，他倒好，恩将仇报。"刘嫖立即找到刘彻的母亲对其施压。刘彻听了母亲的权衡分析之后，决定继续对阿娇的飞扬跋扈进行忍耐。

然而，这位年轻的帝王在饱尝了外戚之苦之后，开始慢慢地对陈阿娇，对陈家产生了很大的芥蒂。当年在刘彻眼中的娇蛮可爱，现在已经变成了蛮横无理。刘彻再也不想看到阿娇趾高气扬的样子，再也不想看到阿娇的母亲多次以拥立之功进行逼迫。他开始为自己的权位进行谋划。

然而，骄傲、刁蛮、霸道的阿娇全心全意地爱着刘彻，她无法容忍刘彻宠幸其他女人。在听说刘彻再次宠幸卫子夫之后，简直都要气疯了。但是，卫子夫在皇宫中，她一时还不能将卫子夫碎尸万段。于是，她就将满肚子的怨气撒到了卫子夫的哥哥卫青身上，并且以此作为要挟，让卫子夫从皇宫中滚出去。

对于卫青，很多人都非常熟悉。他就是后来那个抗击匈奴的大英雄。不过，当时的卫青还只是一个奴仆，正在建章宫干活，突然一群蒙面人将他劫走了。这自然是阿娇指使人干的。不过，幸运的是，卫青的好朋友公孙敖等人将他救了回来。卫子夫知道这件事情后，就跑到刘彻面前哭诉。刘彻一听就怒了，逆反心理就好像火一样蹿了出来，你越看不起出身卑贱的卫家，我就越要重用卫家，有朝一日，我还会让让卫家超过你们陈家。阿娇的行为激发了刘彻的雄心壮志。于是，没多久，刘彻就提拔卫青做了皇帝的贴身侍卫，同时，还将卫子夫也秘密地养了起来。

也许开始时，刘彻对卫子夫只不过是一时的新鲜，但是阿娇的反应却激起了刘彻对卫子夫的保护欲，开始公开与陈家进行叫板。阿娇就是在一步一步的失策中，让自己的皇后之位受到了严重的威胁。本来自己就没有为刘彻生下一男半女，再加上如此蛮横无理，汉武帝刘彻被她自己推得越来越远。

再说卫子夫，在汉武帝刘彻接连宠幸中，怀上了身孕。刘彻得知卫子夫怀孕的消息之后，非常兴奋。因为卫子夫用事实证明了自己的身体没有问题，消除了长时间以来说他有问题的谣言。顿时，卫子夫在他眼中就变成了一个宝贝，身价倍增。为了摆脱自己"难于生育"的黑锅，刘彻自然将卫子夫怀孕的消息大肆传播。

当陈阿娇知道这个消息的时候，就好像晴天霹雳一样，让她没有办法接受。于是，她就跑到刘彻面前，大哭大闹，痛骂刘彻骗了自己，骂他竟然心甘情愿地被一个下贱的奴才勾引，简直太丢人现眼。不过，这个时候的刘彻不仅没有再对陈阿娇赔礼道歉，好言相劝，反而大声怒斥她："你这么多年以来，你连一个孩子都生不出来，怎么还有脸在这里指责别人呢？真不知道，丢人现眼的究竟是谁？"说完之后，刘彻不再理会陈阿娇，转过身就走了。刘彻的这番怒骂，可是当着很多的宫女、宦官面说出来的，一时之间，陈阿娇感觉自己简直丢尽了脸面，又羞又怒。令她更难以接受是，丈夫刘彻居然真的变了心，她愤怒到了极点。所以阿娇因爱生恨，但是，这种恨可不是针对刘彻，而是转移到了卫子夫与她的孩子身上。阿娇觉得都是卫子夫，才使得刘彻对她变心的。于是，她就开始悄悄地计划着怎么将卫子夫与她的孩子毒死。

其实，阿娇是一个感情非常单纯的女人，如果爱上一个人，就会为了对方而倾自己所有，但是，如果恨一个人，同样是什么都能够做出来的。汉武帝刘彻很了解阿娇的性格，所以，早就对她有了一定的防范。因此，当阿娇对卫子夫下毒的时候，就被检查出来了。汉武帝刘彻龙颜大怒，阿娇这样做简直就是要断刘家的子孙！因此，从此之后，他没有再宠幸过阿娇一次，没有再多看过阿娇一眼。这一次，阿娇的举动可真

的是触犯了刘彻的皇威。但是，阿娇仍然不知悔改。当时，虽然刘彻真的恼了她，但是她仍然是皇后，而卫子夫也依旧是一个连封号都没有的歌女。阿娇继续蛮横耍性子，即便卫子夫已经为刘彻生下了唯一的公主，仍然不允许刘彻给卫子夫任何的封号。她故意看着永巷令把她们母女两个人安排在乐府所属的乐人行列中，故意看着宫人们对她进行孤立、嘲笑……

其实，如果阿娇够聪明的话，她完全可以挽回刘彻对自己的宠爱。但是，她过于霸道，不能容忍别人来分享刘彻的爱。她根本不懂刘彻是一个皇帝，而不再是当年那个小表弟了。她居然想要身为帝王的刘彻对她一个专情，并且为此多次与刘彻硬碰硬。这是多么愚蠢啊。

话说刘彻这一边，不能册封卫子夫，但是他却能够让卫青步步高升。于是，刘彻不断地为卫青升职。卫青从一个芝麻官一直升到了大将军，后来，居然被册封为侯爵。最令人难以置信的是，卫青还娶了自己以前的主子——平阳公主为妻子。卫青是卫子夫的娘家人，当她的娘家人在官场顺风顺水地高升的时候，卫子夫的脸上也是很有光的。当卫子夫接连为刘彻生了几个孩子之后，刘彻终于下令，册封卫子夫为"夫人"，这个称号仅仅次于皇后。

直到这个时候，陈阿娇好像才大梦大醒。有后人曾经就此进行评论说，阿娇真的太不值，倘若她不是对汉武帝的爱过于执着，对于他人过于嫉妒，也不至于到了后来开始走下坡路。

千古巫蛊带来的恶果

为了能够为汉武帝生下子嗣，以便使自己的地位得以巩固，阿娇不惜花费巨资治疗自己的不孕。然而，结果还是令她失望了。她依旧没有办法怀孕，这导致她的处境变得更为艰困。在万般无奈之下，她开始乞灵于巫术。在很多巫师当中，她选中了女巫楚服，希望可以通过神灵的力量将丈夫的心挽回，以便临幸她，让其生下子嗣。

于是，女巫楚服与她的手下在皇宫里设坛请神，作法念咒，整日噢嘛哩嘛哩噢，非常热闹，非常张扬。而且，楚服还将自己打扮成一个男子，与陈娇一起吃饭，一起就寝。处于绝望中的陈娇对于楚服的话可以说是言听计从，把楚服视为自己各个方面的抚慰与依靠。刚开始的时候，阿娇倒还懂得掩人耳目，但是时间长了，她变得越来越离不开楚服。而这个时候，早已经得意忘形的楚服以及她的那些女徒弟们完全忘记了皇宫是什么地方，逐渐地开始肆无忌惮了。

长公主刘嫖对于侄儿刘彻的脾性还是十分了解的，知道刘彻什么都不怕，就是害怕妖魔鬼怪，所以，她多次告诫女儿不要再这样胡来下去了，即便想要胡来也不能这样张扬。至于刘彻为何会害怕妖魔鬼怪，大概是由于他本身就对这个世界上存在妖魔鬼怪深信不疑吧。比如，到了晚年，他就请人为他炼制长生不老药就是一个很好的证明。然而，对于母亲的告诫，阿娇并没有停，继续在皇宫中作法，将整个后宫弄得乌烟瘴气。阿娇的变化非常大，就连很很少接近她的汉武帝刘彻也非常明显地感觉到了。

最后，有一个宫女因为对于阿娇的骄横跋扈一直怀恨在心，就非常大胆地到汉武帝刘彻面前打小报告。说皇后娘娘陈阿娇整天在皇宫中设坛作法，诅咒汉武帝刘彻与卫子夫一家人早早死去。或许宫女的小报告根本就不是真的，阿娇是诅咒，但是再怎么诅咒也不应该诅咒到自己的丈夫——刘彻身上。然而，问题的关键并不是在这里，不在于阿娇诅咒了谁，而在于巫蛊本身的杀伤力太大了。巫术是刘彻最为敏感的禁忌，无论你诅咒谁，只要敢作法，刘彻就绝对不会容忍的。于是，汉武帝刘彻就立即派遣酷吏张汤前去调查审理，而且下令一定要追查到底。张汤经过调查，一共逮捕三百多人，并且把楚服等人斩首示众。陈阿娇在旁边看着这一切，居然哈哈大笑起来。

阿娇由于使用巫蛊的原因，她的皇后之位被废黜了。那个时候，汉武帝刘彻颁下了一道废后的诏书："皇后失序，惑于巫祝，不能够承天命。其上玺绶，罢退居长门宫。"阿娇与刘彻十多年的夫妻情分，就这样

戛然而止了。此时，阿娇的外祖母窦太皇太后已经死了，汉武帝已经亲政，独揽大权。换句话说，现在阿娇身后最大的靠山已经没有了，再加上汉武帝刘彻已经非常厌恶她，所以，此时，谁也保不了她了。长公主刘嫖跑到汉武帝的姐姐平阳公主的面前进行抱怨："想当年，皇上能够登基为帝，都是我的功劳啊，现在，他居然这样子将我的宝贝女儿给抛弃了！"而平阳公主听到她的抱怨之后，不仅没有帮着她说话，反而冷冷的回答："这都是她不能够生育，而且自作孽才被废的。"这个时候，平阳公主已经是卫青的妻子，而陈阿娇曾经谋害过卫青的性命，平阳公主自然不会对她们母女有好感，因此，才会这样冷冷地进行回击。长公主刘嫖听完之后，也不知道该说什么，最后只好无奈地回去了。

阿娇的皇后之位被废之后没有过多长时间，她的父亲堂邑侯——陈午就因为疾病去世了，母亲刘嫖就这样成为了一个寡妇。但是，长公主刘嫖可不是一个安生的主儿，没多久就与一位名叫董偃美男子之间发生了不正常的男女关系。为了能够保护自己的新恋情，长公主刘嫖不仅为女儿阿娇的事情非常郑重地向汉武帝刘彻道歉谢罪，甚至百般地对汉武帝刘彻进行奉承，再也不为自己的女儿打抱不平了。之后，长公主刘嫖与刘彻两个人非常默契地不再提这件事情，然后各自去做自己的事情了。而可怜的陈阿娇一个人孤立无援，再也没有人过问了。不过，汉武帝刘彻仍然表示实现当年"金屋藏娇"的诺言。尽管阿娇已经不再是尊贵无比的皇后了，但是依旧享有与从前相同的非常奢侈的物质待遇，然而，这个时候，她只能够在"金屋"之中走动一下，至于外出已经变成了不可能的事情。后来，陈阿娇迁居到了长门宫。

千金买赋终无用

自从迁居到长门宫之后，阿娇心中很清楚，从前的各种得意和荣耀都消失得无影无踪了，剩下的只有渴望与悔恨。所以，阿娇整天以泪洗面，望眼欲穿地望着门外，盼望着能够看到汉武帝刘彻，每次听到门外有脚步声的时候，她都会非常敏感地冲出去，然而，每一次的结果都是令人失望的，除了自己的母亲长公主刘嫖来看她之外，刘彻从来就没有来过这冷冷清清的长门宫。

阿娇小声哭泣着对母亲说，她不甘心自己的后半生如此度过，她必须要让汉武帝刘彻回心转意，她必须将心上人夺回来，她一定要将已经失去的一切挽回！如何才能够达到这样的目的呢？于是，她的脑海中突然出现了"以情动人"四个字。然后，她接着向母亲说，对于一个可以呼风唤雨的男人来说，女人的眼泪会让他感觉心酸，让他感觉到歉疚，然后就会动侧隐之心了。这样一来，他就可以再一次对你垂爱。母亲，是这样吗？

刘嫖听着宝贝女儿哭诉与心中的期盼感到非常心疼，只好暗含着眼泪对着女儿微笑着说："是的，一定能。"

阿娇听到母亲的回答，又接着说道："这简直是太好了，但是如何以情动人呢？"她坐起身来，幽幽地走在长门宫中。她心中明白，如今，汉武帝刘彻肯定非常讨厌她，根本就不会来她的长宫门，而她也不可能到朝堂上去找他。更何况，年轻的皇帝从来不会缺少女人，刘彻现在正与卫子夫好得不得了。同时，还有无数的妃子佳人正在努力地向刘彻献媚。她现在只是一个失宠的女人，在刘彻心中只是一个可有可无之人！

阿娇非常认真地想了很久，继续将所有的希望都寄托在旁门左道之上。于是，她又想到了一个"好主意"。阿娇欣喜若狂地说道："彻儿为能够在他爱着的女人，那个卫子夫面前显示出自己的品味与格调，附庸风雅，之后，居然喜欢上了吟诗作赋。如今，司马相如可是在大江南北都非常有名的辞赋家，彻儿也非常仰慕他的才华。既然这样，那么，我就将他请到我的长宫门来，然后给他千金，让他帮我给彻儿写一封情书。母亲大人，你看这样可以吗？"

长公主刘嫖听了之后，一直不断地点头，非常心疼地看着女儿，心想：只要宝贝女儿能够高兴，做什么都可以。她仍然是一如既往地溺爱着阿娇。

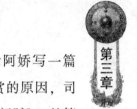

于是，长公主刘嫖就花费了千金将司马相如请来，为阿娇写一篇《长门赋》，这就是大家都熟知的"千金买赋"。也许是重赏的原因，司马相如真的妙笔生花，利用最美的语言写出了最昂贵的《长门赋》。整篇文章情真意切，令人读后感动不已。然后，阿娇就开始教宫女们进行传唱，一遍遍地唱着，自己的嗓子都唱哑了。她似乎感觉到自己的爱人——刘彻就要来了，心情非常高涨。她渴望刘彻能够听到她们的合唱，从而唤起刘彻对自己的旧情，然后，她就可以再次得到刘彻的宠幸了。

在夜晚做梦的时候，阿娇都梦到，刘彻看到了这首赋之后，非常感动。尽管不能够再一次立自己为皇后，但是却又重新和她旧情复燃，一起享受着快乐生活。当然了，这只不过是她所做的一个梦而已。

"日黄昏而望绝兮，怅独托于空堂……"从此之后，这歌声不断地回荡在长门宫中，如泣如诉，夜夜幽怨，令人听后不觉泪流满面。

或许阿娇真的好像《长门赋》中所写的那样，关心着丈夫刘彻的衣食起居，时刻担心有什么照顾不周的地方。然而，她却不懂得丈夫刘彻的宏图大志。她只知道，刘彻是她从小一块长大的表弟，青梅竹马的爱人，发誓要给她修建一座金屋子来住的丈夫……然而，她却想不到，刘彻还是一个手中握着她的生杀予夺的帝王！这个帝王才是刘彻本质，其他的只不过是修饰而已。阿娇正是这样的修饰中的一员，是他走向帝王道路上的一块垫脚石，踩过之后就不可能再回头的。

所以，当洋洋洒洒六百多字的《长门赋》传到汉武帝刘彻的耳中时，他只是对这篇赋进行了夸奖，对于阿娇却没有一丝一毫回心转意的想法。因为在雄心万丈的汉武帝刘彻看来，"千金买赋"只不过是一个笑谈罢了。更何况，那还是请他人代写的。如果这篇赋是阿娇亲笔所写，不知道会不会有不同的结果呢？

总而言之，"覆水难收，破镜难圆"。男女之间的感情只要出现裂痕，就很难修复。况且，阿娇千金买赋回击的是汉武帝最宠爱的卫子夫呢？所以，刘彻对于阿娇的回应不是接她回宫，而是立卫子夫为皇后。所以，卫子夫封后的消息传到长门宫的时候，心力交瘁的阿娇再也经受不住如此沉重的打击，当场就晕倒在地上，从此之后一病不起。

阿娇的父亲陈午去世后的十几年，阿娇的母亲，也就是长公主刘嫖也死了。然而，令人难以置信的是，长公主留下的遗言居然是希望和情夫董偃进行合葬。而大哥陈季须继承堂邑侯之后，整天只知道淫乱贪财，最后自杀而亡。汉武帝刘彻下令将陈家世袭的侯爵撤销。从此之后。阿娇再也没有翻身的希望。公元前110年，阿娇在长门宫中病死。

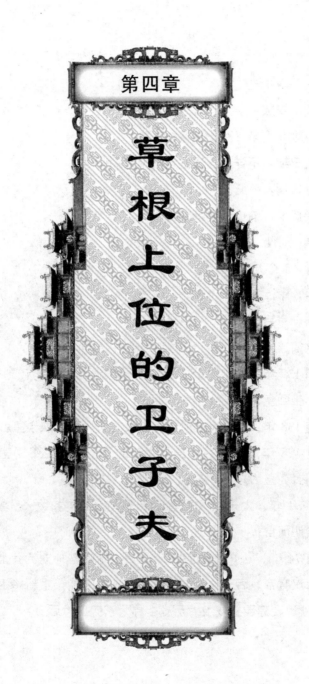

第四章

草根上位的卫子夫

后妃档案

☆姓名：卫子夫

☆民族：汉族

☆出生地：平阳（今山西临汾）人

☆出生日期：不详，应该是汉景帝时期

☆逝世日期：公元前91年

☆主要成就：辅佐汉武帝刘彻

☆配偶：刘彻

☆子女：1个儿子，3个女儿

☆谥号：孝武思后

☆陵墓：思后园

☆生平简历：

公元前139年，在平阳公主家，卫子夫遇到了汉武帝刘彻，并被他宠幸之后，带回皇宫。

公元前138年，卫子夫被册封为夫人（夫人是仅次于皇后的嫔妃）。

公元前128年，已经生了三个女儿的卫子夫，生下了皇长子刘据，卫子夫被册封为皇后。

公元前91年，太子被人陷害，卫子夫因为支持太子，被汉武帝迁怒，不能自明而自杀。

公元前74年，卫子夫去世17年之后，她的曾孙刘询登上皇帝宝座，历史上称为汉宣帝。后来，刘询以皇后应当有的礼仪重新将卫子夫厚葬，追谥号曰"思"，建园置戍卫。历史上称为孝武卫思后。

人物简评

卫子夫从一个小小的歌女，逐渐地变成夫人，然后又变成皇后，除了她拥有美丽的容颜之外，还因为她为汉武帝刘彻生下了太子刘据以及她的娘家人为朝廷立下了汗马功劳。而且她在做皇后的几十年中，在处理后宫之事时总是小心谨慎，非常用心，因此，在汉武帝死了之后，她的名誉得到了恢复。此外，还需要特别指出的是，卫子夫进宫之后，给她的弟弟卫青以及外甥霍去病带来了施展才能的机会，使得西汉王朝与匈奴的战争中赢得了主动权。所以，从客观角度来说，卫子夫是大汉王朝的功臣。尽管她从未参与国家大事，但是她对朝政的影响也是不容忽视的。她贤惠淑德，成为了后代皇后学习的楷模。

司马迁在《史记》中赞扬卫子夫有非常良好的品德，尽管她出身低微，但是在位居高位之后，仍然保持谦虚谨慎的性格，所以，虽然在年老色衰失宠之后，但是汉武帝依旧对她非常尊重。作为皇帝的女人，卫子夫能够做到这一步，也可以算得上是圆满了。

生平故事

无心插柳柳成荫

汉武帝刘彻和皇后陈阿娇成亲已经十年了，仍然没有子嗣，窦太后对此很是担心，非常害怕是刘彻的身体有问题，皇上没有儿子，江山社稷也就后继无人了。因此，窦太后就想要是实在不行，就换一个皇帝。在与家人一起吃饭的时候，窦太后就这样开玩笑式地说着，只当为阿娇没有生下儿子缓解一下压力。然而，刘彻的姐姐，也就是平阳公主却将窦太后的话都深深地记在了心中。平阳公主认为弟弟刘彻没有子嗣，都是因为阿娇与那些宫女们太无能，所以，她决定亲自为弟弟挑选宫女。

因为平阳公主知道陈阿娇是一个凶悍而且爱嫉妒的人，就不好按照老办法在后宫当中挑选美女。于是，她不辞辛苦在附近的几个大户人家当中搜罗了一些美女，尤其挑选了十多位貌美如花，身姿优雅的良家少女，教导她们学习琴棋书画歌舞以及宫廷应对进退的礼节，打算让汉武帝选取作为妃子。这十多位少女都是一等女，当然，平阳公主还准备了二等女，不过，关于二等女的琴棋书画等，平阳公主也根本就没有教导她们，也许平阳公主觉得有第一级别的美女就够了，第二级只不过是凑个数罢了。

卫子夫是女仆的女儿，在平阳公主家做歌伎，这么低微的身份自然没有资格进入第一级别，所以，只能进入第二级别了。不过，因为她长得非常漂亮，唱歌弹琴，样样精通，再加上她满头青丝就好像瀑布一样，光可鉴人，可以说是一个天生尤物，最为重要的是她的性格聪慧机智，处世谨慎小心，而且温柔似水，让人不由自主地想要怜爱，平阳公主慧眼识才，一直养在府中，从不让她做任何粗活，以便等待合适的时机，让刘彻将之带走。

公元前139年三月的一天，汉武帝刘彻在祭拜灞水的河神之后，正好顺路来到了姐姐、也就是平阳公主的家中。皇帝驾临，这可是无上的荣耀，平阳公主非常高兴，府中上上下下也忙成了一团，一时之间，什么美酒佳肴都准备好了；丝竹管弦，也都安排妥当了。乐声响起之后，平阳公主招来了早已经梳妆打扮完毕的一等女，让刘彻进行挑选。她们就好像一簇簇美丽的野花，在春天的田野中绽放，娇艳之中带着些许芬芳。

不过，虽然刘彻那一年仅仅只有19岁，但是却见多了这样的脂粉阵仗，因此，提不起一丝一毫的兴趣。刘彻只是斜靠着，似看非看，似听非听，一副完全不在意的模样。平阳公主没有办法，只能打发那些一等女退下，与弟弟一起饮酒聊天，然后又让二级的歌女献歌献舞以便助兴，当时，卫子夫也在这些歌女的行列。歌舞进行到了一半，一位粉面含春的歌伎迈着轻盈的步子走来，在烛光摇曳中，她那轻薄透明的衣裙，将莹晶圆润的肌肤似露非露在刘彻的眼前，犹如瀑布一般的乌黑光洁的秀发，随着舞步的跳动，在胸前身后不停地荡漾；接着，她又应舞而唱出了悠悠的歌声，展现出了无尽的缠绵。这个歌女就是卫子夫，汉武帝对于卫子夫可以说是一见倾心，汉武帝耐着性子将卫子夫所唱的歌曲听完，那宛若夜莺般的歌声深深地打动了刘彻的心，刘彻的满眼充满了光芒一样盯着卫子夫。一曲终了之后，刘彻才回过神来，他看了看一直注视着自己的姐姐，笑着说道："好热啊，朕要更衣！"平阳公主立即给卫子夫使了一个眼色。卫子夫点头之后就轻移脚步，跟着刘彻走进了更衣室。

卫子夫刚刚走进室门，刘彻就将她一把抱住："你好大的胆子，居然敢跟踪朕！"卫子夫吓了一大跳，急忙从他的怀抱中挣脱了出去。卫子夫轻声地回答，"皇上！奴婢不是故意跟踪您的，女婢是来给您更衣的！"刘彻回答："好呀，那你就替朕更衣吧。"之后，汉武帝刘彻就起坐更衣，让卫子夫前来服侍。卫子夫纤纤亲手的碰触，让这位血气方刚的皇帝有了一种莫名的冲动，刘彻将卫子夫嫩嫩的小手握住，问道："你叫什么名字？"卫子夫小声回答："女婢叫卫子夫。"这就是《汉书·外戚传》上记载的："帝祓霸上，还过平阳主。主见所侍美人，帝不说。既饮，讴者进，帝独说子夫。"

再接着说，刘彻从更衣室中走了出来，对姐姐的盛情款待表示感谢，赏赐给平阳公主一千斤黄金。平阳公主心中非常明白，弟弟为什么会赏赐这么多的黄金，所以，她立即提出，让卫子夫进宫服侍皇帝。刘彻自然不会拒绝了，于是，他带着卫子夫上了自己的銮驾。

当卫子夫站在车驾旁边的时候，感到非常惶恐不安，这个时候，平阳公主轻轻地抚着她的背鼓励地说道："没事的！这一次去皇宫，不管发生什么事情，都一定要认真吃饭，将自己的身体养好。如果有朝一日，得了富贵，希望你莫要忘记我才好。"这就是"苟富贵，莫相忘"。就这样，一介小歌女卫子夫，开始了她传奇般的生活。

风雨过后就是彩虹

卫子夫进宫一年多以来，没有再得到刘彻的召见。而且由于陈皇后善妒，采用强硬的手段将卫子夫贬成了一个宫婢，再也没有得到汉武帝刘彻的宠幸。在这一年多的日日夜夜当中，她每天都靠在窗户边凝望，回味着与汉武帝刘彻相遇的一点一滴。看着身边一个接着一个美人带着兴奋的笑容归来，她的芳心慢慢地冷淡了。直到建元三年，也就是公元前183年的一天，来了好几个太监，说是要宣读皇帝的圣旨。卫子夫以为皇帝要召见她，一下子就来了精神，但是太监只是高声念道："朕自从登基以来，后宫十分充盈……今体谅天下父母恩亲之心，特将多余的宫女遣散。众宫女接旨之后，尽早作好准备，申请批准之后，择日出宫。"也许卫子夫是再也不能忍受宫中这种清冷和寂寞的生活了，与其像小鸟似的被困在笼子当中，还不如早点出宫继续在平阳公主家做歌女了，唱唱歌跳跳舞，日子也能过得开心一点儿。于是，卫子夫也将自己的申请书递了上去。

为了避免被释放的宫女有遗珠之恨，都要通过皇帝的亲自批准，出宫的时候，汉武帝还要对所有被遣宫女进行最后的鉴别与品味。很快，就到了宫女出宫的日子了，卫子夫知道这可能是自己最后的机会了。于是，她又强行打起精神，用心将自己打扮了一番。当读到卫子夫的名字时，汉武帝刘彻猛然一震，再抬头就看到了跪在自己面前的卫子夫。这个时候，卫子夫早已经泪流满面了。她终于见到了自己日夜想念的汉武帝。看到汉武帝，想起来以前的恩爱，想到即将与自己所爱的男人永远地分开以及自己前途未卜的未来，卫子夫的眼泪不听话地一直往下流。卫子夫的样子看上去凄凄切切，而又依依脉脉的深情，再加上娇美的姿态，更加惹人怜爱，也更加引人注目。汉武帝看着卫子夫，想到了两个人之间的前尘往事，一时间感觉自己辜负了卫子夫的一片深情。汉武帝怜爱卫子夫，没让她出宫，并且再一次宠幸了她。没有过多长时间，卫子夫就怀孕了。

尽管刘彻心中有卫子夫，但是那个时候，他的羽翼未丰，还不敢为了这么一个小宫女与皇后陈阿娇彻底决裂，于是，将卫子夫藏在了一个秘密住处。但是，陈皇后还是知道了卫子夫怀孕的事情，她顿时感到莫大的羞辱与威胁。陈皇后在自己的宫中大发了一顿脾气，而且在她看来，必须将卫子夫以及她肚子中的孩子除去。非常巧的是，卫子夫的弟弟卫青正在建章宫执事，陈皇后的母亲——馆陶长公主就派人将卫青抓了起来，想要秘密地将他处死，以威胁卫子夫，让她从宫中滚出去。幸运的是，卫青的好朋友骑郎公孙敖与几名壮士将卫青救了出来，才保全了卫青的性命。

卫子夫得知这件事情之后，非常害怕不安，就向汉武帝进行哭诉，向汉武帝提出请求——保护她家人的安危。正处在热乎劲头上的汉武帝刘彻听完之后，非常愤怒。于是，他马上召见了卫青，看到卫青长得十分英武、魁伟，非常喜欢，就提升他担任建章宫总管，官拜侍中，并且放出狠话，谁要是再敢伤害卫家人就等于公开与皇帝作对。卫子夫也因此更得汉武帝刘彻的宠爱。可怜的陈阿娇皇后可谓是"偷鸡不成蚀把米"。

再说卫子夫的出身，十分卑贱，她的母亲卫媪原本是平阳侯曹寿家的一名婢女。尽管没有属于她的男人，但是自己却生养了三个儿子三个女儿，卫媪是奴隶，那么，她所生的儿子与女儿也都是奴隶，在平阳侯府做事。不过，这些没有爹爹的野孩子，却一个个出类拔萃，特别是三个女儿更是长得相当漂亮，而且身材也非常苗条，后来，平阳公主看到貌美如花的卫子夫，就将她带进入了长安的公主府，教导她学习歌舞，成为了公主府的一名歌伎。在这些孩子当中能够确定的是卫媪与平阳侯封邑小吏——郑季私通所生的，就是卫青。至于到底谁是卫子夫的亲爹，就连她母亲自己也说不清楚。这样一来，在当时，卫子夫的身份就变得更加下等了。当陈阿娇皇后知道自己情敌居然是一个没爹的野种时，心中更是愤恨不已。另外，卫子夫还有一个大哥名叫卫长君，三弟名叫卫步，大姐名叫卫君孺，二姐名叫卫少儿。她的这些兄弟姐妹可以说是，男孩都生得非常英俊潇洒，女孩都长得十分光彩照人。大姐君孺嫁给了公孙贺为妻，二姐少儿先是与霍仲孺在一起私混，生下一个儿子，取名为霍去病，后来又和前丞相陈平的曾孙——陈掌姘居。这样一个自由而且混乱的家庭，对于卫子夫产生很不好的影响，难以让人对其进行尊重。正因为这样，卫子夫才养成了十分谦卑的个性，无论面对什么样的人，都表现出十分温婉的性格，不过，这并不是说她因为这个原因而自暴自弃，相反，她非常懂得自尊自爱，这就让别人非常喜欢她。

关于卫子夫还有别的传说，相传她在遇到汉武帝刘彻前就已经嫁人了，不过，史书上对此并没有十分明确的记载。倘若这是真的，卫子夫在嫁人之后，又成为了刘彻的女人，也不是什么稀罕事儿，因为刘彻的母亲就是后来改嫁给刘彻的爹爹的，这也与那个时候汉朝的风俗也是相符的。由此可见，当时汉朝的婚姻制度相对来说，也是非常开放的。

自从卫青被绑杀没有成功之后，卫子夫的家人一个个都成为了名人，汉武帝提升卫长君担任侍中之职，卫步在短短几天之内就得到了非常重的赏赐。而卫子夫的两个姐姐自然也得到了相应的照顾，卫君孺赐婚给了公孙贺，公孙贺提升做了太仆。汉武帝在得知卫少儿的事情后，就下令陈掌娶了卫少儿，并且提升陈掌担任詹事之职。从此之后，卫家就正式从一个奴仆之家转身一变成为了尊贵的官宦之家，卫子夫本人也被册封为夫人，仅仅次于皇后。

看到这一连串的封赏，即使是再傻的人也知道，这是汉武帝刘彻在表示宠爱卫子夫的决心。卫子夫作为一个非常柔弱歌伎，彻底地激发了汉武帝与皇后集团进行对抗的勇气，这大概就是爱的力量，身份卑微的卫子夫在人生的转角之处遇见了刘彻的真爱，从而开始显贵起来。

兄弟家人也都飞黄腾达

当汉武帝下定决心为了保护卫子夫而公然与皇后集团进行对抗的时

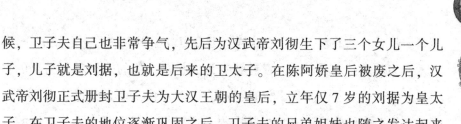

候，卫子夫自己也非常争气，先后为汉武帝刘彻生下了三个女儿一个儿子，儿子就是刘据，也就是后来的卫太子。在陈阿娇皇后被废之后，汉武帝刘彻正式册封卫子夫为大汉王朝的皇后，立年仅7岁的刘据为皇太子。在卫子夫的地位逐渐巩固之后，卫子夫的兄弟姐妹也随之发达起来了。她的弟弟卫青担任大将军之职，她的外甥霍去病也是一名大将军。卫子夫的哥哥卫长君担任宫廷侍中之职，等同于现在的中央警卫官；卫子夫的大姐夫——公孙贺被册封为侯爵，担任太仆之职，等同于现在的交通部部长，后来又被提升为朝中宰相；卫子夫的二姐夫担任太子宫总管之职，一时之间，卫氏家族的势力开始权倾全国，谁也没有想到原本一个小小的女奴居然也能够扭转乾坤，在西汉王朝当中，建立起这样庞大的势力。在卫子夫身上，有一句话非常适合，那就"一人得道，鸡犬升天"。

　　假如说卫青与霍去病在刚开始的时候，之所以能够得到出征为将的机会，或多或少是沾了卫子夫的光，那么当卫青与霍去病为大汉王朝立下不朽的功绩之后，卫子夫就开始沾弟弟与外甥的光了。特别是随着时间的推移，卫子夫的年龄越来越大，其美貌也逐渐地失去了往日的光彩，这个时候，卫子夫更加迫切地需要一个非常稳固的娘家来作为自己的后盾。当越来越多的美女充实了汉武帝刘彻的后宫之后，汉武帝刘彻也开始不断地宠幸着貌美的新人，作为皇后的卫子夫并没有因此而妒忌吃醋，她充分地发挥了母仪天下的风范，非常谨慎地处理着后宫的大小事务。与此同时，卫子夫还严格家人，教育他们宽厚待人，这让汉武帝非常欣赏。当至高的富贵与荣耀都落到卫子夫头上之后，她自己并未忘记做自己应当做的事情。这大概也是她获得成功的重要原因。

　　尽管丈夫刘彻已经慢慢地移情别恋，但是对于卫子夫而言，仍然频频不断地传来喜讯。儿子刘据被立为太子，那个时候，汉武帝的姐姐平阳公主成为了寡妇，她想要再次嫁人，就将家臣门客全部都召集起来，一起来商量朝中列侯谁是最合适的人选，当时，众人都给出了相同的意见——长平侯卫青。其实，平阳公主早就有了这个心思，但是依旧感觉卫青曾经是自己的家奴，担心这样下嫁给卫青会引来一些不必要的非议。众人极力劝道："现在，卫青已经贵为大将军，他的姐姐就是当今的皇后，外甥是皇太子，而且不仅自己成为了万户侯，而且就连三个儿子也都封了侯，将他外甥霍去病也算在内，那就是一门出了五侯。这样的人选不好，还有什么人才是好人选呢？"

平阳公主听到众人这样说，假装地点头称是，实际上，心里早就高兴地开了一朵花，这正是她自己最想听的话！于是，她马上把这个想法说给了卫子夫，请求她转告汉武帝刘彻，给予赐婚。汉武帝刘彻对此也是非常支持。对于卫子夫姐弟而言，从前的主人愿意嫁入卫家做媳妇，也是一件可以引以为荣的事情。就这样，一场声势浩大的婚礼举行了。这样一来，卫青的姐姐卫子夫嫁给了汉武帝刘彻，卫青娶了汉武帝刘彻的姐姐，可以说是亲上加亲。史家对此大为感慨，道："丈夫当时富贵，百恶灭除，光耀荣华，贫贱之时何足累之哉！"平阳公主在嫁入卫家做媳妇之后，为了使两家的关系更进一步，就让自己的儿子——平阳侯曹襄娶了卫子夫与刘彻的女儿卫长公主作为妻子。

到这个时候，卫氏家族的富贵荣华已经达到了最高点，毫不夸张地说，贵震天下。在这之前，历史上从未发生过类似的事情：一个地位卑微的奴隶家庭，居然在短短十几年当中发展成为了这样一个高贵的家族。于是，一时之间，民间开始流传这样的歌谣："生男无喜，生女无怒。独不见卫子夫霸天下！"

之所以能够出现如此局势，不仅是卫子夫的运气好，而且也是汉武帝所需要的。那个时候，正是汉朝鼎盛的时候，刘彻利用窦氏、田氏以及卫氏等外戚政治来增强皇权，将外戚和列侯玩弄在自己的股掌之中，让双方的力量互相抵制，以便实现对皇权加以巩固的目标。这才使得卫子夫成为了当时每个人最喜欢津津乐道的人物，成为了历史中不多见的红人。

倘若想要在中国历史上寻找一位灰姑娘，那么，就一定是卫子夫了。她从一个女奴转身变成了汉武帝刘彻的第二任皇后，其崛起不可谓是一个非常具有传奇性的故事。

稳坐皇后之位 38 年

卫子夫成为皇后之后，仍然表现得非常端庄贤淑、温柔敦厚，因为她深深地知道在宫中生活必须更加小心翼翼，否则就是死无葬身之地。所以，不管是性格，还是品德，她都做到了无懈可击。也正是因为这个原因，她才在皇后的宝座上稳稳地做了 38 年，利用恭谨谦和赢得汉武帝刘彻的充分信任，赢得了众位大臣与后宫之人的真心尊敬。每个人都知道，花无百日红，人无千日好，卫子夫随着年龄的不断增长，美丽的容颜也慢慢地消退了，色衰则爱弛，皇帝原本就没有一个痴情人，刘彻也是如此。他开始喜新厌旧，所以，逐渐地，卫子夫虽然是尊贵的皇后，但是想要见汉武帝刘彻一面也成为了一件很困难的事情。时间长了，夫妻之间的情分不免也就变得陌生了。而这个时候的刘彻正沉醉在更为年轻漂亮的王夫人、李夫人、尹婕好以及赵钩弋等美人怀中。

汉武帝刘彻除了喜爱美色之后，还非常喜欢旅行，他经常到全国各地巡游，一方面可以尽情欣赏祖国美丽的风景，体察一下民情，另一方面是在寻找让自己长生不老的药物。每一次外出之时，汉武帝刘彻总是十分放心地将后宫交给卫子夫进行处理，而将朝政大事交给太子刘据决定，这也给了太子一个非常好的锻炼的机会。

据说，皇太子刘据常常与母亲卫子夫待在一起，自然而然就遗传了母亲敦厚善良的个性，一点儿也没有遗传父亲刘彻的聪明与机敏。卫子夫将这些都看在眼中，她深刻地知道太子刘据是她最大的支柱，因此对其寄予了相当大的期望。然而，期望越高，期望也是越大的。慢慢地，她嫌儿子不够精明强悍，比不上刘彻当年的一丝一毫，这让卫子夫感到十分惶恐。汉武帝刘彻也自然对她的不安有所察觉，专门告诉已经是最高统帅的卫青："汉家庶事草创，加四夷侵凌国土，朕不变更制度，后世无法；不出师征伐，天下不安；为此者不得不劳民。若后世又如朕所为，是袭亡秦之迹也。太子敦重好静，必能安天下，不使朕忧。欲求守文之主，安有贤于太子者乎！闻皇后与太子有不安之意，岂有之邪？可以意晓之。"卫子夫知道之后，感动得泪流满面，她立即将头上的簪饰全部摘下来，前去向武帝请罪，表现得相当谦恭。

据说，汉武帝刘彻是一个很残忍的人，对于酷吏异常喜欢，而太子刘据则完全相反，他对于任何严刑拷打都非常讨厌，在处理死刑案件的时候相当谨慎小心，对于关押在牢中的囚犯，也是释放的释放，减刑的减刑，并且效仿汉文帝将肉刑取消，倘若发现是异常冤狱，就会马上为其平反。太子的这些举动得到了广大百姓的拥护，但是，刘据这种宽厚的性情却引发了一些位居高位，手中握有大权的酷吏的不安。他们在刚开始的时候，只不过是窃窃议论，后来，就开始在汉武帝刘彻的面前婉转地进行攻击。卫子夫深深地感到这件事情的严重性，不管多么英明的人都抵挡不住接连不断的小报告，况且，她深刻地了解晚年的刘彻根本算不上是英明的，她经常告诫儿子说："遇到大事大狱的时候，应当留着等待皇上作最后决定，你千万不要自作主张。"然而，刘彻却每次都对儿子的意见表示支持，认为妻子卫子夫不够坦诚。汉武帝的说辞让那些酷吏们感到更加不安，他们开始担心一旦以后刘据真的坐上了龙椅，那么，他们的铁饭碗肯定会碎了，于是，为了自己本身的利益，他们开始相互勾结，不断地对太子刘据进行陷害。

而且，在这个关键时候，卫子夫的弟弟，也就是卫青大将军离开人世了，这对于卫家而言，可以说是一个非常巨大的损失，也是一个十分沉重的打击。再看那些酷吏们变得更为嚣张了。有一次，太子刘据前去看望母亲卫子夫，聊起了一些家常，所以就多待了一些时间。一个宦官名叫苏文，他就和酷吏们进行勾结，趁着这个机会向刘彻打小报告："太子和宫女在一起搞不正常的关系！"汉武帝刘彻听了之后，并没有生气，心想：刘据什么都不像自己，就是喜欢美女的风流劲像自己。所以，他不仅没有惩罚太子，反而将二百多个美女送给了太子刘据。苏文自己感觉碰了一鼻子灰，然而，他并没有因此停手，又和宦官常融、王弼等常常伺机寻找太子刘据的过失，只要寻到一小点儿过错就添油加醋报告给武帝，甚至能够将黑的说成白的，将白的说成黑的。卫子夫对此相当痛恨，让太子请求汉武帝刘彻将这些人都杀掉，但是心地善良的太子刘据却说："我没有什么过失，不用害怕苏文他们！皇上明察秋毫，绝对不会听信谗言恶语，不用担忧。"

有一次，汉武帝刘彻生病了，就派遣常融去召太子，常融趁着这个机会大做文章，鬼话连篇地告诉汉武帝刘彻说："太子听说您生病了，一脸非常高兴的样子。"他的言下之意就是说，太子刘据早就盼着汉武帝刘彻死了，汉武帝死了，他也就能够做皇帝了！卫子夫听说了这些话之后，马上将太子刘据拦了下来，让他作哭妆之后，再去面见武帝。等到太子刘据来到汉武帝刘彻面前之后，刘彻一看根本不是常融所说的那样，太子刘据的脸上分别就有哭过的痕迹，怎么能够说他很高兴呢？于是，他就派人杀了常融。尽管太子刘据的眼泪不是真的，但是他却是真的关心自己的父亲，只不过，他感觉汉武帝刘彻只是生了一场小病罢了，自己还哭不出来。由此可见，汉武帝刘彻与太子刘据这父子俩之间的感情可以说是淡如薄纸，作为亲生儿子的刘据，在老爹刘彻面前为了求得自保，却被逼无奈地要伪装成哭过的样子。

幸好，卫子夫比较聪明，有着自知之明，她知道现在的局势，一定要以谦逊的德行，从自身开始做，以便防止别人挑出什么错来。卫青死了之后，卫子夫对于卫氏子弟管教就变得更加严格了，以便防止他们捅出什么篓子。弟弟卫青的四个儿子都不是很成器，卫子夫就流着眼泪请求汉武帝刘彻将卫氏子弟的封赏削夺。汉武帝刘彻听完之后，总是说："吾自知之，不令皇后忧也。"终于有一次，卫青的小儿子由于犯了很大的罪恶，按照那个时候的法律就应该被砍头，汉武帝刘彻就将卫青其他几个儿子的封爵也一并给削夺。之后，汉武帝刘彻为了表示自己对卫子夫的尊敬，就对一位大臣说道："夫人现在一定十分伤心，你立即去她那里去，好好地安慰她，并且代表我向夫人表示歉意。"那位大臣回来之后，告诉汉武帝："卫皇后相当痛苦，但是却非常感激皇上。"

实际上，汉武帝刘彻与皇后卫子夫这样的一对老夫妻，倘若生在平常的人家，可以算是非常幸福了，即便与历代的皇帝皇后相比，他们也算是相处得非常和睦的一对了。卫子夫小心谨慎地经营着生活，能够得到这样的回报，也算是劳有所得了。

成败皆因巫蛊

俗话说得好："不怕贼偷，就怕贼惦记。"反正那些酷吏们已经惦记上太子刘据了。公元前91年，汉武帝刘彻手下有一名叫江充的酷吏。汉武帝非常信任他，不过，他与太子刘据之间存在前嫌，眼看着汉武帝刘彻的身体一天天衰弱下去，害怕汉武帝刘彻死了之后，刘据会对自己下手，因此，就觉得提前下手将太子刘据除去。当汉武帝刘彻在甘泉宫患上疾病的时候，江充就趁着这个机会向汉武帝刘彻进言，说汉武帝刘彻之所以会得病，完全是因为有利用"巫蛊"作祟。汉武帝刘彻的年龄已经很大了，身体经常感到不舒服，这个时候的汉武帝刘彻的一个最大特点就是多疑。他一听说有人利用巫蛊暗害他，就相信了，立即命令江充对这件事情进行调查。

所谓"巫蛊"，指的就是利用人们的迷信，把代表着真人的木制偶人埋在地下，在巫师的帮助下祈求神鬼，帮助施行巫蛊者对其憎恶诅咒的人加以暗害。汉朝时期，对于巫术，人们都一直是非常相信的。汉武帝刘彻在位的时候，发生过数次"巫蛊"事件，对于当时的政治与社会都造成了十分大的影响。在汉朝的皇宫中，"巫蛊"是最忌讳的东西，汉武帝刘彻曾经因为巫蛊事件而数次制造了大狱，不少人都因为被牵连而死。

陈阿娇，汉武帝刘彻第一个皇后就是因为"巫蛊"事件而引火烧身，被夺去了皇后宝座，而卫子夫这才因祸得福，做上皇后的位置。但是江充这一次是故意将"巫蛊"灾祸指向了太子刘据，指向了皇后卫子夫。

那个时候，正好有一些胡人巫婆作祟，江充就趁机从这个地方查起，然后逐渐地嫌疑人引向皇宫当中，为下一步祸害太子刘据做好准备工作。

于是，汉武帝刘彻就在朝廷内外大力进行搜索，很多人都受到了牵连。负责处理这件事情的江充，就故意将桐木人常到了皇后卫子夫与天子刘据居住的地方进行掘地搜索，他们在皇后与太子宫中大肆挖掘，到最后被挖得连一张床都没有地方放了，然后，江充就趁机将事先准备好的桐木人拿了出来，对太子进行陷害，也就是将巫蛊之事算在了太子刘据的头上。

刚开始的时候，太子刘据一点儿也不害怕。他觉得自己什么也没有做，根本不需要害怕江充的诬陷，准备前往甘泉宫向汉武帝刘彻进行解释。但是，太子的车马被江充给拦了下来。太子刘据担心自己处理不好这件事情，就向他的师傅石德进行请教，石德以扶苏的例子对他进行警示，担心汉武帝刘彻会不会也像秦始皇那样已经一样被小人控制了。于是，太子刘据决定先将江充杀掉，绝对不做第二个扶苏。于是，太子刘据就派人假冒汉武帝的使者将江充给斩杀了。然而，在混乱当中却没有把江充的同党全部抓起来，宦官苏文趁乱逃跑了，他快马加鞭地跑到汉武帝刘彻面前，诬告皇后卫子夫与太子刘据一起谋反。汉武帝刘彻刚开始的时候并不相信，就派人将太子刘据召来。然而，汉武帝派出的使者非常胆小，根本连宫门都不敢出，在外面胡乱转了一圈后，就回来信口开河，说皇后卫子夫与太子刘据真的造反了。汉武帝刘彻非常震惊，于是，他也不再有任何犹豫了，立即发兵对皇后卫子夫与太子刘据进行征讨。

太子刘据这一边，因为贪图一时的痛快而将江充杀死了，但是江充被斩杀之后，查证江充诬告的事情就落空，太子的冤案也就很难洗清了，而且还落了一个杀人灭口的罪名，如今又被汉武帝刘彻征讨。于是，在被逼无奈之下，太子刘据不得不举兵造反了，准备将皇帝之位夺过来。正在甘泉宫养病的武帝得知太子刘据起兵的消息之后，一时之间震怒。汉武帝刘彻赐诏给刘丞相，命令其以牛车作为橹，不需要和叛贼进行短兵相接，直接使用弓弩进行射杀就可以了。

太子刘据铤而走险起兵与汉武帝刘彻刀兵相见。他派人将计谋奏告母后卫子夫，卫子夫也感觉事情到了今天这个样子也只能这样了，就下令将皇后的车马拉了出来，用来装运箭兵；将武库打开，将里面的武器都取出来；征发了皇后的卫士。然而，太子这一边仍然是势单力薄，于是，太子刘据又将长安城中的囚徒都赦免了，将他们全部武装起来，然后又征发长水与宣曲两支少数民族的骑兵，在长安城外，与丞相所指挥的部队进行交战。双方的军队血战了五天，最终太子刘据这一方面因为寡不敌众，被打得落荒而逃。二十多天之后，太子刘据在走投无路之下自杀而亡。

得胜的汉武帝刘彻一边派人对儿子刘据进行追捕，一边派宗正刘长乐、执金吾刘敢前去未央宫，向皇后卫子夫宣布诏令，将她的皇后玺绶收缴回来，等待日后的制裁。卫子夫非常了解丈夫刘彻的冷酷无情，她不愿意再接受任何的羞辱，在绝望之中自杀而亡了。就这样，卫子夫含冤而死，曾经对她百般宠爱的丈夫刘彻，现在却像弃敝尘一样将她丢掉了。苏文自认为已经大功告成了，在心花怒放之余，找了一名帮手——另一名宦官姚定汉，把卫子夫的尸首拖到了一间小空房当中，装到了一具平民用的小棺材，胡乱将其埋在了长安城南桐柏地方。温柔仁厚的卫子夫就这样走完了她的皇后之路，而汉武帝刘彻在盛怒之下开始大开杀戒，将卫家三族以及帮助卫家的宫人总计达到一万多人全部斩杀了。

有旁观的人说，卫子夫做了皇后之后，一直谨小慎微，不过，她却是非常罕见地在后宫之中策动谋反的女性，由此可见，不管是谁，都明白在权力之下不是你死就是我亡的道理，况且是始终小心做人的卫子夫，到了晚年时期，终于看见自己的儿子刘据像刘彻当年一样，拿起杀生大权来对自己的家人进行保护，尽管最终惨败了，但是在卫子夫看来，能够看到儿子最后的雄起已经是一件值得欣慰的事情了，总比与她一样唯唯诺诺过一辈子要好得多。不过，话又说回来，太子刘据在起兵的时候，曾经使用少数民族的骑兵，于是反对卫氏家族之人就开始造谣说，卫子夫与外人进行勾结，和朝廷进行对抗，继而又说，当年陈阿娇皇后的巫蛊之灾，就是卫子夫一手策划的，卫子夫的成败都是因为巫蛊，这一番

言语可真是落井下石的言论。先不说陈阿娇当年在宫中骄横霸道，明里暗里不知道得罪过多少人，单单说卫子夫非常卑微的出身，那个时候，她的弟弟卫青还没有当上大将军，根本没有任何的靠山，就是借她两个胆子，她也不敢陷害当时的陈皇后啊。再说当时汉武帝刘彻为了保护卫子夫，将她专门看护起来，试问一下，处在这样的环境之下的卫子夫，又怎样可能利用"巫蛊"对陈阿娇进行栽赃陷害呢？

西汉的评论家班固曾经对太子刘据蒙冤这件事情进行点评："江充造蛊诬陷太子，太子杀。太子逃亡时期，茂陵三老上疏，明确指出太子无辜，前不能见君王申辩，后被好人逼迫，才子弄父兵，但这也不过是打一段板子就能结束的事……汉武帝却意气用事，没有冷静考虑，而错杀亲子。事后武帝查出太子受人诬陷，怒极，于是族灭江充，苏文被绑在桥上活活烧死，去追捕太子的人也被武帝灭族，深表后悔的武帝建思子宫，于太子被害的地方造"归来望思"之台。天下闻而悲之，老来丧子，对皇位继承之事也产生影响。"

但是，汉武帝刘彻似乎忘记了与他做了几十年夫妻的卫子夫，并未对她进行任何的改葬与追悼。一代帝王与女奴之间的爱情传奇，最后以最为残酷的方式彻底地结束了，这样的结果实在令人深思……

草根皇后卫子夫

汉武帝刘彻在盛怒之下，将卫氏全族都灭了，或许是上天可怜，尽管刘据的妻子与孩子都被杀害了，但是，刘据的孙子刘病已成为了漏网之鱼，因为巫蛊之乱的时候，刘病已还是一个襁褓之中的小婴儿，所以才逃过了一死。在刘病已成长的过程中，大汉王朝发生了了下面的一系列的事情。

汉武帝刘彻在 71 岁那一年，立刘弗陵为太子。在确定下太子两天之后，汉武帝刘彻就因为疾病去世了，入葬茂陵。之后，年龄仅仅只有 7 岁的刘弗陵登基做了皇帝，历史上称为汉昭帝。汉昭帝总共在位 14 年，没有孩子而死。辅政大臣霍光与张敞第一个想到的，是汉武帝刘彻生前最为宠爱的李夫人的孙子刘贺。但是刘贺因为品性实在太低劣了，在登基为帝才 27 天就令两位辅臣忍受不了了，于是，将他从皇座上赶了下来，重新选择即位的新人选。

这一次，他们相当的是卫子夫的曾孙——刘病已，随后，他改名为刘询，然后登基为帝，历史上称为汉宣帝。

汉宣帝继承王位之后，为他的奶奶卫子夫改葬到了长安城覆盎门外南北大道的东面，并且定谥号为"思"，置园邑 300 家，长丞周卫奉守焉，称为孝武卫思后。这个时候，是公元前 74 年，距离卫子夫含冤去世已经有 18 年了。卫子夫心中的怨恨到此时也应当平息了。从卫子夫往后，历代皇后在丈夫的谥号后也开始拥有用来对自己进行形容的独立谥号。

在卫子夫时期，她成为了众多贫苦的美丽女子崇拜的偶像，她们再也不为自己出身很卑微而感到伤心与绝望了，她们相信终有一天，自己也可以像卫子夫那样来一个"麻雀变凤凰"的华丽变身。当然了，卫子夫之所以会拥有传奇的人生，她自身的努力奋斗是其中一个不可缺少的因素，然而，更多的却是一些不可控制的因素。正所谓"谋事在人，成事在天"。尽管卫子夫人生的最终结局是十分凄惨的，但是那 20 多年灿烂的爱情故事. 40 多年的富贵的岁月也是相当耀眼的。

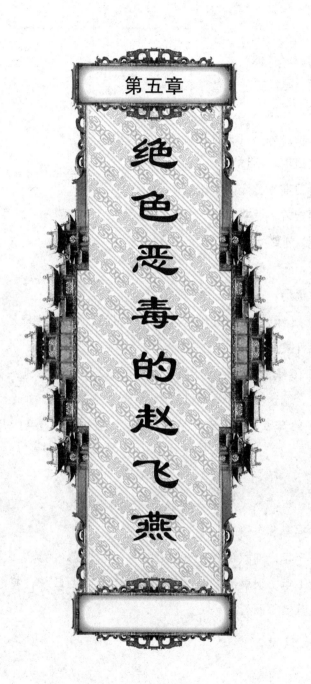

第五章

绝色恶毒的赵飞燕

后妃档案

☆姓名：赵飞燕

☆别名：冯宜主

☆民族：汉族

☆出生地：吴县（今江苏苏州）

☆出生日期：不详

☆逝世日期：公元前1年

☆主要成就：淫惑皇帝

☆配偶：刘骜

☆子女：无儿无女

☆生平简历：

公元前18年，赵飞燕以不能怀孕作为借口，陷害许皇后，结果，汉成帝废掉了许皇后。

公元前16年，赵飞燕终于得到太后的认可，正式被册封为皇后，而她的妹妹赵合德也被提升为昭仪。

公元前12年，赵飞燕害死了宫女曹宫以及她与汉成帝的儿子。

公元前13年，赵飞燕与妹妹赵合德又害死了许美人与汉成帝的儿子。

公元前8年，赵飞燕与妹妹赵合德支持刘欣为太子，使得刘欣在太子之争中占据有利态势。

公元前7年，刘欣正式被册封为太子，赵氏姐妹的势力大增。

公元前1年，汉哀帝去世，王氏家族重新夺回政权，将赵飞燕贬为庶人，赵飞燕自杀而死。

人物简评

　　赵飞燕有着美艳绝伦的外貌，精湛绝妙的舞技，"能作掌上舞"将她的美丽淋漓尽致地衬托出来了，与妹妹一起享受汉成帝的专宠长达十年之久。不过，虽然她长得倾国倾城，但是其心灵却如蛇蝎一般恶毒。为了在后宫称霸，她残害有身孕的妃子，杀死皇帝的幼子，最终导致汉帝绝后，其心肠不可以说不狠毒。所以，她在为后世制作了一幅美丽图画的同时，也留下了"千古恶燕"的骂名。但是，她并没有像其他毒辣的后宫人物那样对朝政加以干涉，也未曾残害过忠良之士，因此，在历史演变的过程中并没有留下太大的污点。于是，人们都忽略了她丑恶的一面，只是将她的绝世容颜的描述流传至今。

生平故事

从弃婴到皇后

　　赵飞燕，原名叫作赵宜主。母亲是一个郡主——姑苏郡主，是江都中尉赵曼的妻子。赵曼刚刚娶了郡主进门的时候，是非常高兴的，因为郡主长得非常娇美，所以，赵曼十分宠爱郡主，而且还经常称自己是一个很有福气的人。但是，令他意料之外的是，在短短半年之后，他因为得了一场大病而失去了做男人的能力。尽管他为此遍寻很多名医，但是最终都没有治好。于是，赵曼的性格变得越来越暴躁，动不动就对郡主又打又骂。因此，这两个人的感情也慢慢地变淡了。

　　后来，赵曼认识了一个名叫冯万金的人。两个人一见如故，结成了至交好友。之后，赵曼因为公干外出了，姑苏郡主已经相当长的时间没有接触过男人了，在遇上冯万金之后，心中不免有了一些不应有的想法。

而冯万金面对这样娇美的郡主，也经常产生一些非分之想。就这样，在赵曼离开家之后，这两个人居然一拍即合，就偷偷地做了男女之间的事情。然而，没有过多长时间，郡主居然发现自己怀孕了，而丈夫赵曼也快要回来了，郡主心中非常害怕。为了防止丈夫赵曼发现自己怀孕之事，就随便编了一个理由回了娘家，在足月后生下了一对双胞胎姐妹。郡主害怕这两个女儿会给自己惹来祸患，就将她们仍在了荒郊野外。不过，令郡主意外的是，都已经过了三天，这两个女儿既没有被人领走，也没有饿死。毕竟是自己的亲生女儿，所以，郡主最后把这两个女儿抱了回来。

当然了，她自己是不会留下这对姐妹的，于是，她将其交给了冯万金。但是，冯万金还没有娶妻，自然不敢承认她们是自己的女儿，所以，在经过认真思考之后，冯万金就让她们随了赵姓，给姐姐取名为赵宜主，给妹妹取名为赵合德. 但是，在五年之后，冯万金就因故去世了，这对姐妹花被一位名叫赵临的老汉给收养了。随着年龄的不断增长，两姐妹长得如花似玉，这让赵临老汉非常欢喜，于是就更加用心养育她们。

姐妹二人逐渐地长大，姐姐赵宜主首先吸引了邻居的注意。她出落得窈窕秀美，站在风中，就好像将要飞天一般，于是，有人就为她取了一个"飞燕"的别名。后来，人们就开始用赵飞燕来称呼她，而她本来的名字——赵宜主反倒慢慢地被人们忘记了。在当时，赵飞燕的容貌是相当出众的，也正因为这样，她才有了后来非同一般的际遇。

尽管赵氏姐妹从小就长得非常美丽，但是她们的童年并不是很快乐的。但是，在她们十岁那年，命运却突然有了一个重大的转变.

很快，当时的皇帝，也就是汉成帝的姐姐——阳阿公主听说了赵氏姐妹拥有过人的美貌，就以选女添戏班作为理由，将这两个女子招进了公主府。从此之后，这两个女子就成为了公主府一道引人注目的靓丽的风景。

那个时候正处于西汉后期，当时的皇上刘骜的才学很一般，政绩也是平平的，而且还贪酒好色，可以说是十足的昏君。平常的时候，他就

喜欢四处游逛。有一天，他就游逛到了姐姐阳阿公主的府中。皇帝忽然驾临，阳阿公主自然不敢有一丝一毫的怠慢，马上设宴进行款待款，并且命令众女跳舞助兴。当美妙的音乐响起，众位女子翩翩起舞的时候，有一名女子在其中就鹤立鸡群、超凡脱俗，一下子就引起了汉成帝的注意。汉成帝被她的美貌惊呆了，他怎么也没有想到世界上居然有这样美丽的女子。于是，他就向公主提出将这个侍女的带走的请求。公主自然不会拒绝，从此之后，赵飞燕的命运就发生了翻天覆地的改变。

汉成帝得到赵飞燕之后，感到相当兴奋，原本，他就不太喜欢管理政务，现在，更是将所有的事情都抛到了脑后。与赵飞燕相比，他的三宫六院都成了庸脂俗粉，像燕子一样娇巧动人的赵飞燕牢牢地拴住了汉成帝的魂，从此，他就天天与赵飞燕在一起缠绵，好像将世间所有的事情都忘记了。

赵飞燕不但长得极其美丽，而且还能歌善舞，精通音律，知晓诗书，是一位绝世女子。她刚一入宫就被册封为婕妤，后宫其他的妃子就对她产生了很大的不满，认为她只是一个有一张漂亮脸蛋之人，很难登上大雅之堂。而赵飞燕在表现出非凡的才华的时候，也非常注意自己的言行，对于皇后相当恭敬，这或多或少地让皇后放下了一些戒心，并且像姐妹一样对待她。与此同时，她也有意识地与宫中的粉黛进行结交，慢慢地逐让后宫的佳丽减轻了对她所产生的敌意。尽管她把汉成帝的心牢牢地拴在自己身上，引来了后宫妃子的嫉妒，但是，当她非常友好地对待每一个人的时候，在一定程度上赢得了后宫诸女的好感。

然而，随着时间的不断推移，赵飞燕慢慢地感觉到后宫的事情绝对不像外表那样简单，相互之间的勾心斗角可以说是层出不穷。尽管如今汉成帝对自己非常迷恋，但是自己本来就出身十分微贱，为了能够让其他后妃接受自己，她已经感觉相当委屈了。而且，照这样下去，自己随时都有可能失宠。于是，她就想将妹妹赵合德也接进宫中，这样一来，就可以相互照应，相互帮助，从而在后宫之中站稳脚跟。于是，她就在汉成帝面前夸奖自己的妹妹赵合德长得是如何如何美艳，恳请皇上能够恩准将妹妹也接进宫来。对于赵飞燕的请求，汉成帝想都没有想就同意了。

赵合德刚一进宫，她美艳的容貌就马上将整个皇宫都照亮了。汉成帝在未见到赵合德之前一直都认为赵飞燕之所以说妹妹长得美，只是为了让自己同意将她的妹妹接进宫才故意夸大其词，现在看到赵合德本人，才知道赵飞燕所说的都是真的。他非常高兴，马上册封赵合德为婕妤，让她与赵飞燕一起侍奉自己。与此同时，他将一座金碧辉煌的宫殿赏赐给了赵飞燕，名字叫作"远条馆"，赏赐给赵合德的是"昭阳殿"。从此之后，赵飞燕与赵合德经常环绕在汉成帝的身边，汉成帝完全沉迷在这对姐妹花身上，不可自拔。

没有过多长时间，汉成帝就下旨册封赵飞燕做了昭仪，其地位仅仅次于皇后。但是，赵飞燕对于这个地位并不满足，于是，她将取代皇后成为后宫之主视为自己人生的一个新目标.

那个时候的皇后姓许，是大司马车骑将军平恩侯——许嘉的女儿，同时也是西汉王朝第十位皇帝——刘询的皇后许平君的侄女，出身可谓是相当显赫，比赵飞燕要高出太多了。许皇后从小就十分聪明伶俐，自从做了皇后之后，把后宫管理得井井有条。但是，后来，汉成帝开始四处搜寻美女，没有多久就开始宠幸班婕妤；而许皇后的年龄却慢慢地增大了，容貌也逐渐消退，所以也就失去了恩宠。等到赵氏姐妹进宫之后，汉成帝几乎将所有的精力都转移到了她们身上，昔日受宠的班婕妤也很难再见汉成帝一面了，年老色衰的皇后更是没有办法将汉成帝留住。赵飞燕正是看准了这点，打算一举将许皇后击败，然后取而代之，完成自己向往权欲的梦想。

自从赵氏姐妹进宫之后，一直就想要为汉成帝生一个皇子。因为她们感觉，如果能够生下一个皇子，那么，一直在为没有儿子担忧的汉成帝肯定会非常高兴的，这对于赵飞燕坐上皇后的宝座是十分有利的。然而，不管她们怎么努力，但是却怎么也怀不上身孕，因此，她们最终决定在怀上孩子之前先动手将皇后大权夺过来。

鸿嘉三年，也就是公元前 18 年的一天，当汉成帝再一次因为没有儿子而不开心的时候，赵飞燕就温言软语地进行安慰。汉成帝一直都想着赵氏姐妹能够为他诞下一个皇子，这样一来，他就可以明名正言顺地将她们的地位提高了。这个时候，赵飞燕突然对汉成帝说，其实，她一直不能怀上孩子是有原因的。

汉成帝听完之后非常惊讶，急忙问是何原因。赵飞燕表现得非常难于启齿。汉成帝见状就一再追问，赵飞燕这才说道，自己的下人在无意之中发现，皇后因为自己没有儿子就担心别人为皇上生下儿子，继而对她的皇后之位造成威胁，因此，她就和她的姐姐许谒一起合谋设坛行巫，诅咒后宫没有人生下儿子；如果是一时不小心让哪一个嫔妃怀上了身孕，就会马上增大力度诅咒掉。另外，这一次的阴谋，班婕妤也有份。

为了打击皇后，赵飞燕可是用尽心思才打探到皇后的这一个举措，于是，她就添油加醋地告诉了汉成帝，由此可见，她那美丽的容颜之下，藏着一颗贪婪而且恶毒的心灵。

果不其然，汉成帝听后大怒，根本就没有去调查是不是真实的，只要是赵飞燕说的，汉成帝就一定会相信。赵飞燕正是靠着她的心机，算准了汉成帝对她的迷恋，不可能对她的话产生任何疑问，才这样有恃无恐地挑战皇后。

其结果自然也与赵飞燕所想的是一样的，汉成帝马上斩杀了皇后的姐姐——许谒，并且把许皇后打入了冷宫。而班婕妤由于曾经受到过皇帝的宠爱，而且为人正直不阿，在审问的时候，总是不卑不亢地进行回答，使得汉成帝没有办法处置她，最后将其赦免了。但是，班婕妤自知如果再不想一个办法进行自保，迟早有一天会被赵氏姐妹给害死。于是，她经过深思熟虑后就主动请求前往长信宫侍奉皇太后。汉成帝自然不会反对。到这个时候，赵飞燕已经将通向皇后宝座上的最重要的障碍都清除掉了。

但是，还存在一个难题。太后王政君非常注重门第观念，她觉得赵飞燕的出身十分低微，根本没有资格做皇后。与此同时，对于汉成帝要立赵飞燕为皇后，朝中的各位大臣也纷纷进言进行阻止。

汉成帝一心想要立赵飞燕为皇后，但是鉴于存在各种各样的障碍，他没有办法实现愿望，所以，心中难免会感到一些抑郁。但是，没有过多久，淳于长，也就是太后的外甥给汉成帝出了一个主意，让他首先册封赵氏姐妹的养父——赵临为成阳侯，这样一来，赵飞燕姐妹的家世就不再那么低微了；与此同时，汉成帝还不断地在太后面前进行游说，说赵飞燕是一个非常贤德的妃子，如果日后做了皇后，肯定能够母仪天下；而赵飞燕本人也是想尽一切办法讨好太后，让太后对她的印象越来越好，越来越感觉她的确非常适合做皇后。为了能够实现自己做皇后的目标，赵飞燕暂时将自己的全部本性都隐藏了起来，这对赵飞燕而言并不是难事，而且她也做得非常好。于是，到了永始元年，也就是公元前 16 年，赵飞燕终于的得到了太后的肯定，正式被册封为皇后，而她的妹妹赵合德也被提升为昭仪。如此一来，后宫之中再也没有人能够与这姐妹二人进行抗衡的，赵氏姐妹终于实现了数年以来的夙愿。

肆意淫乱后宫

在赵飞燕成为皇后以后，姐妹两个人更是得到了汉成帝的独宠，其他嫔妃基本上是见不到汉成帝的，她们和赵氏姐妹生在同一时代，不得不说是她们的运气太坏了，但是赵氏姐妹对于这样的情况依旧不知道满足，她们甚至给汉成帝立下了一个规矩，除了她们姐妹两个人，不允许汉成帝再宠幸其他任何人。深深迷恋着赵氏姐妹的汉成帝在听到她们的要求之后，不仅没有生气，反而觉得这是此姐妹二人在乎自己的表现，所以非常欢喜地同意了。尽管他并未完全断了与其他嫔妃的联系，但是次数已经变得相当少了。

时间长了，赵氏姐妹又开始担忧一个老问题，她们都侍奉成帝这么久了，却一直没有能够怀孕，如果这样下去，迟早有一天，让汉成帝感到不满，更让赵飞燕不能接受的是，汉成帝偶尔临幸的其他嫔妃，怀孕

的机会是相当微小的，但是却仍然不断地有人怀孕．对于这样的事情，赵飞燕自然不会坐视不管。她认真思考了一下之后，决定实施一个新的计划。她首先要做的，就是找到一名令她满意的男子，借助他的身子让自己怀孕，然后就说这是自己与汉成帝的亲生孩子。没用多长时间，她就物色到了一个合适的人选，这个人就是汉成帝的侍郎——冯天方。

有一次，汉成帝带着赵氏姐妹前去太液池中泛舟，并且让侍郎冯天方吹奏一曲用以助兴，正当龙舟走到池中心的时候，突然刮起了一阵大风，十分瘦弱的赵飞燕几乎就要被大风吹得真的像小燕子那样飞起来，眼看着即将从舟上落入水中，冯天方马上扑了过去，抓住了赵飞燕的双脚，把她救了下来。赵飞燕看到是冯天方救了她，心中非常高兴，就任由他握着自己的双脚，凌空起舞，让汉成帝看到如此美丽的画面之后相当兴奋与自得。"飞燕能作掌上舞"之语，就是从这次的事件之后流传开来。那种翩翩起舞之美，不仅在当时非常广泛地流传，而且后人也不断地对于此等美景津津乐道。回宫之后，汉成帝就对冯天方进行重赏，而且还特别允许冯天方可以自由出入宫中以便侍候皇后。汉成帝的这个举动不管是从规矩角度上考虑，还是从其后果来看，都是非常糊涂的！

当然了，促成赵飞燕在后宫之中做出淫乱之举的还有另外一个原因，那就是自从妹妹合德进宫之后，汉成帝就就把更多的心思放到了妹妹赵合德的身上，在一定程度上冷落了她。汉成帝最为喜爱的就是赵合德出浴的时候，全身好似冰雪一般晶莹的景象，使汉成帝有一种天人般地惊叹。赵飞燕对此感到非常生气，就效仿妹妹那样做，但是却由于她的身材比不上妹妹赵合德丰满而让汉成帝大倒胃口。

实际上，赵飞燕的"能作掌上舞"的美丽绝对不比赵合德出浴之美逊色一点儿，但是她却偏偏选择了舍长取短，这才让妹妹赵合德出尽了风头。于是，赵飞燕在灰心丧气之余，就开始将更多的精力放到了其他男人的身上。于是，没有过多长时间，冯天方就在赵飞燕的不断引导之下，胆子变得越来越大了，终于有一天，他色胆包天地在皇后的寝宫中留了下来，与赵飞燕享受了鱼水之欢。这两个人对彼此都有很大的好感，于是就悄悄地做起了秘密夫妻。可以与当世绝顶美人赵飞燕做这样的事情，冯天方的艳福不可以说不大。但是，过了很长一段日子之后，赵飞燕觉得自己依旧没有办法怀上孩子，心中感到非常郁闷。她略微思考了一下，就又想到了一个办法，让宫女为她找一个巫师为其求子。巫师传授了赵飞燕怀孕的方法之后，赵飞燕心中非常高兴，就按照巫师所说的进行。然而，过了相当长的一段时间之后，依旧没有一丝一毫的效果，赵飞燕就感到有一些心灰意冷，不知道是否应当再抱有希望。于是，她把所有的责任都推到了冯天方的身上，认为肯定是他太没用了，也就不再让他来与自己相伴了，而是不停地寻找其他宫室中有很多孩子的侍郎官与宫奴，把他们唤来与自己一起做男女之间的事情。在平常的时候，这些人都把赵飞燕看作是天人，无奈的是她已经是汉成帝的人，谁还敢对她有其他想法？但是，他们心中深处所想的好事偏偏就能够降临到他们的头上，赵飞燕不断将自己能够看上眼的男子叫来与自己作伴，被选中的人每一个都是相当兴奋。然而，时间长了，赵飞燕却依旧没有如愿怀上孩子。但是，她不知道的是，尽管她没有怀上子嗣，但是，她在后宫中的所作所为已经逐渐地传播开了，最后终于传到了汉成帝的耳中。

汉成帝听说了这件事情之后，相当愤怒，马上决定要将赵飞燕捉奸在床，让她根本没有一丝一毫的狡辩机会。但是，当汉成帝将一切都策划好，把赵飞燕和她的奸夫堵在寝宫的时候，汉成帝把赵飞燕叫了出来进行询问，赵飞燕自然不会承认，汉成帝明明能够感觉到肯定有一个男子在里面，所以，他一再进行追问，但是赵飞燕是至死不予承认。汉成帝稍微想了一会儿，如果今天果真把皇后的奸夫抓了出来，那么，日后传出去对于皇家的名声也是非常不利的，于是，汉成帝只是重重地"哼"了一声就转身离开了。

赵飞燕自知闯了大祸，赶紧来到妹妹赵合德的住处，让她帮助自己出一个主意。尽管赵合德对于姐姐赵飞燕所做的事情略有耳闻，但是，当她亲耳听到真的有这样的事情之后，依旧不敢相信贵为一国之母的姐姐竟然会做出这样丢脸的事情。但是，姐姐毕竟是自己的亲人，对于自

己的恩情也是非常重的，所以，她当然会毫不犹豫地帮助姐姐渡过难关。

有一次，赵合德与汉成帝在一起的时候，汉成帝对赵合德说，想要将赵飞燕杀了以便警示后宫。赵合德听了之后非常惊讶，故意装作什么也不知道，询问姐姐到底犯了什么事情。汉成帝就把发生的事情都告诉了赵合德。赵合德听完之后，马上痛哭流涕，说她们姐妹两个人从小一起长大，没有办法分离，如果皇上将姐姐赵飞燕赐死了，自己也不知道应该如何活下去了。

然而，让汉成帝做梦也想不到的是，赵飞燕在后宫淫乱之举不仅没有收敛，反倒是变本加厉。有一天，赵合德对姐姐赵飞燕进行责问，为什么要这样做。赵飞燕抱怨地说道："自从妹妹进宫之后，汉成帝更加喜欢妹妹，我自己自然就会感到非常孤单了。"赵合德明白姐姐赵飞燕的心情，但是却不知道应该怎样进行安慰。

赵飞燕看到妹妹赵合德已经被打动，就进一步说道，这么多年以来，自己姐妹都没有给汉成帝生过一个孩子，极有可能是汉成帝自己的问题。自己正是为了能够生一个孩子，从而保住自己如今的地位才这样做的。她极力劝说妹妹也这样做。

赵合德听了之后非常震惊，说倘若这件事情被汉成帝知道了，姐妹两个人肯定会被斩首的。赵飞燕却回答，假如自己姐妹一直没有生育，日后等到其他嫔妃为汉成帝生下儿子，并立为太子之后，姐妹二人恐怕也会难逃一死的。赵合德觉得姐姐所说的话非常有道理，不自觉也有一会儿心动。于是，赵飞燕就赶紧趁热打铁，说自己身旁有一个男子，名字叫作燕赤凤，不仅拥有一身非常好的武艺，而且床第之术相当好，妹妹也可以试一试。赵合德犹豫一点儿之后，最后还是同意了。

这样的事情，燕赤凤又怎么可能会拒绝呢？他和赵合德一拍即合，对彼此都十分满意。赵合德遇到燕赤凤之后，才觉得自己更加享受到了作为女人的快乐了。从此之后，姐妹两个人只要有一个人去侍奉汉成帝，另一人就会与燕赤凤在一起苟合。但是，时间长了，因为汉成帝更加宠幸赵合德，所以，赵飞燕就有了更多的时间与燕赤凤待在一起，这使得赵合德非常妒忌，两个人为了这件事情经常拌嘴吵架。有的时候，汉成帝询问她们两个人在争吵什么，赵氏姐妹就回答说是由于皇上的原因才彼此争吵的。汉成帝听了之后很是大喜，也就没有再多想。

这样一来，赵氏姐妹淫乱宫廷的时候尽管偶有也有一些流传，但是她们这一次做得更为隐秘一些，汉成帝并不知道这些事情。在皇帝还在人世的时候，他正在宠幸的后宫嫔妃居然这样公然地与他人进行淫乱，这样的事情，在我国封建王朝中可是相当少见的！

残害皇帝嫔妃子嗣

尽管赵氏姐妹一直都在努力利用各种办法得子，但是最终却没有到达预期的结果，但是其他嫔妃只是偶尔与汉成帝接近了一下，就可以生下孩子，这让姐妹两个人感到非常担心。于是，她们就想到了一个相当恶毒的办法——不管是哪一个嫔妃生下了孩子，她们都想办法将其处死。

元延元年，也就是公元前12年，汉成帝偶尔宠幸了一位名叫曹宫的宫女，后来，这个宫女生下了一个儿子，住在皇帝的一个侍从官家中，而且有六名官婢在旁边伺候着。赵氏姐妹听到这个消息之后，非常惊慌，马上紧锣密鼓地商议对策。在经过商量之后，赵氏姐妹决定马上派打手中拿着皇帝玺书，秘密毒死了曹宫，同时也将六个官婢全部灭了口。当然了，对于那个小婴儿，赵氏姐妹也是不会放过的，下令一并除去。汉成帝得知这件事情之后，不禁大吃一惊，想要把自己的儿子留下来，但是赵氏姐妹在汉成帝面前又是哭又是闹，汉成帝原本就是一个昏君，在赵氏姐妹的强烈要求下，也就不再坚持了。于是，一个刚出生没多久的小婴儿就被心肠恶毒的赵氏姐妹害死了。

第二年，后宫的许美人又生下了一个儿子，再一次成为了宫中的焦点问题。由于汉成帝已经有了上一次的教训，这次他非常希望能够留下这个儿子，就派了人专门进行看护，以便防止再次被赵氏姐妹给毒害。但是他想不到的是，虽然他多方进行保护，但是却依旧无济于事。

　　对于这件事情，赵氏姐妹自然不会不知道，更不会放任其发展。赵合德马上找到汉成帝，对其进行大加斥责，皇上曾经许下诺言，只宠幸她们姐妹两个人，现在许美人忽然生下来一个儿子，这怎么对得起她们姐妹？说完之后，就开始大哭大闹，甚至不惜用头撞墙来对汉成帝进行威胁。汉成帝一见赵合德这样，立即慌了神，赶紧不断地向她道歉，而且表示肯定不会立许氏作为皇后的，而且保证天下女子绝对不可能会有人的地位比她们姐妹二人高的。

　　几天之后，汉成帝就命人到许美人住的地方，将小婴儿装在一个苇草编的小箱子中，带到了汉成帝的寝宫。汉成帝和合德私下将这个婴儿给处置了。随后，他们就将这个小箱子给封上，由宫婢转交给掖庭狱长，偷偷地带到掖庭监狱的墙角之下将其进行埋了。赵氏姐妹的心肠异常狠毒也就算了，汉成帝竟然为了两个女人愿意将自己的亲生骨肉杀死，这实在是太令人震惊了。

　　赵氏姐妹想尽一切办法对后宫怀孕的嫔妃进行摧残，只要有嫔妃怀孕了，那么最后肯定是难逃一死的，她们绝不会不允许其他任何一个嫔妃有机会能够为汉成帝诞下子嗣。汉成帝由于太多宠爱她们姐妹两个人，不仅对她们的行为没有阻止，反而加以纵容。皇帝这样昏庸，后妃又如此狠毒，朝廷怎么可能安宁呢？后来，惩罚真的出现了，汉成帝再也没有过子嗣，从此之后就绝后了。

　　为了继续巩固自己的地位，赵飞燕可以说是费尽了心思。有一次，她在经过非常周密的计划后，就假装自己怀孕了，利用物品使得腹部隆起，乍一看就真的好像怀孕了一样。汉成帝非常高兴，而赵飞燕却让他在十个月之内不可以再接近自己，害怕伤了胎儿，事实上是担心汉成帝发现其中的秘密。十个月之后，赵飞燕就托人在外面把已经商量好的婴儿买回宫中，对外声称是自己生的孩子。汉成帝相当开心，马上告诉诸位大臣自己终于有了一个皇子，并且把这个喜讯也告诉了皇太后王政君。太后和诸位大臣也是十分欢喜，只有赵合德已经猜到其中的缘故，但是她和姐姐是一条心，所以也就没有将这个秘密说出来。

但是，可能因为汉成帝太过昏庸，赵飞燕过于狠毒，还没有过五天，那个买回来的小婴儿居然得了一场重病，就病死了。刚刚被喜气环绕的皇宫马上陷入了一片万分沉痛的气氛中。而赵飞燕尽管由于拥有狠毒的手段而让她们的阴谋一而再再而三地得逞，但是面对如此结果，她们也是一点儿办法也没有，最后不得不接受现实。但是，汉成帝没有子嗣的苦果，他必须自己吞下去了。

恶性最终得到报应

绥和元年，也就是公元前 8 年，中山王刘兴与定陶王刘欣一同进宫拜见汉成帝和太后。他们到皇宫中来的原因是汉成帝一直没有孩子，各个王爷一直在立储问题上进行明争暗斗，互不相让。但是，其中相对突出的两个人就是刘兴和刘欣。刘兴是汉成帝的弟弟，而刘欣则是汉成帝的侄子，这两个人自然要进行一番激烈的较量。刘欣的祖母傅昭仪非常清楚其中的利害关系，如果刘欣能够成为太子，她的地位自然也会随之改变，而且这变化可是非同小可的。而且，她深深地知道，她的孙子刘欣要想坐上太子之位，就一定要通过两个非常重要的关口：一个自然就是皇太后王政君，另一个更关键的则是赵飞燕与赵合德姐妹二人。

傅昭仪就托人给皇太后与太后的弟弟大司马王根送了不少厚礼，所以，王司马也在太后的面前给刘欣说了很多好话，傅昭仪也不停地与皇太后进行交流。久而久之，对于刘欣成为太子这件事情，太后也就同意了投支持的那一票了。

另外，就是赵飞燕与赵合德两姐妹。傅昭仪不断用厚礼对她们姐妹进行贿赂，而那个时候，赵飞燕正在为没有依靠而发愁，心想如果自己支持了刘欣成为太子，那么，也算是为自己的未来增加了一份保障，于是，也就接受了刘欣成为太子。接下来，赵氏姐妹就开始在汉成帝面前多次为刘欣说好话，汉成帝对于赵氏姐妹的话自然是言听计从。因此，没过多久，刘欣就顺理成章地成为了太子的唯一人选。

绥和二年，也就是公元前7年，汉成帝正式立刘欣为太子。赵氏姐妹再加上太子刘欣，其势力变得更大了，简直是盛极一时。也可能是得意过了头，最终，报应就来了。于是，没过多久，宫中就发生了一场大灾难。在立太子的同年三月，汉成帝还是像以前那样，身体也非常健康，但是，到了三月十八日，他却忽然驾崩了，终年46岁。尽管在此之前，汉称帝一直没有生过什么大病，但是他一生荒淫无度、纵情酒色，身体早已经埋下了隐患，当这隐患表现出来的时候，也就是他的生命走到尽头之时。汉成帝去世了，赵氏姐妹就失去了保护伞，以前她们树立了太多的敌人，一时之间，就显得危机四伏了。果然，没有过多长时间，太后和满朝文武就把矛头都指向了在汉成帝生前最受宠爱的赵合德身上。皇太后王政君马上派大司马大将军王莽对于汉成帝的死亡原因进行追查，而赵合德心里十分清楚，所谓的追查只不过是一个幌子而已，实际上是借助这件事情给自己定罪。她很明白自己这一次是难逃一死了，但是她又不甘心受到侮辱，就提前服毒自杀了。

汉成帝驾崩之后，刘欣登基为皇帝，历史上称为汉哀帝. 这个时候正是赵合德自杀，众人又将矛头指向赵飞燕的时候，赵飞燕心中相当害怕。这个时候，她才开始非常认真地思考这么多年一来，自己所做的事情是不是太过分了，也显示出了这个曾经光鲜亮丽的皇后可怜的另一面，但是，比较幸运的是，汉哀帝念在赵飞燕保荐自己坐上太子宝座的功劳，就没有追究她的罪孽，仍然尊她为皇太后，对她非常尊重，这才使她的性命得以保全，她也彻底将心放了下来。所以，在第二年中，尽管接连不断有人上表揭发多年以来赵飞燕迫害嫔妃，并且害死了汉成帝两个儿子的事情，汉哀帝最后也只是轻轻地带过而已，但是就在这个时候，宫中傅家和王家的斗争却变得越来越激烈了，赵飞燕站到了傅昭仪一边，这让王氏一族非常记恨。

元寿二年，也就是公元前1年，汉哀帝去世了，王莽重新将大权夺了回来，王氏家族将傅家击败了，将一切权势夺了回来，新立的汉平帝仅仅只有9岁，所有权力都落到王家人的手中。于是，傅家和赵飞燕赵太后就成为了他们第一个要除去的目标。王莽用太皇太后王政君的名义，对外公布了赵飞燕"害嫔妃杀皇子"的罪名，将她的太后封号给剥夺了，并且把她幽禁了起来。没有过多长时间，赵飞燕又被贬为庶人，移住到了汉成帝的延陵。

直到这个时候，赵飞燕才终于明白自己大势早已经去了。她回想着自己这一生的时候，才发现自己的确做过不少恶毒的时候，现在到了汉成帝的陵墓前，不禁痛哭流涕，不能自己。于是，赵飞燕在感到忏悔的同时，感觉自己对于人生也再也没有一点儿眷恋了，于是，她就在汉成帝的陵寝中自杀而亡了。就这样，一直在后宫之中为祸作乱的赵飞燕与赵合德两姐妹，终于结束了她们充满罪恶的一生。

第六章

贤心妒肠的独孤皇后

后妃档案

☆姓名：独孤伽罗

☆别名：独孤皇后

☆民族：鲜卑族

☆出生地：秦州上邽（甘肃天水市）

☆出生日期：公元 544 年

☆逝世日期：公元 602 年

☆宗教信仰：佛教

☆主要成就：与隋文帝杨坚一同开创隋朝基业

☆配偶：杨坚

☆子女：5 个儿子，4 个女儿

☆谥号：文献皇后

☆陵墓：陕西隋泰陵

☆生平简历：

公元 544 年，独孤伽罗出生在秦州，也就是今天的甘肃天水市

公元 557 年，14 岁的独孤伽罗嫁给了杨坚为妻子。

公元 581 年，杨坚登基为帝，独孤伽罗被册封为皇后。

公元 588 年，因为太子纳妾，并让小妾生下孩子，独孤皇后对太子杨勇产生极大的不满。

公元 600 年，在独孤皇后的大力支持下，原太子杨勇被废，晋王杨广正式被册封为太子。

公元 602 年 8 月 24 日，独孤皇后因为疾病去世了，享年 50 岁。

人物简评

　　她是一个美丽而端庄，十分难得的好妻子；她是一位聪明而机智，非常优秀的参谋者。虽然她的丈夫有着万分尊贵的身份——一朝天子，但是她却强烈要求丈夫不能娶二室……这位一生都充满传奇色彩的皇后，就是隋朝的开国皇帝杨坚的妻子——独孤伽罗。杨坚做到了妻子的要求，在她在世的时候都没有娶过第二个妻室，这可以说是中国封建历史上一个非常罕见的传奇。这位独孤皇后不仅能做到自己的丈夫只可以拥有自己一个妻子，而且还要求朝中的各位大臣也坚守这个规矩，不能轻易地娶二房，更不允许二房生下孩子。这不可以不说是一件非常怪异的事情！独孤皇后的大半生都可以说是光辉无限的，只不过非常可惜的是，到了晚年，在太子更迭的问题上，由于她个人好恶与偏听偏信，为大隋王朝留下了千古遗恨。

生平故事

立下忠贞不二的誓言

　　独孤信，在少年时期就已经在当世有了不小的名气，人们都称其为"独孤郎"。在西魏时期，他曾经立过很多战功，曾经被册封为大都督、大司马。于是，他们的家族在当地一直都是名门望族，他也成为很多百姓崇拜的人物，他一共有七个女儿，大女儿是北周明帝的皇后，而独孤伽罗是他的最小的女儿。由于独孤伽罗在这样的家庭背景下长大，所以，她在很小的时候，就已经对上层社会的各种生活礼仪与规范非常熟悉了。随着年龄的不断增长，独孤伽罗凭借自己的聪明才智，更是很好地掌握了处理人际关系的各种技巧。这样的家庭环境与阅历，对她后来的发展产生了非常大的作用。

独孤伽罗在未出嫁之前，都只是一个非常纯情的少女。直到她嫁人之后，她的生活才逐渐地发生了很大的变化。当独孤伽罗14岁的时候，已经长得亭亭玉立，就好像一朵刚刚出水的芙蓉花，一双大眼睛明亮闪烁，乍一看就好似天上的仙女下凡了。

独孤氏拥有这样优秀的家庭背景与出色的外貌，自然就成为了当时不少名门大户的子弟求亲的对象。对于关系到自己小女儿独孤伽罗一生的婚事，独孤信当然不会有一丝一毫的马虎，在精心的挑选之后，他将北周开国功臣杨忠的大儿子杨坚定为自己的乘龙快婿。杨坚不仅长得一表人才，一脸的富贵之相，而且他生性十分沉稳，谈吐也相当高雅，不少人都预感他将来肯定能够成就一番大事业。这样的人物，独孤信自然不会看走眼，于是，他就将杨坚招为女婿，也为自己的女儿独孤伽罗造就了一段非常美好的姻缘。我们都知道，英雄的背后通常有会站着一位十分出色的女子，杨坚能够找到了独孤伽罗这样的贤内助，也可以算是他的福气了。

独孤信在和杨坚进行交流的过程中，曾经询问他未来的志愿理想是什么的时候，结果，杨坚不仅表现出其志向十分远大，而且还声称要以独孤信作为榜样，这让独孤信听了之后感到非常高兴。与此同时，杨坚还提出，治国之道的智谋要比武功更胜一筹，因此，他在未来的人生当中，将会多多地动脑筋，争取利用自己的智慧将天下征服。当然了，这并不是说他会荒废武功。他将来一定要成为一个文武兼备的天下名士。独孤信听了之后，深刻地感觉这个女婿的确没有选错，心中也肯定杨坚未来的成就肯定会比自己高。

不过，面对这样出色的男子，独孤伽罗却表现出了一些担心。她觉得一个男人拥有三妻四妾是一件非常正常的事情，只要男人得意了，就会不管女人的心思与感受，只为了满足自己而纵情声色之中。她的父亲就有五个姬妾，这几个姬妾为了争宠而整天吵得家中不能安宁，她的几个哥哥与他父亲也是一样，各自的家庭也都是弄得令人非常心烦。因此，她非常担心如果有一天，父亲的预言"杨坚将来必成大器"成真的时候，杨坚也会像一般男人那样娶很多妻室，那样一来，她就会失宠，而且还要为了争宠而费尽脑筋，甚至还要用尽手段。对于她的这些担忧，杨坚却笑她太多心了，但是她依旧不放心。于是，杨坚就对天发誓终其一生，除了独孤伽罗之外，再不会有第二个女人，如果违背了这个誓言，就天打雷劈。这个时候，独孤伽罗才放下心来，脸上也露出了开心的笑容。

从这件事情上能够看出，独孤伽罗属于一个妒忌心非常强的女子，在那个封建年代，不管男人娶多少女子都是正常的，她却要独自占有杨坚。不过，也有人对这种看法表示反对，他们表示，这是由于独孤氏信奉世间的真爱，才会如此用心地与杨坚一起做出承诺，今生今世只是对方一个人的。假如从这个意义上来看，杨坚与独孤伽罗的这段婚姻是唯美的，更是那个年代十分罕见的，着实难得。有这样嫉妒之心的女子可能有很多，但是像独孤伽罗那样逼着丈夫发毒誓，而且真的控制了丈夫一生，即便丈夫后来成为九五之尊也一如既往地要求着，独孤伽罗可以说是独一无二的。

帮助丈夫争夺天下

杨坚在与独孤伽罗成亲之后，凭借家庭背景成为了车骑将军。而那个时候北周的明帝宇文毓听闻皇后的七妹所嫁的人，是一个拥有非凡的气质，富贵之相的人，心中很不高兴，就派相术家赵昭前去进行查看，倘若果真像外界所说的那样，就立即将他处死，不能够给国家留下这个祸患。赵昭奉旨前去见杨坚，一见到杨坚的长相，马上赶到非常惊讶，他实在没有想到这个人长得真的像外人所传言的那样，不仅一脸贵人之容，而且气宇轩昂，如果现在的朝廷有什么变动，那么眼前的人肯定是可以托付天下的。他不敢按照当今皇上所说的那样将杨坚处死，而是对他直言相告，并且预言杨坚在日后肯定会成为世间至尊，如果这个预言果真应验了，到了那个时候，希望他不要忘了自己。

　　杨坚不敢轻易相信赵昭所说的话，回家之后感到忧心忡忡，害怕会有什么大祸降临到自己的身上。但是他看到赵昭的态度非常诚恳，又不像是在骗他，一时之间，心中没有了主意。他的妻子独孤氏知道这件事情之后，也陷入了深深的思考之中。杨坚告诉自己心爱的妻子，自己的身上的确有异相，因为自己的两个掌心下面各自长有一个回旋螺纹，而且他的左手掌纹非常明显地有一个"王"字。独孤伽罗对此感到很是惊讶，她也预言，杨坚日后肯定不会是一个寻常之人。与此同时，她也为丈夫杨坚成就大事提出了一些意见与建议，比如，应当主动结交一些志同道合的朋友等。杨坚听了之后，深刻地感到自己心爱的妻子真的是自己的贤内助，心中相当欢喜，就按照妻子所说的行动，走上了成就大业的道路。

　　独孤伽罗的眼光是十分独到的，正是在她不断的鼓励之下，杨坚在走向自己人生巅峰的道路上才会走得那么顺利。北周时期，尽管明帝是皇上，但是其实宇文护一直在把持着朝政大权。宇文护经常滥用自己手中的权力，将所有的异己都除去，害死了不少朝中的老臣。独孤信就是被他杀死的大臣之一。独孤信死了之后，杨坚的处境立即就变得非常危险。宇文护将他看作是眼中钉、肉中刺，认定他将来肯定会成为阻挡自己发展的心腹大患，想要将他除去。在这种情况下，妻子独孤伽罗就建议杨坚主动申请外调，到封地隋州去任职，这样，便就可以使宇文护的猜忌得以消除。杨坚按照妻子独孤伽罗的计谋行事。事实证明，在获得批准之后，杨坚的危机也随之解除了。

　　不过，没有过多久，宇文护就用毒药将明帝给毒死了。明帝死了之后，由宇文邕继承王位，历史上称为周武帝。武帝非常聪明，他不像明帝那样心甘情愿地做别人的傀儡，因此，他一边在宇文护面前装得唯唯诺诺的，一边却在暗地里悄悄地笼络人心，聚集属于自己的力量。在长达十一年的酝酿之后，各个方面条件都已经相对比较成熟了，武帝就出其不意地进行出击，将宇文护杀死了，将原本就应当属于自己的大权夺了回来。与此同时，武帝还趁着这个机会将宇文护的党羽全部消灭了，正式开始了属于自己的统治时代。那个时候，杨坚的父亲杨忠已经去世了，杨坚袭爵为隋国公。在武帝四处征讨的时候，杨坚立下了赫赫的战功，武帝非常喜欢与信任他。于是，武帝就在太子 16 岁的时候，下令让其娶了杨坚的大女儿作为太子妃，杨坚的地位也随之上升了不少。

宣政元年，也就是公元 578 年，武帝因为疾病去世了，太子宇文赟继承王位，历史上称为周宣帝，杨坚的大女儿被册封为皇后。宣帝的年纪还不大，但是脾气却非常暴躁，而且他胸无大志，整天都在酒色中度过。他非常信任国丈杨坚，在自己外出游玩的时候，总是将朝廷中所有的大事都交给杨坚处理。不过，尽管杨坚深得皇帝的信任，但是他却知道宣帝如果一直这样下去，那么国家迟早会大乱的，所以，他数次直言相劝。宣帝对此感到非常生气，于是就把心中的气恼都撒在了皇后的身上，独孤氏马上跟着杨坚一起去苦苦哀求。与此同时，独孤氏也劝杨坚不要再这样进行直谏了，否则，极有可能会危及到女儿在后宫中的地位，甚至会危害女儿的生命安全。独孤氏极力劝说杨坚暂时到外地去避一避，这样一来，就可以减少与皇帝之间的冲突，这样，大家都会相安无事了。在好朋友郑译的帮助之下，杨坚最后成功地获得了外放的机会，担任扬州总管之职。正当杨坚准备启程的时候，宫中突然传来了一个消息，将杨坚所有的计划都打乱了。也正是这个消息，将当时历史的进程给彻底地改变了。

原来，宣帝因为过度饮酒，已经昏迷两天两夜了。杨坚得知这个消息之后，犹豫着还要不要立即启程前去扬州上任。独孤氏对当年的情形进行分析的时候说，如果宣帝保不住，女儿皇太后的身份不一定能够保得住，那么，他们一家人的生命都会受到威胁，因此，这个时候，万万不可以离开。她向杨坚提出建议，先以失足摔伤作为理由，将启程的时间推后几天，静观其变，然后再进一步作打算。杨坚觉得妻子的分析是非常有道理的，就一一照着进行了。宣帝已经昏迷了十多天了，眼看着大限就要到了。郑译趁着这个机会草拟一份诏书，将杨坚宣入朝中进行辅政，并且都督内外军事。这个时候，再加上杨皇后在当中的运作，杨坚相当于将朝政大权都揽到了自己的手中。两天之后，宣帝驾崩，杨坚让年龄仅仅只有 7 岁的小太子宇文阐继承王位，历史上称为周静帝，杨皇后自然而然就成为了皇太后。杨坚担任左大丞相的职务，独揽大权，总摄朝政。杨坚也做了一次摄政王，只不过因为他没有作太多的恶事，所以，历史上才没有记载他的恶名而已。在这个历史演变的过程当中，独孤氏起到了相当重要的作用。两个人缺少一个则事情就不可能办成。独孤氏，真可以说是一个奇女子！在封建社会中，只要皇帝被人挟持，总是会招来皇帝家族和旧部的怨恨，而且，引发一大片声讨之声，作为摄政王的杨坚也不会例外。宇文氏的各位王爷对于朝政大权全都在杨坚的控制之中相当不满意，就合谋对杨坚进行讨伐，逼迫他将朝政大权交出来。

面对如此的困境，杨坚对于自己能否对付有一些担心。但是，他的妻子独孤氏却一点儿也不慌张，她向杨坚提出建议，擒贼先擒王，把皇族作乱的人一律使用计谋擒获然后杀掉，而且绝对不能够向后退，必须一鼓作气，诛杀所有叛乱的人，而且还要坚决而果断，这样一来，才能够使自己得以保全。杨坚非常佩服妻子的冷静和心思，他当机立断，设下一个计谋，给宇文氏各位王爷的首领赵王安上了一个叛乱的罪名，说与叛臣尉迟迥相互勾结，然后一鼓作气连续斩杀了五个亲王，并且将他们的三族都消灭了。与此同时，在这场变故当中，朝廷中所有的异己也被铲除了。杨坚仅仅用了两年的时间，就将朝廷的大局给完全控制起来了。于是，他也不再有任何的犹豫了，立即就决定逼迫静帝交出皇位，自己登基做皇帝，郑译等人全力在一旁进行辅助。

开皇元年，也就是公元 581 年，杨坚终于如愿以偿坐上了皇帝的宝座，建立了隋王朝，历史上称为隋文帝。接着，他就在悄悄地把年龄仅仅只有 9 岁的宇文阐给害死了，然后又全部铲除了宇文家族的人，没有留下一丝的后患。杨坚登基为帝之后，独孤氏自然也顺理成章地成为了皇后，立大儿子杨勇为太子。杨坚果然像大家所预言那样成为了最尊贵的天子，至于这些预言究竟是不是真的存在过，到目前为止还没有一个

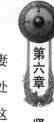

确定的答案。但是，杨坚的能力却是不容置疑的。与此同时，杨坚的妻子独孤氏在这个过程当中所起的作用也是至关重要的。在很多事情的处理上面，独孤氏的魄力和果断要远远地超过她的丈夫杨坚。杨坚因为这个感到非常高兴，在登基之后对她更加宠爱，真正将她视为了自己生命的另一半。在杨坚登基做皇帝之前，独孤氏把所有的精力都放在帮助丈夫建功立业上面；而当杨坚登基为帝之后，独孤氏也开始展现出了她那令人叫绝的嫉妒之心了。

熊熊燃烧的妒忌之火

文帝登基做了皇帝之后，勤于政务，以造福百姓为己任。在他的管理之下，国力正在一步一步地发展着。他上朝的时候，独孤皇后就会坐在后殿旁听，只要出了什么不恰当或者有纰漏的地方，她就会想尽一切办法及时地通知文帝加以改正。文帝对于独孤皇后的意见与建议总是能够听进去的，两个人每天都共同乘坐一辇回宫，宫中上下对于这两个人形影不离的情况也慢慢地熟悉了，将他们称为"二圣"。文帝和独孤皇后的感情一直都非常好，而且文帝真的做到了当初对独孤皇后许下的承诺，只与独孤皇后相伴，并没有另外娶其他的女子。后来，也只不过是在独孤皇后去世之后，才下旨另立嫔妃的，这在我国封建史上可谓是相当罕见的。

尽管文帝只有一房妻室，但是当独孤皇后慢慢地年老色衰的时候，文帝却正值盛年，而宫中又有很多十分美丽的女子，终于有一次，文帝没有把持住。当新修建的仁寿宫落成的时候，文帝前去查看，独孤皇后因故并没有一同前去。文帝走到仁寿宫西边一座厢房前的时候，看到一为妙龄少女正在廊下浇花。这位少女看到皇上之后，马上下跪朝拜，而文帝看到她长得十分清纯，声音又非常悦耳动听，身材也是丰满而匀称，心中顿时萌生了爱意，就询问她姓什么。她回答姓尉迟，是罪臣尉迟迥的女儿，已经进宫四年了。文帝听完很惊讶，没有想到当年的大敌之一尉迟迥尚居然有一个女儿在宫中。但是，这个女子长得太美丽了，文帝心中相当喜欢，就不管不顾将她带到了内书房后室……

在尝试了第一次偷欢的快乐之后，文帝心中自然是十分兴奋的，就经常让尉迟氏前来与自己相伴，过着那种非常开心的日子。对于文帝这么明显的变化，独孤皇后自然不可能不知道。她马上派人将尉迟氏的来历查清楚了，心下不禁感到又是惊讶又是愤怒。独孤皇后找到文帝，非常生气地问道："皇上是否已经嫌弃我老了，不再年轻漂亮了，所以，就开始寻找年轻而美貌的女子一起风流快活了？当年你所发的'只要独孤伽罗一个妻室'的誓言又到哪里去了……"文帝听到独孤皇后的质问，感到十分心虚，而且他又敬爱独孤皇后，所以，一时之间不知道该怎么回答了。独孤皇后又说，那个女子是当年尉迟迥家的女儿，文帝将一个这样危险的人物放在身边做快活之用，那就相当于自掘坟墓。文帝千方百计为尉迟氏进行辩解，说她肯定没有别的企图，独孤皇后根本不肯听文帝的解释，直接问他将会怎样进行处理。文帝心中知道这一次必须顺从独孤皇后的意思了，于是，就表示让独孤皇后来安排。独孤皇后就决定赶尉迟氏出皇宫。虽然文帝心中有一千个一万个不舍得，但是也没有任何办法，在万般不得已的情况下，只能听从独孤皇后的意见了。

然而，独孤皇后并没有就此善罢甘休。她心中相当愤怒，知道如果这一次就这样放过文帝，他将来极有可能会再犯，寻找机会与别的女子亲近，于是，她就想到了一个十分可怕的想法，并且付诸了行动。第二天，当文帝来到走廊上的时候，突然看到独孤皇后带人拿着一个盒子放到了地上。文帝就问盒子中装的是什么。独孤皇后冷笑了一生，让文帝自己打开盒子看一看。文帝心中感到十分不解，就打开看了看，接着，脸色突然大变。原来，那个盒子中装的不是别的，竟然是尉迟氏的人头！独孤皇后说，她之所以这样做是为了更好地警戒文帝，让他今后不要再沉溺在美色当中。文帝感到极其愤怒，转过身就走了，来到了御厩，骑上一枣骝马，就从大兴城的北门，狂奔而去。

独孤皇后看到文帝就这样骑马而去，心中略微有了一些后悔，害怕

文帝会出事，马上就派遣高颎与杨素二人追了出去。这两个人不敢丝毫的怠慢，马上朝着文帝去的方向追了过去。文帝在飞奔出三十多里路之后，走进了一片很大的松林中，才慢慢地停了下来。他努力地想要让自己冷静下来，认真地思考着这件事情发展的整个过程，心中却依旧不能平静。尽管独孤皇后对自己来说，是非常重要的，在辅助自己对朝政进行处理的过程中也是功不可没的，但是，在这件事情上却表现得太专权霸道，根本没有办法让人能够接受。自己现在已经贵为天子，一生只娶她一个人，已经能够对得住她了，只是偶尔与另外一个女子在一起快乐几天，她却采用这样残忍的方法将其抹杀了。这到底算怎么回事？这一刻，在文帝的脑海中，甚至有了废掉皇后的想法，只是担心这件事情传出去之后，对皇室的名声造成不利的影响，这才犹豫不决，不知道究竟该怎么办。

这个时候，高颎与杨素两个人已经追了上来，看到文帝之后，就极力劝说他回宫，不要再生气了，一定要保重自己的龙体。文帝却万分感叹，自己在权力、地位以及财富上面，已经没有任何的遗憾了，但是在女人这方面，自己却好像是被囚在地牢当中，没有办法尽情地享受人生的快乐，皇后的这次做得实在是太过分了。高颎连忙对其进行劝说，让文帝以江山社稷与天下苍生为重，不能因为一个女子就丢了天下不管，更何况独孤皇后已经有了后悔的意思，让他们两个人前来，就是向皇上传达她的后悔之情的，因此，请求皇上能够立即回宫，什么事情都好商量。与此同时，杨素也在一边尽可能地劝说与安慰文帝。文帝心中虽然感到万分恼怒，但是听了这两个人的话之后，也感觉很有道理，最后长长地叹了一口气，就跟着这两个人返回了宫中。

独孤皇后一看到文帝，马上泪流满面，连连向文帝表示忏悔，说自己杀人是不对的，请求文帝能够原谅自己。但是，她同时也表示，依旧不希望文帝再与其他女子有什么瓜葛。文帝觉得自己的命运可能也就这样了，不得不同意了。他马上摆宴邀请高颎与杨素一起吃晚膳，一起痛饮到深夜。从此之后，独孤皇后除了辅助文帝处理朝政之外，也在如何讨文帝的欢心上下了不少的功夫，其目的就是为了文帝不再与其他女子有纠缠。文帝也是真心爱着独孤皇后的，也就没有再与其他女子作乐的事情。

但是，事情还远远不止这些。独孤皇后甚至还让文帝下令，朝中各位大臣如果有纳妾的人，特别是小妾怀了孩子的，全部撤职查办。一些大臣就因此而遭受了苦果，甚至因为这个原因而丢了自己的性命，死在了这条只在隋朝才有的非常古怪的规矩之上。甚至即使是朝中重臣高颎也没有能够逃过这一劫。他年迈的时候，妻子去世了，小妾为他生了一个孩子。独孤皇后怎么都不能容忍这个人，一而再再而三地劝说文帝把他削职查办。

后来，高颎又被隋文帝用别的罪名给赐死了。从以上事件能够看出，尽管独孤皇后在处理朝政上面有着过人的地方，但是在处理男女之间的关系上，却拥有相当离奇的妒忌心理，根本不能容忍男人除了自己的结发妻子之外，还有其他的女人。尽管善妒的特点在中国历代皇后身上屡屡出现，但是，可以做到这种地步的，仅仅只有独孤伽罗一个人罢了！

做事绝不徇私枉法

历朝历代的外戚，由于皇后的权势而得高位厚禄的人有不少，但是最后通常都不会有什么好的下场。隋代却在处理这个关系的时候，做得相当好。隋朝时期的外戚很少有人会由于与朝廷有私人关系而飞黄腾达的，因此也经常能够得以保全性命。这样的结果，与独孤皇后立足历史、不为私情有着非常大的关系。隋朝的外戚做高官的人不多，独孤皇后的兄弟也只不过担任将军、刺史之职罢了。独孤皇后家的亲戚，从来不会对朝政加以干涉，兄弟在位，也没有殊荣。不仅没有像西汉王政君时期，兄弟一天就得到了册封"五侯"的荣耀，而且就连亲属也没有一个不是位列三司之荣耀的。如果有人敢借着和朝廷之间的亲戚关系而在乡里横行霸道的，那么，肯定会得到非常严厉的惩罚。

　　正是因为独孤皇后的严格约束，隋朝的外戚几乎没有干扰朝政的。据说曾经发生过两件事情，足以非常好地说明独孤皇后绝不不徇私情的这个特点。独孤皇后有一个同父异母的弟弟，名叫独孤陀，非常喜欢鼓弄巫术。有一次，独孤陀利用猫鬼行妖法在子夜时行法，非常巧合的是，独孤皇后这个时候生了病。文帝知道这件事情之后，马上打算下令把独孤陀抓起来杀了。独孤皇后知道这件事情后，虽然心中也非常恨独孤陀，但是却依旧保持了理性。她劝说文帝道，独孤陀虽然十分可恶，但是他并没有触犯什么严重的律法，只是诅咒自己，按照刑律是不应该处斩的，可以酌情饶他一条命。文帝感到独孤皇后说的很有道理，就将独孤陀的死罪给赦免了，只是将他削职为民。还有一次，大都督崔长仁触犯了刑法，应当处斩，文帝因为崔长仁是独孤皇后娘舅家的表兄弟，就想到要网开一面，特赦了他的罪行。独孤皇后知道之后，心中虽然很悲痛，但是却坚决不让文帝徇私枉法，否则，根本没有任何颜面再面对天下的人。崔长仁虽然凭借着各种关系在朝廷中将一切都打点好了，甚至皇上也都被他笼络了，但是，却依旧没有逃脱死刑，最后还是被依法处斩了。很显然，独孤皇后在公与私的事情上分得相当清楚，而且做得相当正确。

　　从这一点就能够看出，独孤皇后绝对可以称得上是一代明后。不但这样，独孤皇后在对待公卿大臣的长者父母的时候，从来都是礼遇有加的，而且号召大家一定要遵守孝道，特别是女子应当谦卑自守，并且经常教导自己的女儿也应当这样做。如果有家庭的礼仪做得不够好，她肯定会出言进行斥责的，因此，大家都非常尊重与敬佩她。有一次，她的侄女婿在并州去世了，其岳母因为女儿正好怀有身孕而不愿意让其前去。独孤皇后对此很不满，说道："服侍男人本来就是女人的职责，如今，她的男人已经死了，这样的大事，作为妻子怎么能够不去呢？而且她的婆婆还健在人世间，作为而媳妇也应该前去询问一番。"她的侄女听了独孤皇后的话之后，觉得有道理，就前去参加了这场葬礼。

　　在朝廷关系的处理方面，独孤皇后也是功不可没的。如果有直言相谏的人触怒了文帝，她总是能够苦苦地对文帝进行劝说，让他有能力将善恶是非分辨清楚，不要对忠臣的良言加以怪罪。文帝平常的时候有很多事情，有的事情考虑不到的时候，独孤皇后总是会出言提醒，以便让他做全了礼数，更好地处理与朝臣之间的关系。在隋朝的发展与壮大的过程中，独孤皇后可以说是花费了很多的心力。在刚开始的繁荣时期，她绝对是功不可没的。文帝最后之所以能够在青书史册上留下了明君的形象，与独孤皇后的支持与帮助有着密不可分的关系。如此贤良的皇后，确实值得人们去敬佩。

错换太子的遗恨

文帝和独孤皇后有五子，其中，大儿子杨勇是太子，他生性淳朴善良，性情坦荡无私，不过，在心计方面却有点儿欠缺。也许在他看来，这个世界上的都是好人，因此，他才给自己留下了很多隐患。二儿子杨广非常有心计，做事情的时候很喜欢动脑筋，甚至善于隐藏奸计，但是他深得独孤皇后的喜爱。

在开皇八年，也就是公元588年，文帝兴兵征讨陈时，他曾经作为行军的元帅，立下了赫赫的战功，所以也得到了文帝的喜爱。文帝觉得这五个儿子都是独孤皇后生的，就不会像前朝那样兄弟之间为了争夺皇位而出现相互残杀的局面，而是能够和睦地相处。但是，他错了，即便是一个母亲所生的亲兄弟，也同样会为了争夺权力而闹得天昏地暗。独孤皇后容忍不了男人纳妾，即便是大臣纳妾，她都会对人家心存不满，如果小妾生下孩子更是极有可能受到很严厉的惩罚，这早已不是什么新鲜的事情了。

太子杨勇的妃子元氏，是前朝北魏皇族，有着十分显赫的地位，但是由于长得不太美丽，杨勇一直都不太喜欢她。另外，杨勇还有一个出身十分低微的妾室云氏，因为长相非常美丽，杨勇对其非常宠爱。因为这件事情，独孤皇后对太子杨勇颇有意见，再三进行提醒。尽管杨勇每次都答应要改，但事实上却没有丝毫的悔改，这导致独孤皇后对他产生了非常大的不满。

没有过多久，元氏因为暴病而亡，一直对大儿子杨勇存有芥蒂的独孤皇后就产生了怀疑，是不是杨勇和云氏共同合谋将元氏给杀死了。而不久后，云氏为杨勇生下一个儿子，这更是触犯了独孤皇后的大忌讳，于是，她就认定了元氏肯定是这两个人合谋害死了。只是杨勇心胸十分坦荡，也没将独孤皇后对他的怀疑放到心上，更没有想过要去解释什么。杨勇让云氏帮助他管理太子宫中的事情，就好像正室一样，独孤皇后终于再也不能容忍了，她开始不停地向文帝进言，说着太子的问题，导致文帝对于太子的印象变得越来越不好了。独孤皇后的这一特点还真是太厉害了，竟然连自己的亲生儿子都不肯放过，有母如此，杨勇也不得不接受命运的安排了。

在独孤皇后与文帝对于太子的印象慢慢地变坏之后，偏偏太子的心地十分单纯，不知道如何进行应对，这也为自己日后所遇到的危机埋下了种子。没有过多长时间，在一次阅兵当中，太子杨勇为了显示自己的身份不一般，就在铠甲上加了一些珠宝，从而更好地突显自身的高贵。文帝看到之后非常生气，认为他生活十分奢侈，不懂得勤俭节约，未来可能多半不能够承担重任，就对其进行了非常严厉的斥责。还有一次，太子在宫中接受百官贺节的时候，办得十分隆重、铺张，这再一次让文帝与独孤皇后强烈的不满，他们不仅认定太子杨勇过于奢侈，而且还怀疑他想要用这样的方法来笼络人心。在独孤皇后的建议之下，文帝下令从此之后百官再也不能到太子宫去贺节。而面对文帝与独孤皇后的再三斥责，太子杨勇就好像根本没有放在心上一样，认为这些都不是什么大不了的事情。

文帝与独孤皇后的二儿子杨广的性格则与他的哥哥杨勇完全相反。杨广为人非常狡猾多变，而且内藏祸心，想要代替兄长坐上太子的宝座。平常的时候，他总是专挑文帝与孤独皇后喜欢听的话说，也特意做一些迎合文帝与孤独皇后兴趣的事情，所以深得父母的喜欢。为了博得父母的欢心，杨广可以说是费尽了心思。他知道文帝与独孤皇后不喜欢奢华，

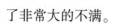

又看到哥哥因为这个原因而受到了斥责，就尽可能地将家里装扮得简单而朴素。为了达到满意的效果，他所费的心思居然比装扮豪华的屋子还要多。果不其然，他的这份努力获得了不错的效果，文帝和独孤皇后看到之后心中都非常喜欢，认为他属于一个可造之才。与此同时，杨广知道母亲独孤皇后不喜欢男人三妻四妾，就仅仅迎娶了正妻萧妃一个人。当然了，他是不可能真的忍受这种寂寞的，于是，在暗地里包养了好几名姬妾，一有机会就出去寻欢作乐。只要有姬妾生下孩子，他都会毫不犹豫地处理掉，绝对不会给自己留下一丝一毫的后患。在人前的时候，他经常与萧妃出双入对，对于众位大臣也是礼遇有加，谦恭备至，即便是在对待宫中下人的时候，也总是一视同仁，从来不会将他们视为下人。于是他的口碑和人气慢慢地上涨了.

面对这样的现象，文帝与独孤皇后就想要将太子杨勇废掉，然后另立他人为太子的念头一天比一天明显。没有过多长时间，杨广被任命为扬州总管。杨广向独孤皇后辞行的时候，为了显示自己舍不得离开母亲的情谊，抱着独孤皇后狠狠地痛哭了一场。独孤皇后心中非常喜欢这个儿子，眼看着心爱的儿子将要远去，心中也是非常不舍得的。与此同时，独孤皇后也问起杨广是不是向兄长辞行了。杨广回答，已经去过了。母亲又问他太子杨勇对他是什么态度。

杨广听到独孤皇后这样的问话，心中顿时生出了一个计谋，就说自己一直十分敬重哥哥杨勇，绝对不会挑拨兄弟之间的关系，因为如果那样做的话，肯定会遭到他人的唾骂。但是，太子哥哥却对自己受到父母的喜爱非常妒忌，经常到处中伤自己，说自己是虚伪矫饰，总是对他的太子之位心存觊觎，经常让自己心中感到不安。实际上，这本来就是真实的他，这个时候，他却故意用这样的说辞来污蔑太子，其心思真是太缜密，太狡猾了。他还说在自己担任扬州总管的这段时间内，如果太子杨勇进谗言，自己肯定会遭到太子的暗算，因此，现在自己根本不知道该怎么办了。独孤皇后听了之后果然中计了，她忍不住拍着桌子大骂太子杨勇的心胸太狭隘，心思太可恶了，居然恶意中伤自己的亲兄弟。与

此同时，太子杨勇的各种"劣迹"再一次在独孤皇后的脑海中过了一遍，比如，他和云氏"合谋害死"元氏；云氏为他生下了一个儿子；他的各种奢侈行为……"

杨广看到独孤皇后已经上当了，完全相信自己所说的，就接着好言相劝，说太子哥哥只不过是一时糊涂，以后他肯定会明白兄弟之间的真正感情的。独孤皇后看到杨广这样"善良"，心中非常感动，就表示让杨广尽可以放心地离开，朝廷的所有事情，她都可以帮助他进行打点，绝对不会让太子杨勇肆意妄为的。杨广听到母后这样说，知道父皇向来听从母后的，自己代替杨勇做太子的日子，已经不远了。回到晋王府之后，杨广将杨素找来，与之秘密地进行谋划，安排好了一系列的计划，想要将太子之位一举夺过来。尽管杨素表面上已经答应了杨广会帮助他，但是作为一位老臣，他也不想冒昧地帮助一个皇子去将如今的太子废掉。于是，他就从文帝与独孤皇后那里不断打听消息，慢慢地发现皇帝与皇后心中都对太子已经非常失望了，而对晋王杨广却相当喜爱，再加上杨广不断地用各种好处贿赂他，杨素终于知道自己应当如何做了。他就下定决心，帮助杨广将太子杨勇废掉，并且让他取而代之。

以杨素为首的一些老臣们开始不断地向文帝进谗言，说太子杨勇不仅生活十分奢华，而且暗地里还聚敛钱财，收买人心，想要造反。文帝虽然心中已经有了更换太子的想法，但是，乍一听到太子杨勇想要造反，确是断然不会相信的。但是，杨素那帮人却非常有耐心，只要文帝不排斥，他们就不停地给文帝与独孤皇后灌输这样的认知。与此同时，杨素还不断地给太子制作各种犯错误的机会，独孤皇后悄悄地派人打听太子杨勇的行迹，发现不少事情真的像杨素他们所说那样，她就将调查的"结果"一一告诉了文帝。

眼看着时机已经到了，杨广就拿出了最后一招杀手锏，将太子的一个姬妾收买，由她出面诬陷太子杨勇要谋反的事实。太子根本没有谋反的理由，这原本就是一件相当荒唐的事情，但是，文帝与独孤皇后一看到那"确凿"的证据，就不再有任何的犹豫，当机立断地将太子杨勇废掉了，另立杨广作为太子，并且还将杨勇交给了新太子杨广来处置。就这样，卑鄙而狡诈的杨广就凭借着独孤皇后对他的偏爱以及自己的阴谋诡计成功地将杨勇给击败了，如愿所偿地坐上了太子的位置，从而让独孤皇后犯了一个致命的错误，因此，也在独孤皇后的一生中留下了一个最大的污点。杨坚整天忙着国家大事，也许对于儿子的观察不够，但是独孤皇后作为一个女人，心思又那么缜密，却由于对二儿子的偏袒而犯下这样一个弥天大错，真是太可悲了！

开皇二十年，就是公元 600 年，晋王杨广正式被册封为太子，而原太子杨勇被贬为庶人。两年之后，独孤皇后因为疾病去世了，享年 50 岁。独孤皇后去世的时候，太子杨广在母亲的灵前哭得那叫一个惨，但是一回到自己的宫中，就开始歌舞升平，左拥右抱，再也没有一丝一毫的忌惮。独孤皇后去世之后，再也没有人在生活上对文帝加以约束了，他就召"江南第一美女"陈贵人进宫，后来又召来了蔡氏，天天与自己作伴。与此同时，文帝还需要处理很多朝廷大事。因此，不久之后，文帝的身体就受不了，最后终于因病而卧床不起了。

这使得太子杨广的非常关注——他并不是想要帮助文帝将疾病治好，而是盼着文帝早点死去，这样一来，自己也好早日登上皇帝的宝座。文帝在生病的时候，不断听到原太子杨勇喊冤，也听说了现在的太子杨广肆无忌惮地过着比当初的杨勇更加奢侈的生活，而且慢慢地听到了杨广为了争夺太子之位的各种传闻，心中非常生气，病情就变得更加严重了。不过，让隋文帝最终下定决心要再一次调换太子的是由于后来所发生的一件事情。

杨坚因为重病卧床不起，陈贵人总是陪侍在病榻之前，杨广也时常去看望文帝。杨广早已经对这位与自己年龄相仿，而且又风情万种的庶母着迷得不得了。只是碍于在自己的父皇隋文帝的面前，因此才不敢轻易地放肆。有一天，一直没有机会接近陈贵人的杨广，看到陈贵人一个人去寝宫更换衣服，就悄悄地尾随而去。这个时候的杨广心中能想到的都是怎样得到父皇的这位宠妃，早已经将礼仪廉耻扔到了脑后。当他向陈贵人求欢遭到严厉的拒绝之后，就想要强行将陈贵人占为己有，陈贵人拼命地进行反抗。她趁着杨广愣神的时候，十分慌乱地逃跑了出来，然后逃到了文帝的寝宫。文帝看到陈贵人的神情万分慌乱，就询问她到底发生了什么事情。刚开始，陈贵人怎么都不肯说，但是，在文帝的一再追问下，她终于留着眼泪之说道："太子想要非礼我！"文帝听了之后大怒，捶着床骂道："这么一个畜生，怎么能够将国家交到他的手中？独孤皇后真的耽误了我的大事啊。"

　　文帝在万分愤怒之下，就想要将太子杨广废掉。与此同时，他也相当后悔这么多年以来，竟然没有认真查清楚太子的各种劣迹，导致酿成了这样的大祸。杨广看到事情已经败露了，知道自己如果再不采取行动，肯定是难逃一劫了。于是，他就与杨素一起安排了十分周密的计划，在暗地里将文帝杀死，然后对外宣称父皇文帝驾崩了，而且"哭"那叫一个惊天动地。他"哭"够了之后，就打算正式登基做皇帝。就这样，他终于实现了自己的愿望，成为了隋朝的皇帝，历史上称为隋炀帝。他刚刚登基，就派人将杨勇及其一家人全部斩杀，又将替自己杀死父皇的太监张衡杀了，以绝后患。在历史上，关于他的残暴统治可是有着很多的记载。原本隋朝大好的江山，到了他的手中，只不过过了短短的十几年，就被彻底毁掉了。只是不知道独孤皇后如果在地下知道她一心推荐的心爱的儿子是这样的一个人，而且还将隋朝的江山给断送了，会是怎么样的感受呢？

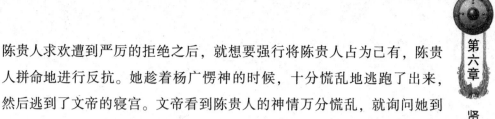

第七章

为权力而生的武则天

☆姓名：武则天

☆别名：武媚娘

☆民族：汉族

☆出生地：利州（今四川广元）

☆出生日期：公元 624 年

☆逝世日期：公元 705 年

☆宗教信仰：佛教

☆主要成就：废唐，改国号为周；中国历史上唯一一个正统的女皇帝；上承贞观之治，下启开元盛世

☆配偶：李世民、李治

☆子女：4 个儿子，2 个女儿

☆谥号：则天大圣皇帝、则天大圣皇后

☆陵墓：乾陵

☆生平简历：

公元 624 年 2 月 17 日，武则天出生在利州，也就是今天的四川广元。

公元 627 年，著名相术大师袁天罡预言武则天将来会执掌天下。

公元 637 年，14 岁的武则天进宫被册封为"才人"。

公元 643 年，晋王李治被册封为太子，武则天多次借机与其亲近，两人的关系变得越来越亲密。

公元 649 年，太宗病逝，武则天被迫到感业寺出家修行，在临走前与太子李治发生关系，得到会被接回宫的承诺。

公元 654 年，武则天为高宗生了一个女儿。为了陷害王皇后，武则天亲手杀死了自己的女儿。

公元 655 年，王皇后与萧淑妃被贬为庶人，武则天正式被册封为皇后。

公元 659 年，武则天设计除掉了长孙无忌等反对她的大臣。

公元 666 年，武则天主持禅礼在泰山的封禅大典，期间笼络了不少人心。

公元 674 年，高宗称天皇，而武则天则称为天后。

公元 675 年，武则天毒死了太子李弘。同年六月，雍王李贤被册封为太子。

公元 680 年，武则天将太子李贤废为庶人。同年八月，英王李显被册封为太子。

公元 683 年，高宗去世，太子李显继承皇位，历史上称为中宗，武则天变成了皇太后。

公元 690 年，67 岁的武则天终于登上了皇帝的宝座。

公元 705 年，宰相张柬之等朝廷大臣发动政变，拥立太子李显重新登基为帝，将武则天囚禁在洛阳宫城西南的上阳宫。同年十二月，武则天病死在上阳宫中。

人物简评

纵观中国封建史，女人的地位向来要远远低于男人的。在皇宫之中更是如此，即便是皇后也只不过是皇帝众多"物品"中的一个，比较突然的，最多就是某一段时间内把持着朝政，做到垂帘听政罢了。然而，却有一个女子对这样屈居男人之下，相当不甘心。她想成为万人之上的"真龙天子"，并且最终也实现了这个愿望，在长达十年的时间中，成为了中国历史上女权的一种象征。她是谁？她就是唐朝的武则天。唐贞观年间，在民间流传着一种说法，"唐三世之后女主武氏代有天下"。后来，高宗在为自己选择陵址的时候，由于选中的梁山形状像女乳，于是，就有相术大师说，高宗以后肯定会被女人所伤。也许，这种说法很可能是后人的一种附会，把历史的变化归结到天理术数之上。但是，不管这个传闻是不是真实，这位中国第一位，也是唯一一位女皇帝武则天侍奉两朝天子，杀三子、代唐自立却成为了众所周知的故事，一直流传至今。

生平故事

被迫入尼姑庵修行

武德年间，也就是公元 624 年，武则天的父亲武士彟原本是唐高祖李渊的手下。其实，她本来的名字并不叫武则天，至于到底叫什么，如今已经无从考证了。后来，她进宫后，唐太宗十分喜欢她，就为她取名为"武媚娘"。

贞观元年，也就是公元 627 年十二月，武士彟担任利州都督。到了利州没多久，武士彟见到了当时非常有名的相术大师——袁天罡。袁天罡看到武士彟的妻子杨氏，就立即感觉她的骨相不一般，将来定能生下

贵子。武士彠很兴奋，又让他帮孩子看一下前途。但是，意料之外的事情发生了！袁天罡推断，如果生下一个女孩，将来可以代唐主掌管天下！这让武士彠非常震惊。他觉得自古都是男人做皇帝，也许是袁天罡的相术偶尔失误，自己的女儿将来能成为皇后。于是，他就决定好好培养武则天，希望她有朝一日进宫为后，光宗耀祖。

贞观九年，也就是公元 635 年，武士彠死了。他带着未能将女儿扶上皇后宝座的遗憾去世了。那个时候，武则天才刚满 12 岁，失去父亲之后，她的幸福生活也随之结束了。从此生活中多了不少苦难。但是，武则天天生的丽质没有被苦难掩盖。随着年龄不断增长，她变得越发美丽。

这个时候，长孙皇后刚去世，唐太宗很伤心，希望找一个更美的女子来填补他的空虚。没过多久，武则天就接到了圣旨，召她入宫。母亲杨氏担心女儿进宫后日子不好过，但年仅 14 岁的武则天却一点儿也不害怕，她似乎非常自信。她进宫之后，被册封为"才人"。经过几个月的训练之后，武则天开始第一次为太宗侍寝。她十分兴奋，觉得自己的机会终于来了。果不其然，当太宗看到她时，不由地呆了，没想到世界上居然有这样一位美女。于是，太宗就为她赐名"武媚娘"，并被她深深地迷住了。在后来的一段时间内，太宗开始专宠武则天。这让其他妃子十分嫉妒，而武则天只是傲然地一笑，不甚在意。因为她知道自己的命运已经改变，自己成为了正在受到皇帝专宠的女人。

然而，命运似乎一定要捉弄武则天。没过多久，白昼的时候总是有太白星的出现，这让太宗很惊恐。于是，他专门传来了太史令李淳风，询问其中的原因。李淳风依据天象进行分析，太白星在白昼出现，属于女主昌之相。太宗突然想起民间流传的"唐三世之后女主武氏代有天下"的话，心中非常吃惊，心想难道将来真会有一位武姓女子代唐主掌管天下？接着，他又想到了武媚娘姓武，难道这个美人是唐朝的灾星？不管是不是，以后都不要接近她了。于是，武媚娘就这样失宠了！

得知发生变故的原因，武媚娘想起了小时候袁天罡的预言，心中很吃惊。但无论这个预言是否属实，现在最重要的是再次获得宠幸。于是，她每天都盼着太宗能再次召她侍寝，但结果是令人失望的。又过了一段时间，太宗突然降旨召武才人做皇上的侍女。尽管没有达到自己的理想状况，但毕竟能够再次接触皇上了，她心中还是有点儿安慰的。不过，太宗是可以经常见到了，但太宗并没有再次让她侍寝。

不过，武则天却发现了一个意外的情况。在太宗的众多儿子中，九皇子晋王李治经常偷偷地看她。在李治看来，武媚娘是他见过的最美的女子，一颗心全被她勾走了。时间长了，失宠的武媚娘慢慢对李治有了好感。她想，既然不能得到太宗的宠爱，若能交上晋王也是不错的。于是，她决心转移目标，开始将大部分精力放在李治身上。

贞观十七年，也就是公元643年，太宗宣布，册封晋王李治为太子，同时大赦天下。实际上，最初被立为太子的是李承乾。李承乾与太宗有不少相似的地方，这本是好事，但来偏偏他的刚烈与太宗不同，因此，父子俩时常发生争议，最后甚至发展到了父子对抗。太宗想要将太子废掉，太子承乾则想要发起政变，结果，他的阴谋失败了，被太宗罢黜了太子之位，被流放到了黔州，后来死在了那里。如此一来，晋王李治才有了成为太子的机会。而一直在打李治主意的武媚娘更是高兴。她认为，只要自己抓住李治，就有机会再次成为妃子。于是，在平时，武媚娘就不断地寻找接近李治的机会。李治可以经常见到她，也是非常开心的。他们就经常寻找机会互相接触，两个人的关系变得越来越亲密。不过，因为武媚娘毕竟是父亲太宗的人，李治还不敢与之发生最亲密的关系。

贞观二十三年，也就是公元649年，太宗病情加重，将要离开人世。唐朝有一个规矩，如果妃子在皇帝驾崩之后仍然没有生育，那就必须进尼姑庵出家修行。武媚娘知道，如果自己再不采取点措施，自己的一生就要与青灯古佛相伴了。于是，她趁着李治身边没有人的时候，走近了他。李治看到是她，心中很高兴，但迫于她是父皇的人，不得不有所收敛。但是，武媚娘已经打定了主意，忽然将他紧紧地抱住，李治再也忍不住了，于是，两个人就倒到了床上……激情过后，武媚娘才痛哭着说道，自己早已爱上了太子，但现在按照唐制就要被送到尼姑庵，一辈子

都没有办法再见到太子了。李治自然舍不得，就承诺说，等到自己登基后，必定重新迎她回宫。武媚娘这才稍稍地放了点心。

同年五月，太宗去世，李治登基为帝，历史上称为唐高宗，与此同时，立王氏为皇后。武媚娘带着无尽的企盼，来到了感业寺出家为尼。但是，武媚娘怎么可能甘心只做一个小尼姑呢？也许是上天注定，她这样一个非比寻常的女人肯定会重新回到皇宫，谱写一个新篇章的吧。

再次回到皇宫

高宗即成皇位后。已经出家修行的武媚娘就将全部的希望都放在了高宗的身上。然而，让她失望的是，日子不断流逝，却一直不见高宗来接她。她心中开始焦躁不安，怀疑高宗是否还记得自己曾经许下的承诺。

一年后，武媚娘终于将高宗盼来了。这一天是太宗皇帝的周年忌日，高宗来感业寺烧香进行祭奠。当武媚娘得知这个消息的时候，非常高兴，她远远地看着高宗，希望他能看到自己，能记起一年前的诺言。果然，高宗再次见到武媚娘的时候，心中的思念一瞬间迸发了出来，于是，就召她进了一间密室，打算与她单独相处。当武媚娘与高宗面对面的时候，激动地留下了眼泪，并询问高宗还记不记得自己许下的誓言。高宗看到虽然没了头发却仍然很美的武媚娘，又怜有爱，就对她保证，回宫之后就马上将她召进宫，让她蓄发等着，自己这一次一定不会食言。

高宗知道要想将武媚娘迎回宫会有两大阻力。第一，她曾经是太宗的宠妾，如果将她接进宫，定然会惹得朝廷非议；第二，王皇后不知道是否会同意。不过，令他意外的是，王皇后不仅没有反对，而且还给他出了一个主意，就说武媚娘是先帝赐给他的，这样，大臣们就不好说什么了。高宗听了之后很高兴，决定立即将武媚娘迎接回宫。

王皇后真的如此大度？其实不然。只因为当时高宗身边有个非常得宠的萧淑妃，她感觉这个萧淑妃已经威胁到她的皇后之位了，想着如果武媚娘进宫就可以转移高宗的注意力，这样一来，自己的皇后之位才能坐稳，所以她才欣然接受了武媚娘进宫。但是，她却没想到这个武媚娘比萧淑妃厉害好几倍，最后将自己与萧淑妃都击败了。这可以说是她一生走得最不好的一步棋！

永徽二年，也就是651年，武媚娘终于又回到了皇宫。这一年，她28岁，不仅思想已经发展成熟，而且她对宫中的了解也远远地超过了以前。于是从这次刚进宫开始，她就开始了自己的计划。她知道，目前让皇后对她满意是最重要的事。为了讨好皇后，她不断地为皇后做着侍女该做的事，而且还顺着皇后的心思，常常主动探听萧淑妃的消息，并且及时告诉皇后。

没过多久，皇后就喜欢上了她，认为自己支持高宗将她迎回宫是正确的。于是，她开始在高宗面前不断为武媚娘说好话。与此同时，武媚娘也经常了解一些新情况，并且有意思地结交一些宦官，积极参与宫中的大小事，她这样细心地对宫中的情况进行观察，也为她之后实施计划奠定了基础。

一年之后，武媚娘生了一个儿子，取名为李弘。高宗非常高兴，就册封她为昭仪。同年七月，高宗册封王皇后的养子李忠为太子，皇后觉得所有的事情都按着自己的计划进行着，但是令她意想不到的是，只不过短短的几年，自己安排好的一切都灰飞烟灭了。武则天在暗地里悄悄拉拢皇后和萧淑妃的敌对派，建立了属于自己的势力，然后又将自己的人放到了皇后和萧淑妃的身边，这样一来，这两个人的行动完全掌握在了武则天的手中。武则天将高宗阴郁而且并不刚强的性格完完全全地吃透了，所以不论是在生活中与高宗相处的时候，还是在床上与高宗行鱼水之欢的时候，她都可以恰到好处地让高宗相当开心。所以，高宗越来越宠信她。由此可见，武则天的心思是多么缜密，思维是多么严谨，再加上后来非常的心狠手辣，王皇后和与萧淑妃怎么可能是她的对手呢？

为了尽早将皇后的宝座夺到手，武则天不断地施展着各种各样的手段。不过，她也十分清楚。想要真正扳倒皇后是一件很困难的事情。尽管高宗如今对皇后感情不深，但他们毕竟做了十年的结发夫妻，想要迅

速推到皇后是不可能的。所以，她只能利用一些小手段来试探一下，耐心地等待着合适时机的到来。萧淑妃已经明显地感受到武则天所带来的威胁了，而王皇后则没有意识到危机的到来，始终认为武则天与自己是一条心，她看到武则天慢慢地压倒了萧淑妃，而自己的养子也顺理成章地做了太子。于是，她觉得自己可以高枕无忧了。但是，慢慢地，她感觉事情有点儿不对劲了，皇后对武则天的宠爱，远远超过以前对萧淑妃的宠爱，于是，她开始感到恐慌，但是却发现自己丝毫没有把握将武则天击败。而且，更令她意外的是，一场更大的阴谋正在向她悄悄地逼近！而这场灾难就是武则天一手导演的。

耍尽手段夺皇后位

永徽五年，也就是公元 654 年，武则天为高宗生了个女儿。小公主长得非常可爱，与武则天有几分相似，高宗相当喜欢这个女儿。在公主满月的时候，更是大摆宴席，大家都来为小公主庆贺。当皇后来看小公主的时候，小公主正睡着，即使十分敌视武则天的王皇后，在看到小公主那张可爱的小脸时，也非常喜欢。于是，她告诉左右别将小公主吵醒了，然后悄悄地离开了。

武则天看到皇后来看小公主，并悄然离去，一个非常大胆的念头在脑中形成了。她自己都被心中的这个计划吓了一跳。但是，为了自己早日坐上皇后之位，即便这样做也是值得的。其实，在皇后来看小公主的时候，武则天就一直躲在帐后偷看。当皇后走了之后，她就一咬牙，将自己的亲生女儿给掐死了！武则天为了诬陷王皇后，居然能亲手杀死自己的女儿，其手段不可谓不毒辣至极，令人恐惧！

尽管亲手杀死刚出生没多久的女儿，武则天很伤心，但一想到自己的前程，她又咬咬牙，强颜欢笑，迎接高宗的到来。片刻之后，高宗来了，他可是相当喜欢这个小女儿的。但是他看到的却是一具冰凉的小尸体，他大吃一惊，而武则天也"愣了片刻"，然后失声痛哭起来。高宗厉声追问小公主的房间都有谁来过。宫女回答只有皇后来过。高宗震怒，认为以前皇后一直与萧淑妃作对，现在，萧淑妃已慢慢失宠了，就来将武则天生的女儿杀了，自己绝对不能原谅。

武则天就趁这个机会将皇后是怎样让她对付萧淑妃，自己又是怎样被迫去伺候她告诉了高宗，还说自己一直十分敬重皇后，没想到她却将自己的小女儿杀了，太让人痛心了。当王皇后得知这个消息的时候，她更是大惊失色！她怎么也没有想到会发生这样的事情，更想不出这件事情是如何发生的。

高宗已经下定决心要废了王皇后，但是废后不容易。首先，就是朝廷的众位大臣就极力反对，这让高宗感动压力很大。其中，反对声音最强的来自太尉长孙无忌。长孙无忌不仅是当朝的国舅，是国家的重臣，而且在朝廷中有着相当高的威望。高宗知道废后的事情一定要让他点头，才能顺利进行。但是，长孙无忌自然不会同意，他与褚遂良等大臣不仅不相信皇后真的会做出这样的事情，而且对立两代皇帝妃子的武则天为皇后极力反对，因此，态度异常坚决地表示反对。高宗顿时感觉压力很大，不知道该怎么办才好。而卫尉卿许敬宗一直不满压着他的长孙无忌等人，他看到有机可乘，就到长孙无忌家中进行劝说，让其支持皇上的决定，却遭到长孙无忌严厉责骂。但是许敬宗并没有生气，因为他早已经预料到了这个结果，他之所以这样做是想让武则天知道。果不其然，没多久，武则天就赏赐给许敬宗很多东西。

而从此之后，武则天就将长孙无忌、褚遂良等人看作是眼中钉、肉中刺，想要尽快拔，但却找不到适合的理由。不过，这个时候，王皇后偏偏不争气，自己非要去犯宫中之禁。她和母亲魏国夫人柳氏对巫术产生了很大的兴趣，并且沉迷其中。这在宫中是绝对不允许的。尽管这母女二人做得十分隐秘，但纸里包不住火，武则天知道了这件事。她非常高兴，知道机会来了，就把这件事情告诉了高宗。高宗心中异常恼怒，更加坚定了废后的念头。

虽然长孙无忌等人对废后坚决反对，但是也有很多嫉妒他手握重权

的大臣纷纷说，这是皇帝的家事，外人不该过问太多。这其中就包括武则天曾经拉拢的一些权臣，甚至还有个别的开国功臣。也有一部分看出现在武则天的地位，明白唯有支持她才能使自己得以保全，就讨好般地向高宗奏道："王皇后有失妇德，已经不配为皇后，应当尽早废除，立武则天为后。"

如此一来，高宗废后的底气就更足了。于是，他马上对这些表示支持的官员进行了重赏，武则天也适时对他们表示感谢。而对于反对派，武则天就让高宗狠狠地惩罚了他们。这样一来，很多原来属于长孙无忌这一派的人也开始动摇了。所以，武则天的势力变得越来越大了，她知道自己很快就要成为皇后了。

于是，有一天，高宗正式将长孙无忌等四位朝廷重臣召进殿议事，商量废后的事情。四位大臣有的支持，有的反对，但高宗心意已决，将他们找来也只不过是走个形式而已。因此，虽然长孙无忌仍然反对，但却没有任何作用。当几位大臣知道事情已经不能改变之后，只能叹息了。当武则天得知这样的情况后，就马上让高宗将反对她的褚遂良贬到了潭州担任都督之职。

永徽六年，也就是公元655年十月，高宗颁发圣旨把王皇后与萧淑妃贬为庶人，正式册封武则天为皇后。十一月，为了让朝廷大臣更加支持武则天为后，高宗决定举行一场隆重的封后大典，而且让皇后在肃仪门的城楼上面，接受满朝文武的朝贺。众位大臣对这个举措很意外，因为皇后接受百官朝贺是一件相当罕见的事情。于是，众臣就按照规矩进行跪拜，嘴里高呼着"皇后万寿无疆"。第二年，高宗将原来的太子废掉，改立武则天的儿子李弘为太子。

武则天终于实现了自己的梦想！32岁这一年，她终于坐上了皇后的宝座！她在从一位十分普通民间女子走到尊贵的皇后的这个过程中，充满了坎坷和磨难，而且也付出了不小的代价，但是她最后还是成功了！尽管年龄已经不小了，但是她十分擅长养颜，看上去就好像是一个小姑娘，因此，高宗仍然非常宠爱她。不过，高宗天生多愁善感，性格也是优柔寡断的。于是，有一天，他又想起了王皇后和萧淑妃，就让太监前面领路，去看望她们。只见囚禁她们的牢狱周围都是封闭的，只留下了一个小洞送饭，而且盘子中掺杂不少泥土杂渣，让人看了就感到心酸。当高宗看到王皇后和萧淑妃的情况这么悲惨的时候，心中顿时生起了无限的怜悯。王皇后和萧淑妃连忙呼唤皇上，请求让她们重见天日。高宗沉默了很长时间之后，答应几天后再来看她们。

武则天知道这件事情之后，相当生气，她知道高宗的心很软，肯定将她们放出来，于是，就抢在高宗前面将这两个心腹大患给处死了。几天之后，武则天就派人来痛斥她们无心悔过，还想着迷惑皇上，罪加一等，罚她们各自杖责一百，将她们打得皮开肉绽。然后，武则天又命人砍掉了她们的手脚，将她们放入酒缸当中，直到她们疼死。萧淑妃在临死的时候说，她恨妖妇武媚娘，下辈子一定要变成一只猫，让武媚娘化为一只鼠，然后，她就将武媚娘的喉咙给咬断，让她痛苦地死去。

从此之后，武则天就下令，宫中禁止养猫。武则天处死王皇后和萧淑妃的手段真是太毒辣了，也许只有汉初吕雉所策划的"人彘惨案"才能够与之相提并论了。武则天的手段太可怕了！高宗原本想将王皇后和萧淑妃放出来，然而没想到武则天这么早就下毒手，将她们折磨死了，心中很不高兴，但是，武则天利用温言细语以及软玉温香诱惑高宗，高宗很快就不生气了，并且慢慢将这件事忘了。

在将这两个心腹大患解决掉之后，武则天松了一口气。下一步就应该是对付长孙无忌了，因为武则天觉得，长孙无忌不除，自己将永无宁日。于是，在武则天有意策划之下，长孙无忌一派的大臣不是被贬，就是因为害怕武则天而转投向她。不过，武则天也知道，要想打倒长孙无忌不是一件容易的事情。

显庆四年，也就是公元659年，她精心设了一个局，首先把韦季方与李巢卷了进去，说他们结党营私，想要造反；然后，她派心腹大臣许敬宗前去审理这个案子，想要诬陷长孙无忌。韦季方不愿意做出伤天害理的事情，在严刑逼供之下想要自杀。许敬宗抓住这个有利的时机，又

编了很多他的供词，然后向高宗汇报。对于供词中说国舅想造反，高宗不是太相信。但是，许敬宗一而再再而三地强调这件事情的严重性，倘若稍微有一点儿不小心，后果就不堪设想了。武则天也适时地向高宗极力陈述这件事情的危害，高宗原本就是一个没有主见的人，在听了他们的话之后，心中真的开始有些不安，于是，他决定将长孙无忌的官位罢黜，然后把他流放到了黔州。

没过多长时间，武则天又悄悄地派人前往黔州，硬逼着长孙无忌自缢而亡。到这个时候，武则天与长孙无忌之间的斗争，最后以武则天的完胜而结束了。武则天不仅心肠十分恶毒，而且手段也相当毒辣，就是为了坐上皇后之位以及排除异己，从而使自己得到更多的权力。因此，她开始在朝廷中广泛地培植党羽，扩展自己的势力。皇后是她刚开始的愿望，现在真的坐上了这个位置之后，她发现自己还有更多的东西可以去争取，比如朝政大权等。于是，她又开始向着新的目标前进了。

对皇权进行挑战

对于政治，武则天似乎有着天生的敏感。刚刚进宫没有多长时间，太宗在批改奏章以及处理朝政的时候，那个时候武媚娘就经常在一旁观看，还时不时问太宗一些问题。因为当时太宗很喜欢她，也没有多想，就一一回答了她。

时间长了，武媚娘就很清楚唐朝的国政了，心中也经常有自己的看法。不过，可惜的是，当时她只不过是一个小小的才人，不方便说话，不得不作罢。后来，高宗继位后，她就经常给高宗提意见，武则天的见解往往比高宗的见解好，高宗更加宠爱她。后来，武则天做了皇后之后，就开始更直接地接触了唐朝政治，把她在太宗时期想做却没能做的很多事情都实现了。有一次，高宗病了，十分严重，不能够看奏章。武则天就完全代替他进行批改，并且将所有事情都安排得很好，于是，高宗十分放心地去养病了。但是当他痊愈之后，却发现武则天在处理政务的时候，自己居然没有办法插手了，武则天把一切都管理得相当棒，没有一丝破绽。这个时候，他才发现，原来武则天不是一个简单的女人，以前自己只是将她视为自己的附属，看来是错了。

又过了几年，高宗越发觉得自己这个皇帝形同虚设，武则天几乎完全把持着朝政大权。尽管高宗心中有些不满，但也没有什么办法。然而，后来发生了一件事情，让他真正恼了武则天。高宗的嫔妃虽然不少，但是她们由于王皇后和萧淑妃之死而感到十分害怕，都开始故意躲着高宗。在一段时间内，高宗觉得很郁闷。这个时候，武则天的姐姐和18岁的女儿来宫中做客。虽然武则天长得比她姐姐美，但是她的姐姐也是一个风华绝代的女子；姐姐的女儿正好芳华妙龄，更是貌美如花。高宗马上被这母女两个人给迷住了，封武则天的姐姐为韩国夫人，并且开始不断地召她们入宫，享受床第之欢。

有一天晚上，高宗正在和韩国夫人享乐的时候，武则天忽然来了，高宗吃了一惊，虽然心中略有不满，却不敢当面说出来。武则天厉声将床上的那个女人叫了出来，看到是自己的姐姐后，假装很惊讶，还说她一点儿也不怨姐姐，而且还很感谢姐姐替自己陪高宗。韩国夫人听了之后，心中非常害怕，也不敢出声。结果，第二天，韩国夫人就死在了宫中。大家都知道这事是武则天做的，但谁也不敢说出来。

高宗终于不能忍受了，悄悄做了一个决定。正好在这个时候，宰相上官仪觉得武则天专权将会发生祸患，同时也看出高宗已经对武则天不满，就适时地派遣王伏胜向高宗上奏说武则天引道士郭行真入宫中行厌胜之术，请求皇上进行处置。高宗马上借着这个机会让上官仪起草一份废后的诏书，要将武后废掉。但是，武则天在朝廷上下布满了耳目，又怎么可能不知道这件事情呢？

她得知消息后，暗暗吃了一惊，没有想到高宗会忽然这样做，顿时心中有些慌张。但是，不久，她就冷静下来，然后，直奔高宗的殿中。高宗一见到武则天，原本已经十分高涨的气焰马上熄了不少。武则天冷笑着责备高宗污蔑她，然后撕碎了诏书。高宗本来就有点儿害怕武则天，

这个时候更不敢多说什么，只能任凭武则天妄为。武则天一边哭，一边控诉高宗不体谅她的苦楚，还想要将她废了……

高宗再一次被武则天的媚惑之术打败了，连连向她道歉，而且还说这都是上官仪的主意，自己只不过错信了他的话才差点犯错误的。而且他还承诺，以后上朝的时候让武则天垂帘听政。武则天听了之后，才表示满意，又和高宗缠绵了一会儿，让高宗又体会到武则天所带给他的快乐。高宗在武则天面前提到了上官仪，那么，就是注定上官仪要遭殃了。武则天指使许敬宗诬赖上官仪和原太子李忠造反，王伏胜加入其中。高宗立即处死了他们，就连上官仪的儿子上官庭芝也没有放过。不过，上官庭芝还在襁褓中的女儿上官婉儿以及她的母亲却由于在宫中做奴婢，才捡回了一条命。与此同时，与上官仪交情好的大臣都受到了牵连，全都受到了武则天的责罚。如此一来，在朝廷当中，武则天的声威已经达到了无人能及的地步，朝政大权基本上已全部落到了武则天的手中。

高宗也真的实现了诺言，不仅让武则天拥有了更多的权力，而且从此后每次上朝的时候，都让武则天垂帘听政。皇后垂帘听皇上的政，这在封建史上是绝无仅有的，同时，这也表现出了武则天夺权道路上的魄力。现在，朝廷大臣都已经知道武则天掌握着实权，就在很多事情上都将奏事目标指向武则天而不是高宗，就连百姓上奏的时候，也都不光呈给高宗，两个人共同执政的事情在天下传开。这个时候的武则天，对于皇后这个位置已经不再满足了。她反复回忆着小时候袁天罡的预言，于是，就将制定了一个新的目标——成为中国历史上第一个女皇！接着，她又开始一步一步地实现自己的计划了。

乾封元年，也就是公元666年，武则天提出了一个十分大胆的建议——由她来主持禅礼在泰山的封禅大典，并且得到了高宗的认可。她在典礼之上不断笼络人心，同时在典礼之后为朝廷众位大臣全部加官晋爵，于是，更多的人开始支持与拥戴她。后来，她又自己培养了一批学士，创作了大量的著作，而且还让他们直接参与朝政，这成为她对朝廷进行控制的另一种力量。

上元元年，也就是公元 674 年，高宗开始称为天皇，而武则天则称为天后。于是，武则天对于政治方面的控制变得更大了，在朝廷以及百姓的诸多方面全都开始施行新的主张和建议，高宗言听计从，一律照办。这个时候的朝廷，实际上已经是由武则天一个人说了算了。武则天凭借着自己的头脑和魄力正在一步接着一步地向着她心中的权欲理想前进。

与亲儿子争夺权力

尽管高宗十分懦弱，但是，他却并非什么也没感觉到。他心中很清楚，武则天正在一步步抢夺所有的权利，而李家的江山快要改姓武了。但是，他又没有能够将武则天废掉。这到底该怎么办呢？最后，他想出了一个办法——让太子李弘牵制武则天。他决定将自己手中的权利慢慢地转移给太子李弘，让他逐步执掌朝纲，最终执掌天下。他认为，李弘是武则天生的儿子，把权力都交给自己的亲生儿子，她应该能接受而这个天下最终也还姓李，一举两得。于是，他开始不停地让太子熟悉政事，在生病的时候就让太子监国，接受朝臣的奏事。因为太子李弘很得人心，所以正在逐渐地向着最高权力处走去。而武则天却眼睁睁地看着自己手中的权利正在一点点减少。

上元二年，也就是公元 675 年，高宗终于下定决心将皇位禅让给太子。他专门在议政的时候对百官进行询问，是不是在自己不能处理朝政之后由皇后摄政。尽管不少朝臣支持武则天，但是由她来摄政的时候，很多朝臣还是接受不了的。于是，有些官员就站出来持反对票。高宗看到这样的情况之后，十分满意，就提出禅位给太子李弘，自己做太上皇。现在太子李弘也已经 20 多岁了，这样，所有的事情好像都是按照高宗的设计发展的。但结果却出现了一个令无数人想不到的情况。这件事情发生在太子监国期间，他发现萧淑妃的两个女儿，也就是义阳公主与宣城公主，这个时候都已经超过 30 岁还被囚禁在宫中不能嫁人，显得非常凄凉。太子知道这都是母亲武则天的过错，开始有些反感武则天。于是，

他向高宗奏明，请求将两个姐姐放出来，允许她们嫁人。高宗对此表示赞同，但武则天却异常生气，就让两个身份十分低微的人娶了这两位公主。与此同时，武则天的脑中又产生了一个非常恶毒的计划。

上元二年，也就是公元 675 年，太子李弘在与高宗、武则天一起用饭之后，竟然暴毙了。尽管表面上太子的死因好像不太明朗，但是很多人都清楚，这是武则天下的毒手。为了权力，武则天先杀了亲生女儿，现在又杀了亲生儿子。如此狠毒的心肠与手段，恐怕世界上再也找不到第二个了。李弘死了之后，高宗的计划就算失败了。他感到心灰意冷，更加不想处理朝政了。在李弘死的那一年六月，他的弟弟雍王李贤，也是武则天所生的另一个儿子被册封为天子。那一年，李贤 22 岁。令高宗开心的是，李贤不仅聪敏机智，而且非常有见地。于是，高宗多次让太子贤监国，结果政绩居然很好，这也充分地显示出了了李贤的才能。

武则天在将太子李弘毒死之后，原本认为能重新将大权夺回来，但是太子李贤随时都可以登基为帝，她又面对一个丧失大权的局面。她内心很喜欢聪明的李贤，就想把他引到自己的阵营作助手。但太子李贤却经常想到哥哥的死，每时每刻都防备着武则天，甚至为了以防不测，在马厩中还藏了不少武器。武则天为了将李贤控制在自己手中，多次召见李贤。但太子李贤害怕武则天会暗害自己，就多次抗命不从。武则天逐渐地由对他的喜欢变成了愤怒，于是就派人向高宗揭发太子李贤生活不检，而且时刻都有可能造反

高宗不相信，就派宰相薛元超与裴炎跟着御史大夫高智周前去调查，结果在马厩当中发现了很多兵器，于是，武则天更理直气壮地说太子李贤造反属实。高宗对此依旧不相信，但证据确凿，武则天又坚持要严惩，高宗在不得已的情况下，于调露二年，也就是公元 680 年八月，将太子贤废为庶人，流放到了巴州。几年之后，武则天就派人杀死了李贤与他的儿子，永绝后患。

永隆元年，也就是公元 680 年八月，英王李显被册封为太子。弘道元年，也就是公元 683 年十二月，高宗的生命终于走到了尽头，就留下

遗言，让侍中裴炎辅佐太子，而天后负责朝中的大事。高宗死了之后，李显即成皇位，历史上称为中宗。与此同时，太子妃韦氏顺理成章地做了皇后，武后也变成了皇太后。另外，李显遵从高宗的遗命，册封裴炎为中书令，辅佐自己。但是，对于手中能用的这一小部分权利，李显并不满足。他提升岳父韦玄贞担任豫州刺史的职位，又想要册封为侍中。裴炎对此表示坚决反对，他觉得韦玄贞没有一点儿功劳，怎么能够一封再封呢？中宗很生气，怒斥道："朕为天子，即便将整个天下都给了韦玄贞，又有什么不可以的呢？"就这么一句话给他招来了大祸！这个时候的武则天，正在为怎么将朝政大权夺回来而发愁，听到李显说了这句话后，马上将百官召集到了乾元殿，宣布将李显的帝位废黜，降为庐陵王。中宗对此不服气，大声质问武则天自己到底犯了什么过错。武则天回答："既然你想要将整个天下都让给韦玄贞，那还做什么皇帝？"李显非常懊恼自己的鲁莽，但事情已经这样了，他也只好认命了。

只不过利用一句话的破绽，就将李显这个皇帝给废掉了，武则天的能力真的很恐怖。但在后来一段时间内，武则天却一直不提再立新君的事情。因为如今唯一能够继承皇位的，就只有她的小儿子豫王李旦了。武则天表面上表现得很平静，其实心中始终平静不下来，因为她在对群臣的反应进行观察。百官都知道武则天的心愿，就纷纷奏请她登基称帝，但是李旦却仅仅向她进献了皇太后的封号。她明白现在登基还不是最好的时机，于是拥立李旦坐上了皇帝之位，历史上称为睿宗。但是，睿宗登基之后，不仅没有实权，而且还被关在在后宫中。与此同时国家的一切军政大事，都由武则天天亲自进行处理.

武则天在掌握大权的时候，对武氏的几代祖先进行追封，为武氏修建了七庙，而且还更改了唐朝官署与官职的名称，与此同时，还在其他很多方面做了调整。终于，朝廷中有一部分朝臣不想再忍耐下去了。面对武则天的各种行为，不少反对武则天的人聚集在扬州，打算发起一场反对武则天的战争。由于武则天的专权与狠毒，一场对决爆发了。不管她是否在做什么更为伟大的事业，这样对待自己的亲生儿子，即便是现在人听了都不免感到有些震惊，在当时就容易引发事端了。于是，一场规模巨大的战争无法避免了。

终于如愿登基称帝

在刚开始征讨武则天的时候，作为初唐四杰之一的骆宾王还专门写了一篇《讨武曌檄》，从而形成更大的声势。当武则天看到这篇檄文的时候，不仅没有恼怒，而且还为朝廷没有将这样的人才收罗帐下而遗憾。虽然她觉得叛乱有些突然，但却丝毫不惧怕。她快速地集结了三十万大军，只用了短短四十多天就击败了叛军。

接着，她派人找了了骆宾王，众人都感觉骆宾王这次要凶多吉少了，然而，出人意料的是，武则天不仅没有惩罚骆宾王，反而对其加以重用。由此能够看出，武则天很有政治家的范儿，在做大事的时候也是十分大度的。叛军原本气势汹汹，但武则天没费什么力气就击败了叛军，由此可见，武则天也是一位不可多得的能人。这个时候的武则天觉得时机已经成熟了，就开始想方设法为自己创造一些支持的声音，以便为登基做好准备。武则天的侄子武承嗣将一块刻有"圣母临人，永昌帝业"字迹的白石送给了武则天，武则天将其称为"宝图"。没过多久，她给自己加尊号为"圣母神皇"，并且让朝中大臣改称她为"陛下"。

此外，在登基之前，她还做了很多准备。距离正式登基的日子越来越近了，但是"反武"的声音并未由于叛军被打败而停止。当她一步步地走向皇帝宝座的时候，李唐宗室王公们再也忍受不了了。他们联合起来一起率兵反叛，想要拥立中宗还朝为帝，让武则天从此由政治的舞台上退下去。武则天对此一点儿也不慌张，一个已经计划了大半辈子的理想，怎么可能因为这点小叛乱就失败呢？不久之后，武则天就将所有的叛乱全都平息了，她继续向着最后一步走去。

这一年，在新修建的明堂举行祭奠活动的时候，武则天首次穿上了皇帝大礼服的衮冕。而睿宗则在她的身后跟着。所有人都能够看出来，除了权利之外，即便在形式上，武则天距离皇帝之位仅仅只差了一个头衔了。不过，这最后一步却不是容易做到的。她接受了侍御史鱼承晔的儿子鱼保家的建议，在朝堂的门前设置了一个铜匦，用来接受天下告密文书。与此同时，她还专门培养了一批残酷的官吏。于是，只要是有可能对抗她的李唐家族人，都由于被举报出来而受到了很严重的惩罚。如此一来，武则天又扫除了很多障碍，她明白自己已经能实现愿望了。所有的障碍已经消除，武则天终于走上了人生的最高峰！虽然她犯了一些错误，但是倘若只针对这个结局，她的能力必定是令人刮目相看的！几乎找不出另一位女子与之相媲美，即便是男子也很难有这样的大才。

天授元年，也就是公元690年九月初九，已经67岁的武则天终于实现了自己一生的梦想，正式坐上了天下最尊贵的龙椅之上。她将"大唐王朝"改为"大周王朝"，实行了十分彻底的改朝换代。几日之后，武则天加尊号为"圣神皇帝"，以睿宗作为皇嗣。历史上称这个事件为"武周革命"。通过不断的努力，在克服众多磨难与挫折之后，武则天终于成为了一代帝王，成为了中国历史上第一个，也是唯一的一个女皇！

也许在达到权利最高峰的过程中，很多人对武则天的行为不齿，但是就她后来执政的效果而言，她可以称得上是一个很成功的政治家。在武则天执掌朝政的时候，她不断地对朝廷的制度与执政天下的方案进行着改革。在政治方面，她不看门第高低，能破格录用人才；在经济方面，她十分注意生产的恢复与发展，整个社会又出现了和太宗贞观年间相似的盛世。站在这个角度来看，她在政治上是很有作为的。然而，在朝廷中，她却开始大量培养武氏集团的势力，同时继续对李氏家族加以迫害，甚至想让自己的侄子作为皇帝的下一个继承人，从而将江山彻底变成了武氏族人的。

但是，这个时候，宰相狄仁杰和李昭德劝说道，姑侄和母子哪一个更亲呢？很显然，答案自然是母子了。武则天听了之后，觉得有道理。如果侄子继承皇位，将来其后世人怎么会敬自己为祖先呢？而如果儿子继承皇位，自己的名字却依旧能刻在祖宗灵位上。想到这里，她改变了

主意，决定立庐陵王李显作为太子。武则天成为皇帝之后，心中反倒感觉很空虚，就找来了张易之与张昌宗这两兄弟做男宠，以便满足她的生理需求。当她不停地告诫自己的儿女要与武氏族人和平共处的时候，这两个男宠却由于受到武则天的宠爱，而在朝中任意妄行，终于导致满朝文武的不满。于是，没过多久，又引发了一场不小的风波，导致历史再一次发生了变更。

神龙元年，也就是公元705年，宰相张柬之等朝廷大臣发起了一场大政变，他们拥立太子李显，以迅雷不及掩耳之速将张氏兄弟抓住，然后处死了。接着，又将已经身染重病的武则天赶下了皇位，囚禁在洛阳宫城西南的上阳宫。太子李显重新登基做了皇帝。中宗皇帝再一次登上天子之位，心中有着诸多的感慨。他感谢母亲武则天再次立自己作为太子，就为武则天上尊号"则天大圣皇帝"，也算是对武则天的一点儿回报和慰藉吧。

不久之后，武则天在上阳宫中病死。在临终之前，她似乎对以前不少事情的看法改变了，她觉得自己可能更适合做一位皇后，而非皇帝，因此将中宗赐给自己的尊号改为"则天大圣皇后"。与此同时，她把自己害死那些忠臣义士全都赦免了，为他们澄清了过往。最后，她在上阳宫中静静地离开了这个世界。尽管有一些凄凉，但是却没有任何的遗憾。

武则天留下遗言，想要与唐高宗一起合葬在乾陵，对于她的这个要求，中宗给予了满足。但是她却表示不要在墓前的碑上刻字。后人对于这个十分奇怪的现象议论纷纷。也许，她对自己所做的事情感到满足，但是却更希望后人进行评论。于是，一座"无字碑"就在岁月的侵蚀中矗立了一千多年。而不同时代的人，给了她不同的评价。

第八章

奇才薄命的上官婉儿

☆姓名：上官婉儿

☆别名：上官昭容、小婉

☆民族：汉族

☆出生地：陕州陕县（今属河南三门峡）

☆出生日期：公元 664 年

☆逝世日期：公元 710 年

☆主要成就：谏言提高妇女的社会、政治地位；设立修文馆、增设学士；处理百司奏表，参决政务

☆代表作品：《彩书怨》、《游长宁公主流杯池二十五首》等

☆配偶：唐中宗李显

☆子女：无子无女

☆谥号：惠文

☆生平简历：

公元 664 年，上官婉儿生在陕州陕县，也就是今天的河南三门峡地区。同年，上官府遭遇一场大祸，母亲郑氏与刚出生的上官婉儿入宫为奴。

公元 677 年，14 岁的上官婉儿已经成长为一个才华出众的美女，并且其名声也在宫中传开。之后，得到了武则天的召见，然后就从从一个小宫婢一跃成为了武则天身边的女官。

公元 690 年，武则天称帝，上官婉儿继续为武则天效命

公元 698 年，上官婉儿成为了武则天政治生涯中重要的得力助手。

公元 705 年，中宗李显重新登基为帝，册封上官婉儿为婕妤。

公元 707 年，上官婉儿协助中宗平定太子之乱。

公元 710 年，李隆基率兵消灭了韦氏家族及其党羽的势力，同时，也将上官婉儿斩杀。

人物简评

上官婉儿的一生可以说是充满了传奇的色彩，她有着绝不输于男子的诗文才华，但是她的人品功过却是颇受争议的。有人称赞她的才华，有人批评她的淫媚。总之，这个与武则天和平共处长达 27 年的女子，极度推崇者有之，极度鄙视者亦有之。

由于正史的影响，在很长的时间内，上官婉儿受到的鄙视更多一点儿。然而，到了近代之后，越来越多的学者开始认可她。著名的文艺理论家——谢无量说道："婉儿承其祖，与诸学士争务华藻，沈、宋应制之作多经婉儿评定，当时以此相慕，遂成风俗，故律诗之成，上官祖孙功尤多也。"

上官婉儿虽然是一个女子，却对一代文风产生了重大的影响，这在中国古代历史中是非常罕见的。她不仅自己创作了大量的诗歌，而且还利用挑选人才、评论试问等文学活动，倡导并且转移了一代文风，引领着中宗文坛的发展，使得当时诗歌艺术水平得到了较大的提升。因此，后世很多学者大家对于上官婉儿在此作出的贡献都给予出肯定与赞赏。

生平故事

家中遇难技艺早成

上官婉儿的祖父上官仪是贞观时期的进士，朝中的大臣，也是一位非常著名的诗人，十分擅长写律诗。他的父亲名叫上官庭芝。唐高宗麟德元年，也就是公元 644 年，上官庭芝的夫人郑氏怀上了身孕。有一天，她晚上睡觉的时候，在恍惚之间梦见一位金甲神人，给她送来了一杆大秤。郑氏觉得她的这个梦可能有深意，就赶紧请占卜者为她进行圆梦，占卜者说，她将来能够生下一个聪明可爱的儿子，以后还能够成为朝中重臣。上官夫妇听了之后，心中非常高兴。

这一年，当郑氏怀孕足月之后，随着一阵响亮的哭声，小婉儿呱呱坠地了，居然不是儿子，而是一个漂亮的女孩。知情的人都说利用梦进行占卜都是一些没有事实根据的事情，笑话上官氏白白地欢喜了一场。当小婉儿满月的时候，她的母亲郑氏轻轻地抚弄着襁褓中的小碗儿，心中怀着无尽的期盼，逗趣地问道："你真的是能够称量天下的人物吗？"这个时候，女儿小碗儿投手蹬足，口中咿呀说了不停，好像是在说："能，能，能！"上官夫妇半信半疑，盼望着日后能够美梦成真吧。

恰巧在这一年，一场巨大的灾祸降临到了上官府。作为高宗宰辅的上官仪由于对武则天独揽大权不满，奏请高宗将武则天废黜，被处以了极刑。这件事情还牵连了上官家族中的所有人都遭受了牢狱之灾，不是被处死了，就是被除籍流放到其他地方。上官庭芝的夫人郑氏和还在襁褓中的小碗儿全部都被收进宫中成为了奴婢。上官婉儿在成长的过程中，尽管没有福气得到擅长文学的祖父与父亲的亲自指点，但是，在她的心目中，早已经潜移默化地植入了她的家族的文学修养与传统。

尽管婉儿只是一个小小的宫婢，但是她的身上却有着一种不同于其他女子的独特气质。她自小就非常喜欢读书，聪明之极，具有过目成诵，出口成章的本事。刚开始的时候，婉儿仅仅依靠着母亲郑氏发蒙教学。后来，看到她的与众不同之后，又特别允许她到习艺馆进行学习，正式拜了官教博士为自己的老师。在这里，她对于经、史、子、集等书籍进行了系统的学习，并且专门学些了书法、算术、琴棋以及绘画等诸多技艺，甚至专门对朝廷政令与往来应答等礼仪进行了修习。特别是在写诗方面，她表现出非常浓厚的兴趣以及相当高的天赋。对于这个聪敏而且勤奋的女学生，博士们都是打心眼里喜欢，甚至预言：这位姑娘将来肯定会在文坛上取得很大的成就的。

母亲看着自己的女儿逐渐地长大成人，然后学有所成，心中感到非常骄傲与自豪。对于一个母亲来说，多年的含辛茹苦地进行培养，终于女儿成才了，还有什么能比这个更令人感到兴奋与欣慰的呢？在感到欣慰的同时，郑氏心中也感到十分担心：当年，婉儿的父亲上官上官庭芝与爷爷上官仪都是因为反对武则天而惨遭杀害的，如今婉儿已经开始崭露头角，如果被武则天知道了这件事情，一旦翻脸进行报复，婉儿就会有性命之忧啊。众所周知，武则天可是一个铁面女人，更是一个不达目的誓不罢休的女人，婉儿拥有过人的智慧到底是福气还是灾祸呢？

伴"后"如伴虎

唐高宗仪凤二年，也就是公元 677 年，14 岁的上官婉儿已经长成了一个亭亭玉立的美少女，她气质与容貌特别引人注目。再加上她天资聪明，博古通今，文思泉涌，不管写哪一类的文章，都能够拿起笔一气呵成，洋洋洒洒地写一个千余字，就好像平常的时候已经构思好了似的，语言十分流畅，结构非常严谨，文采相当出众，阅读完之后真的能够让人不忍心放下。

就这样，婉儿的名字慢慢地皇宫中传来了，大家都知道了有一个叫上官婉儿的女子，不仅长得十分秀美，而且还是一个颇具才华的人。就在这一年，郑氏母亲栖身的地方忽然走来了一个内宫小侍郎，说是传达了皇后武则天的命令的，武则天皇后要召见上官婉儿。面对这个突如其来的讯息，母亲郑氏又是高兴，又是害怕，简直不知道该怎么办了。看到母亲郑氏疑虑重重的样子，上官婉儿则显得非常镇静自若。她面带着浅浅的微笑，对母亲郑氏进行宽慰道："不用担心，不会发生什么事情的，也许这还是我们命运的转机呢！"然后，上官婉儿将自己精心地梳妆打扮了一番，又换上了一身干净的宫装，将衣服认真地抻平，最后十分坦然地离开了。

果不其然，真的与上官婉儿事先预料的一样，命运开始为这个聪颖机智而多才多艺的少女打开了大门。上官婉儿的名字刚刚在宫中传播开

第八章 奇才薄命的上官婉儿

来，就引起了后武则天的关注。武则天这个人一生都非常强硬，在待人处事方面也是十分狠辣，但是对于人才却是相当爱惜的。这一次将上官婉儿宣召来，就是想要亲自对她的诗文才学进行一番考察，看看是不是与传说中的一样。果然，听了一百次也不如见一次。上官婉儿第一次朝拜皇后武则天，尽管她看起来满脸稚气，但是她的言行举止却是沉静大方，闲雅自若，似乎早已经胸有成竹了。在例行的问话后，武则天当场给出了一个命题，命令婉儿立即赋诗作文。婉儿仅仅思考了一小会儿，就拿起笔开始挥毫，一口气写完了一篇诗文。武则天阅读一遍之后，顿时觉得上官婉儿的才名果然不假，这篇即兴的文章字字珠玑，不但辞意十分清新，而且书法亦是非常俊秀，真是一个了不起的旷世才女啊！于是，武则天立即传旨，把上官婉儿留在了自己的身边，以便为自己效力。

上官婉儿从一个小宫婢一跃成为了皇后武则天身边的女官，可以算是一步登天了，其中的得失轻重是非常明显的。但是，上官婉儿心中非常清楚，现在直接到了皇后武则天身边当差，不仅是在考验自己的才能，同时也是一个继续施展自身才学的际遇。跟着武则天这样一位相当具有挑战性的皇后，自己必定会付出比平常人高出数倍的努力与艰辛。想到自己以后可能会遇到的各种困难，上官婉儿心中不仅没有任何的退缩，反而有一种跃跃欲试，证明自己的冲动。既然命运这样安排，那自己就准备好迎接它吧。

从此之后，上官婉儿就开始忙着学习与处理文牍工作。上官婉儿一边认真研读很多历史典籍与宫廷档案资料，以便能够使自己的视野得以拓展；一边时时刻刻关注着武则天的诏命与各地的国事奏章，以便可以观察施政得失与时局变化。在皇后武则天的身上，她学到了一位女政治家必须具备的知识与素养，并且慢慢地了解这个个性强硬、傲慢自私的独裁者，及时地将自己的思维方式进行调整，从而更好地迎合武则天的想法与欲望。在武则天的不断培养下，上官婉儿对于朝廷典制、政刑以及文书简牍的存放保管等事情有了很深刻的了解，在处理日常事情的时候也是有条有理，成为了皇后武则天非常得力的助手。

永淳二年，也就是公元 683 年十二月，唐高宗因为疾病加重而去世了。太子李显即成皇位，历史上称为中宗，尊武则天为皇太后，所有的政事全都由武则天决定。不久之后，也就是第二年二月，武太后深深地感觉到这个昏庸而且懦弱的中宗皇帝非常碍事，所以就找了一个理由，将中宗废掉了，降为庐陵王，改立豫王李旦为皇帝，历史上称为睿宗。不用说，睿宗自然只是一个傀儡皇帝而已，武则天强行命令其躲在别殿中，不让其干预任何的朝政，武则天控制着朝中所有的军政大权。武太后又派人逼迫着废太子李贤自杀而死，而且还把中宗远远地迁移到了到房州。随后，她就开始大刀阔斧地进行变革，公然提拔武氏子侄担任重要官职，从而排斥皇族李氏与朝廷旧臣。武则天的做法将很多大臣都激怒了，柳州司马徐敬业等悄悄地联络了不少文臣武将，在这一年的九月举起了征讨武则天的大旗。徐敬业等人没用多长时间就在扬州召集了十多万兵马，想要杀入京师，将武氏家族消灭。

这个消息传到皇宫的时候，上官婉儿的心情是相当复杂的。一方面，倘若这一次徐敬业等人的起兵能够取得成功，那么她的家仇就可以报了，也可以借此对祖父与父亲等亡灵有所安慰。另一方面，在与武则天和平共处的几年当中，她心中已经慢慢地开始敬仰武则天果断、干练的政治气度与杰出的才能。回想着武则天执掌大权一来，所推行的劝农桑、薄赋徭以及息兵戈等措施，已经让这个国家逐渐地呈现出了富国强兵的盛世景象。这个年纪已经很大的老人，可以不受世俗偏见的约束，做了很多前人连想都不敢的事情，最后终于以一个十分坚强的女子形象站在了变化莫测的政治舞台的中心，而且不少措施在实施的时候，不仅非常有深度，而且更是相当有气度的。这种安定而繁荣的局面已经连续维持了几十年，现在没有原因地就发动战争，不仅不会让自己的国家强大起来，而且只还会给百姓带来巨大的灾难。根据整个时局来看，天下安堵，坚如磐石，想要以一隅之地、数万之兵来对整个唐朝进行对抗，就好像蚍

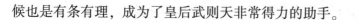

蜉撼树一样，不自量力，徐敬业等人的行为真的是太不明智了。就这样，上官婉儿想着想着，心中的天平就已经慢慢地偏向了武则天皇后那一侧了。

永昌二年，也就是公元 690 年，武则天觉得虽然朝政大权在自己手中，但是自己终究不是一国之君。于是，她干脆改了国号，做了真正的皇帝。她以周代唐，改元天授，由各位大臣议上尊号，称为神圣皇帝。已经 67 岁高龄的武则天终于如愿所偿，正式坐上了皇帝的宝座，成为了我国历史上第一位，也是唯一的一位女皇帝。在武则天登基称帝的前后，上官婉儿一直在为武则天做事。特别是圣历以后，也就是公元 698 年之后，不少政制、祭拜祝词、诏书以及加官晋爵的命令，都是由上官婉儿负责的，就连朝廷大臣们上奏的表章也让她一起参议决断。经过十多年的磨练，上官婉儿早已经对拟定一应文件十分顺手，而且表现出了非常出色的应变能力，成为了武则天政治生涯中至关重要的得力助手与亲密伙伴。武则天不但把上官婉儿当作是她的政治心腹，而且就连她那些不堪的私生活也从来不会避开她。

武则天的私生活相当放纵，身边养着不少长得很漂亮的男宠。她开始十分宠幸僧人薛怀义，后来又喜欢上了张昌宗、张易之两兄弟，并且为这两兄弟加官晋爵，十分宠爱与纵容。有的时候，武则天还带着女儿太平公主、驸马武攸暨以及上官婉儿等人，与张昌宗、张易之兄弟在后宫尽情地寻欢作乐，其行为相当放荡，没有一丝一毫的顾忌。上官婉儿看到张昌宗长得一表人才，风流倜傥，而且又很懂得讨女人欢心，时间长了，上官婉儿也对他春心摇动。于是，上官婉儿与张昌宗就常常背着武则天在一起打情骂俏。

有一次，上官婉儿与张昌宗正在私相戏谑的时候，正好被武则天撞见了。武氏拿起一把锋利的匕首，就刺进了上官婉儿前额的发髻中，重重地划出了一道血痕，而且还怒冲冲地对上官婉儿进行了一番训斥。事情发生之后，还是张昌宗多次为上官婉儿求情，武则天才看在上官婉儿

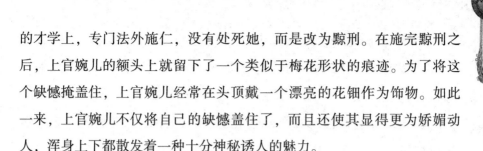

的才学上，专门法外施仁，没有处死她，而是改为黥刑。在施完黥刑之后，上官婉儿的额头上就留下了一个类似于梅花形状的痕迹。为了将这个缺憾掩盖住，上官婉儿经常在头顶戴一个漂亮的花钿作为饰物。如此一来，上官婉儿不仅将自己的缺憾盖住了，而且还使其显得更为娇媚动人，浑身上下都散发着一种十分神秘诱人的魅力。

才华出众　德行欠缺

神龙元年，也就是公元 705 年，当朝宰相张柬之与左羽林大将军桓彦范等五位朝廷大臣策划并发动了一场政变，将张昌宗与张易两兄弟杀死了，拥立中宗李显重新登基为帝，复国号为唐。武则天则被尊为太上皇，被迫退居在上阳宫中。

中宗复辟后，上官婉儿不仅没有获罪，而且还成为了皇帝的宠妃。这是怎么回事呢？原来，中宗李显和上官婉儿是多年的老朋友了，两者之间的情谊十分深厚。中宗一共有了八个女儿，第七女，也就是安乐公主出生的时候还有一段故事。当年中宗被废之后，带着韦氏前往遥远的房州，在半路上，韦氏分娩，生下了一个小女孩，也就是七公主。因为那个时候行色十分匆忙，而且又没有钱没有东西的，韦氏不得不将身上的衣服脱下来作为裸，将这个刚出生女婴包裹了起来。因此，七女儿特意取名字为"裹儿"。

安乐公主从小就聪明机智，容貌清秀，等到长十几岁的时候，居然长成了一个相当出色的美女。中宗与韦氏夫妇想着她从小就受尽了流离之苦，所以，对这个女儿分外疼爱与娇惯。武则天看到这个孙女之后，也十分喜欢，亲自为她选择夫婿，将她嫁给了武三思的儿子武崇训为妻。安乐公主与武崇训成亲的那一天，场面十分壮观，无数的达官贵人都来祝贺。上官婉儿擅长赋诗写文，自然会呈献喜庆的佳作，以便表示恭祝之情。中宗看完所有的贺表贺词之后，就觉得只有上官婉儿的文章，寓意比较新颖，文采十分出众，又想到上官婉儿俊美的容颜，超凡脱俗的行为，居然开始神牵梦绕，怎么也忘不了。

这一次中宗再次登基为帝，手中掌握了大权，就开始时常召见上官婉儿，就家国大事向她进行询问。在每次的问答之中，上官婉儿都能够思路清晰地，语言简洁地回答，而且更为可贵的是，上官婉儿对于宫廷的礼仪典制尤为熟悉，中宗自然对她的敬爱又多了几份。中宗在高兴的同时，立即册封上官婉儿为婕妤，并且册封上官婉儿的母亲郑氏为沛国夫人。从此之后，中宗更为重用上官婕妤，命令她专门掌管皇帝诏敕，帮助中宗一起处理十分繁重的宫廷文案。这个时候的上官婉儿已经42岁。她一边依靠中年女性的炽烈之情对中宗进行多方面的关怀与体贴，从而赢得中宗的欢心；一边凭借自己在官场上多年的经验，充分地发挥自己的才能，从而弥补中宗李显十分昏昧而且孱弱所带来的缺憾。

唐中宗在御座上的一番沉沦之后，雄心大志早已经被磨灭了，已经变得十分懒惰，现在又重新得势，一门心思想着怎么纵情享乐，所以，他直接将所有的朝政大事都交给韦皇后与上官婉儿等亲贵臣僚进行处理。这个时候的朝廷政局中，出现了李氏、韦氏以及武氏三家势力时常分裂，时常合并，时常联络，时常斗争的复杂局面。通过武则天十多年的专制统治，李氏皇族与先朝旧臣，不是死了，就是流落到了四方，遭受了极大的削弱。韦皇后掌控后宫之后，又利用中宗比较软弱这个特点，大肆地将韦氏兄弟子侄引进朝堂，形成了一个新的外戚集团，一时之间，韦氏家族的势力滔天。而武氏势力经过长时间的凝聚，早已经盘根错节了，虽然武则天将朝政大权归还了回来，但是直到她死了之后，朝廷上下仍然十分畏惧她。在这样的情势之下，上官婕妤如何生存，就要像花费一大番心思，用一些手段了。她不但在中宗面前极尽卖好讨宠，而且还依附于拥有很大的野心的韦皇后。

神龙元年秋天，上官婕妤为韦皇后献上了一个计策，让其模仿武则天，积极积蓄功德，以便赢得民心。韦皇后按照上官婉儿的建议去执行，向中宗上表说：首先应当要求天下的士子、庶民为死去的母亲服丧三年，

表达自己的哀思之情。从表面上来看，这好像只是泛泛地提倡天下人秉承孝道，事实上是要借助这个感动中宗，让他不要忘了自己的亲生母亲武则天，自然也要想想武氏家族。上官婉儿的这个举措，可以说是深谋远虑，用心良苦。其次，请求对兵役、徭役等制度进行改革，以便收到更好的效果。按照当时朝廷的规定，百姓满 21 岁为成丁，满 60 岁为年老，一生当中需要随时应征，或者去当兵打仗，或者去充当苦力的时间有 39 年。现在，应当改为满 23 岁为成丁，满 59 岁就可以免除服役。对于这两个请求，中宗全部都应允了。这对于国家百姓都是没有任何危害的，反而是有利的，而且对于韦氏、武氏也是有益的。

韦皇后、武三思等势力逐渐地扩张，与太子李重俊之间矛盾基本上是不可以调和的。景龙元年，也就是公元 707 年六月，在武崇训的教唆之下，安乐公主向中宗皇帝上奏，请求将太子废掉，改立公主为皇太女。太子李重俊对此怀恨在心，难以平复，就与忠正大臣李多祚、魏王元忠一起商议讨逆的对策。这一年的七月，左羽林大将军李多祚与李思冲、李承况等人，利用矫召召集了三百名羽林兵，拥立太子李重俊，发起了一场宫廷政变。李多祚等人首当其冲地闯进了武三思的府中，将武三思父子以及其亲党十多人全部杀死。只剩下安乐公主因为进宫没有回来，才捡回了一条命。

随后，羽林兵冲进了肃章门，直奔禁宫而去。这个时候，中宗李显正在和韦皇后、上官婕妤以及安乐公主等人举行夜宴，突然看到右羽林大将军刘景仁惊慌失措地跑过来，声称太子李重俊造反了，现在已经杀到了禁宫。中宗听了之后，完全惊呆了，一时之间根本不知道该怎么办。韦皇后与公主等人更是吓得全身发抖，瘫在座位上。在这非常关键的时刻，还是上官婕妤有主见。她说道："养兵千日，用在一时。刘将军执掌禁宫的防御，难道就这样任凭叛兵前来作乱吗？"听了上官婉儿的话，中宗、韦后以及安乐公主等人才清醒过来，中宗立即命令道："刘将军速去调集禁卫军，将玄武门守住，然后再派人前去通知兵部尚书宗楚客，让其速来护驾。"上官婕妤又建议道："玄武门的城楼非常坚固，有着很多守兵，请皇上、皇后以及公主等快快登上城楼，这样一来，第一，能够暂时避开贼子的锋芒；第二，也能站在城楼之上俯视楼下发生的一切，然后发出相应的诏旨。"

听到上官婉儿的分析，中宗等人急急忙忙地走出夜宴，登上了玄武城楼。中宗居高临下，对李多祚等人进行质问："尔等为何要谋反？"李多祚回答："武三思等人大逆不道，淫乱后宫，臣等已经奉太子令，将其父子全部诛灭……上官婕妤勾引武三思进宫，是首要罪犯，请皇上交出上官婉儿，由我们进行处置。"听了这些话之后，中宗心中顿时没有了主意，就回过头来看着上官婉儿。上官婉儿朗声说道："妾先前在则天大圣皇后身边服侍多年，向来小心谨慎，没有一丝纰漏。现在，承蒙皇上召幸，被册封婕妤，也是恪守宫礼，没有半点违制的地方。你所说的与武氏进行勾结，纯粹是叛贼发难的借口而已，正所谓'欲加之罪，何患无辞！'妾死不足惜，恐怕众贼先是索要上官婉儿，然后又索要皇后，最后就应该索要皇上的性命了吧！"这短短的几句话，就将对方的意图给揭露出来，很好地稳住皇帝与皇后的心，千均一发之际，使得大家同心协力，众志成城，共同抗敌。在太子之乱平定之后，中宗开始更加重视上官婉儿。

政治斗争中丧命

随着时间的推移，上官婉儿杰出的诗文才学与政治见识逐渐地显示出来，使其在宫廷内的名声与地位得到了很大的提升。到了景龙二年，也就是公元708年，唐中宗提升上官婉儿为昭容，位列正二品，成为后宫中掌握大权的嫔妃。而外朝越来越多的文人政客也开始在她的周围聚集，利用她拥有的制书敕命的特权，来为自己谋取更多的利益。外朝早已经变得乌烟瘴气，而内廷也是一片混浊不堪。

景龙四年，也就是公元710年正月元宵节，唐中宗带着韦皇后、上官昭容以及公主微服出去游玩，并且放出一千多宫女随同。宫人们专门挑着十分热闹的地方，尽情地玩赏，居然与市井浮浪子弟一同玩耍，直到很晚的时候才回到宫中。后来经过盘点，竟然有很多宫人都逃到了民间，不愿意回来。昏暗的政治，腐败的社会风气，使得人与人之间的良知与真情完全丧失。特别是韦皇后与安乐公主这一对母女，她们对权力的强烈欲望早已经远远地超过了夫妻、父女之间的亲情。韦皇后一门心思想着要效仿武则天，做第二个临朝亲政的女皇帝。而安乐公主也是痴心不改，依旧想着当上皇太女，以后以便继承皇位。两个人都盼望着中宗能够早早地死去，这样一来，她们的梦想就能够尽早地实现了。中书令宗楚客自从原太子李重俊叛乱护驾立功之后，就已经成为了韦氏集团中一位非常重要的成员，不管遇到什么事情，都只听韦皇后一个人的命令。他仗着是韦皇后的亲信，就横行霸道，眼中早已经没有了大唐的天子。

景龙四年，也就是公元 710 年五月，许州司马参军燕钦融向中宗上奏："韦皇后淫乱后宫，对国政横加干涉，其宗族的力量也是十分强盛，安乐公主以及宗楚客等人想要危害社稷。"中宗当面进行盘问，燕钦融直言不讳，神色也是不屈不挠。中宗半信半疑，没有说话，陷入了深思当中。没有过多长时间，宗楚客居然命令手下将燕钦融找来，先是将其狠狠地痛打了一顿，然后，又将其扔向了殿庭石基。刹那间，血肉飞溅，燕钦融的脖子被摔断而死。

宗楚客在旁边狂呼怪笑，大喊着："快活，快活，实在太快活了！"对此，中宗感觉已经到了忍无可忍的地步，不禁大怒着呵斥道："宫中只知道有宗楚客，还知道有朕的存在吗？"面对中宗的这一番训斥，宗楚客心中顿时十分恐慌，马上去韦皇后与公主进行报告，说皇上已经开始怀疑她们母女两个人了。这母女二人贪心不足，顿时生出了一个恶念。于是，韦皇后指使对于医术十分精通的新妍夫马秦客，配制了一剂毒药，并且将此毒药夹在中宗最喜欢吃的馅饼当中。这一年六月，这对恶毒的母女就将 55 岁的中宗给活活毒死了。

唐中宗死了之后，韦皇后秘而不宣。她利用假诏将宰相召进皇宫，然后将其监控起来；又征召诸府五万兵马在京城中驻扎，让身居武职要位的韦氏子侄驸马都尉韦捷与韦灌、长安令韦播以及郎将高嵩（外甥）等分头进行率领。还命令中书舍人韦元在六街三市进行巡逻；让亲信侍卫宦官薛思简率领五百精兵驰戍均州，对谯王李重福进行防备。与此同时，上官婉儿的情夫崔湜也被提升为宰相兼吏部尚书，帮助处理政务。在人事、防务全部安排妥当之后。安乐公主就与上官婉儿一起商议起草了遗诏，挟立中宗儿子李重茂为太子。

李重茂的亲生母亲只是后宫中的一个妃妾，所以，他的地位十分低贱，再加上其年轻无知，这样一来，韦皇后就可以随心所欲地垂帘训政，将朝政大权控制在自己的手中。

在皇室的各位王爷当中，相王李旦是最宽厚恭谨的，恬淡地让出了皇位，于是，韦皇后就将他拉出来参谋国事，作为皇室的陪衬。但是，宗楚客与相王向来失和，为了阻止李旦从政，他还强行扯出什么"叔嫂不通问"、"难为礼"的理由做借口。同时，他还出面联络了几位宰辅，一起上表进行劝谏，肯定韦皇后能够临朝亲政。最终的结果是，李旦被改授为太子太师的一个虚职。第三天，韦皇后将朝廷众位大臣召集起来，为中宗李显发丧。韦皇后正式开始临朝摄政，改元唐隆，大赦天下，命令自己的哥哥韦温执掌天下的兵马。到中宗李显死后的第六天，韦氏党众都自认为坐稳了江山，就将李重茂推了出去，做了一个傀儡皇帝，历史上称为"少帝"或者"殇帝"，尊韦皇后为皇太后。几天之后，宗楚客与韦氏、武氏等亲信大臣一起商量，劝说皇太后效仿武则天那样，广泛地培养自己的势力，内外进行连结。宗楚客还秘密地献出了一个图谶，声称韦氏应当革唐命。正当韦氏集团计划着谋篡唐的时候，一股反对韦氏的力量也慢慢地聚集在相王李旦的第三个儿子李隆基的身边。

李隆原来是相王的小妾窦氏所生的，长得十分英俊魁伟，擅长骑射，

精通各种音律。他刚开始的时候被册封为楚王，后来又改封为临淄王，担任潞州别驾，在景龙四年，也就是公元 710 年回到京师。李隆基觉察到韦氏的阴谋之后，就开始悄悄地结交一些才勇之士，极力拉拢宫廷的侍卫，打算匡复李氏的帝业。六月二十日晚上，李隆基看到情势已经变得十分危急，就会同太平公主以及兵部侍郎崔日用等人一起讨伐逆贼，率领羽林军突然杀进了太极殿。韦皇后听到鼓噪的声音之后，惊慌失措地跑进了御用卫队飞骑营中。骑将看到是韦皇后，就立即将她杀死，把她的首级先给了李隆基。当时，安乐公主正在对着镜子画眉，兵将们闯进去之后，当即就把她的头斩了下来。韦氏子侄以及其亲信党羽，也都全部给逮捕诛杀殆尽。宗楚客得知消息之后，急急忙忙化了个妆，然后坐着青驴逃跑了。走到通化门的时候，门卫戏说道："大人不就是宗尚书吗?"然后，将他的布帽摘掉，布衣撕烂，就地斩杀了。

李隆基在搜捕韦氏残余势力的时候，来到了上官婉儿的寝宫。只看到上官婉儿站立在门前，拿着蜡烛表示恭迎。

原来，心机深沉的上官婉儿，还盼望着通过自己铺设的一条退路，使自家的性命得以保全。当初，上官婉儿刚刚被册封为婕妤的时候，就推荐姨兄弟王昱担任左拾遗之职。王昱对上官婉儿的母亲郑氏说道："武则天已然退位，实系天之所废，不可以复兴。现在婕妤仍然附于武三思，这是灭族之道啊！希望姨母能够思之。"郑氏转而对上官婉儿进行告诫，但是上官婉儿没有听进去。等到太子李重俊率领兵将征讨武三思，专门追索上官婉儿的时候，她方才如梦初醒，回想着王昱所说的话。从此之后，她不仅追随武、韦外戚，同时也心附帝室，在各种宗派势力之间虚与委蛇，巧妙地进行周旋。

唐中宗突然死亡之后，上官婉儿负责遗诏的草拟工作，曾经想要拥戴温王李重茂为皇帝，然后再起用相王李旦作为宰辅。

韦氏家族以及宗楚客对此大力反对，居然对遗诏进行了涂改，暂时拥戴李重茂作为太子，让李旦担任太子师的虚职。上官婉儿不能阻止，也不想再花费心血，就将诏书的草稿妥善地保存了起来，留着以后作为推脱责任的证据。

如今，临淄王发起政变，上官婉儿就想要使用这个法宝。因为还有一线之光，所以，她还能够临危不乱。在稍微打扮了一番之后，上官婉儿就率领各个宫女手中捧着蜡烛，站在门侧进行迎接，准备向李隆基等人倾诉其中的委曲，希望能够得到宽恕。不过，这个时候的李隆基胸中怀有国恨家仇，正是杀红了眼睛之时，怎么可能会听上官婉儿的"解释"呢？他当即命令手下将上官婉儿斩杀了。上官婉儿一生都在和文字与政治打交道，才使得她名震古今，但是，最后却由于文书制敕而丧失了小命，成为了政治斗争的殉葬品。这真是"红颜命运多舛，荣辱兴衰无常啊！"

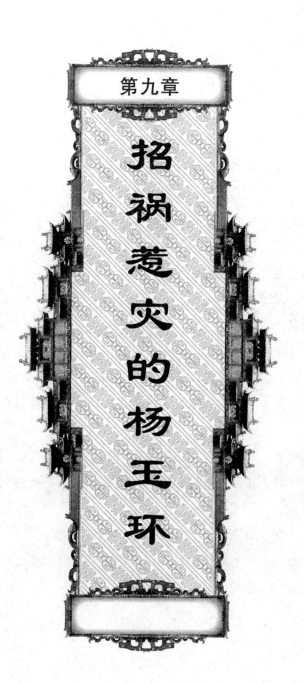

第九章

招祸惹灾的杨玉环

后妃档案

☆姓名：杨玉环

☆别名：杨太真、杨贵妃

☆民族：汉族

☆出生地：四川说、山西说、河南说、广西说

☆出生日期：公元 719 年（己未年）

☆逝世日期：公元 756 年（丙申年）

☆主要成就：与太玄宗李隆基轰轰烈烈爱了一场

☆历史地位：中国古代四大美女之一

☆配偶：李隆基、李瑁父子俩

☆子女：无子无女

☆生平简历：

公元 719 年，杨玉环出生。

公元 735 年，杨玉环凭借美丽的外貌，成为了众人羡慕的寿王妃。

公元 737 年，唐玄宗的宠妃惠妃去世，杨玉环平静而幸福的生活被打破了。

公元 740 年，杨玉环告别丈夫寿王，到骊山温泉宫侍奉唐玄宗。

公元 741 年，在唐玄宗的安排下，杨玉环以一名女道士的身份入住宫中的太真宫。

公元 745 年，杨玉环如愿所偿地成为唐玄宗的贵妃。

公元 746 年，因为姐姐虢国夫人与唐玄宗有染，杨玉环与唐玄宗第一次正面冲突，最后杨玉环大获全胜。

公元 747 年，因为借玉笛的时候，杨玉环与唐玄宗再次闹翻，最后仍然是唐玄宗先低头。

公元 755 年，杨玉环的干儿子安禄山率兵反叛。

公元 756 年，安禄山在洛阳城内登基称帝，准备与大唐王朝分庭抗礼。结果，长安失陷，唐玄宗带着杨玉环等人逃跑。当他们逃到马嵬驿站的时候，杨玉环被逼死。

人物简评

杨玉环有着"沉鱼落雁、闭月羞花"的美丽容颜，所以就连拥有后宫三千粉黛的唐玄宗李隆基也拜倒在她的石榴裙下，为了得到她，不惜抢夺儿子的妻子。之后，唐玄宗李隆基对她宠爱有加，甚至专宠她一人。后宫的女人能够得到如此荣宠，似乎是幸福至极了。但是，她果真幸福吗？

她只想得到李隆基的爱情，只想与李隆基相守到老。她不懂政治，更没有干预朝政。在她看来，李隆基不再是至高无上的皇帝，只是她的丈夫。为了她，李隆基几乎愿意做一切。于是，她的美丽仿佛成了那个时代的唐朝的一个权威象征。但是，正是这份象征，却暗藏着一场危机。终有一天，一场大祸悄悄地降临在唐玄宗与她的身上。

当光芒四射的杨玉环仍然在享受着美好的生活之时，当美丽的光环仍然在照耀着朝廷之时，终于有一天，一场大祸在不知不觉间，降临到了玄宗与她的身上——安史之乱爆发，杨玉环在马嵬坡被逼死。

有人说，杨玉环是"红颜祸水"，是亡国的罪魁祸首。也有人说，引发安史之乱的根本原因不在于杨玉环，而在于皇帝李隆基。各大学者众说纷纭，莫衷一是。

生平故事

抢夺儿子的妻子

相传，杨玉环刚刚出生之时，手臂上就套着一枚玉环，因此，父母为她取名为杨玉环。她从小就长得十分漂亮，而且聪明伶俐，非常招人喜欢。杨玉环的父亲杨玄琰是隋朝末年梁君通守——杨汪的四世孙。在

她还很小的时候，父母就相继去世了。幸运的是，她的叔父杨玄璬将她收为养女，因此，她从小就寄居在洛阳的叔父家。

杨玉环随着年龄的不断增长，其相貌也出落得越来越惊艳。而且，她还不断地学习唱歌跳舞，一时间居然有了不小的名声。在杨家做客的人都纷纷为杨家这个出色的养女而啧啧称奇，杨玄璬也经常为这个养女感到骄傲。既然杨玉环惊艳四方，就注定了她的生活绝不会是平淡无奇的。于是，一次十分偶然的机会，杨玉环的命运就开始改变了。

有一次，杨玉环在与府中侍女一起出游的时候，意外与唐玄宗最为宠爱的女儿咸宜公主认识了。这两个人一见如故，很合得来，而且还有一种相见恨晚的感觉。于是，咸宜公主就经常邀请杨玉环到府上去做客。杨玉环美丽的容颜吸引了公主府上之人的注意，甚至还让公主其他的客人为之倾倒。比如，公主的弟弟，即唐玄宗的儿子——寿王李瑁。李瑁深深地迷恋上了杨玉环，就说服姐姐为他创造一个机会，以便与杨玉环相见，咸宜公主欣然同意了。于是，在公主的安排之下，李瑁与杨玉环相识了。李瑁很喜欢长得像仙女一样的杨玉环，打算请求母亲接受杨玉环。李瑁相中了杨玉环，便使其命运有了一个新的转折点。

李瑁与咸宜公主的母亲，就是唐玄宗最为宠爱的妃子——武惠妃。子凭母贵，由于唐玄宗最宠爱武惠妃，爱屋及乌，她的儿女自然也就成为了皇子中最受宠的。但是，武惠妃对于当朝的太子不是自己的儿子而不甘心，总是想尽一切办法去排挤太子，想要让自己的儿子，也就是寿王李瑁坐上太子之位。然而，尽管她很得唐玄宗的宠爱，但是想要让儿子一步登天还是非常困难的。不过，为了能让自己有一个美好的将来，依旧在不断地努力着。另一方面，李瑁经过姐姐向母亲提出了想要让杨玉环做自己妻子的请求，惠妃也听到过杨玉环的传闻，听说这个少女长得貌美如仙，心中很是好奇，就想要先看看。当她见到杨玉环的时候，惊呆了，她怎么也没有想到世间居然有这样美的女子！她对这个儿媳妇很满意，于是就马上向唐玄宗说了这件事情。唐玄宗听到惠妃对杨玉环赞不绝口，就点头答应了。

开元二十三年，也就是公元 735 年十二月，玉环依靠她绝美的外貌嫁给了寿王，成为了众人羡慕的寿王妃。杨玉环做了寿王妃之后，感觉生活顿时发生相当大的转变。尽管以前在杨家的时候，众人也都非常宠她，但是现在嫁进了王府，身份就发生了很大的变化，从此之后，她开始过着养尊处优的贵妇生活。寿王李瑁对她非常用心，总是将她捧在手心里。而惠妃也很喜欢她。在这里，她感到自己好像进了天堂，她一直不理解寿王李瑁为什么想要坐上太子之位，因为她是从一个小小的民女变成了高高在上的寿王妃，她认为这已算是幸福的尽头了，因此，对于太子妃的位置并不感兴趣。

然而，世事难料，正当她过着衣食无忧的生活时，家中却发生了不幸的事情——她的婆婆，也就是唐玄宗的惠妃在开元二十五年，即公元737 年忽然因为疾病去世了。这打破了她平静而且幸福的生活。

当武惠妃去世之后，唐玄宗就开始变得闷闷不乐。他整天生活在思念和痛苦中，在非常长的一段时间内，都接受不了惠妃已经去世的事实。这个时候，他的脑海中时常闪过一个女人的影子，然而，令人感觉奇怪的是，这个影子似乎并非死去的惠妃。但是当他慢慢地想要将那张脸看清楚的时候，他就不自觉地快速转移自己的思维。因为他感觉自己的脑海中出现了一种自己都不敢相信的意识。也许在惠妃在世的时候，他还能够克制自己不去想那张脸，但是现在自己这样孤单，那张脸就成为了他的精神寄托。

高力士看出了唐玄宗心中的郁闷，就询问她要不要再立一个妃子与之相伴。唐玄宗摇着头说，再也找不到惠妃那么好的妃子了。高力士却说，有个女子，拥有倾国倾城的容貌，询问唐玄宗需不需要。这时，唐玄宗突然想起了那张脸，一颗心不免扑扑直跳，问高力士所说的是谁。高力士回答："寿王妃杨玉环。"杨玉环是自己的儿媳妇，高力士居然举荐她！高力士会说出杨玉环的名字，实在出乎唐玄宗的意料。但他不得不承认，自己心中徘徊已久的那个人就是杨玉环。在杨玉环的身上，唐玄宗似乎能看到几分惠妃的影子，而且其容貌还在惠妃之上。但是杨玉

环毕竟是寿王的妃子，而自己是寿王的父亲，怎么能够抢儿子的妻子呢？

高力士自然懂皇上的心意，就很神秘地说自己有办法让皇上如愿所偿。于是，不管是寿王李瑁，还是杨玉环自己，都没有想到会有一场如此特殊的灾难落到他们的身上。当他们得知这个消息的时候，李瑁的精神一下子垮了，母亲死了，自己没办法做上太子之位了，现在就连心爱的女人也要被父亲抢走了，心中不免悲痛万分。杨玉环也不知道自己将要面临的命运是什么样子的，而且她和李瑁之间的感情非常好，现在突然要分开了，心中也是非常痛苦的，但是却没有任何办法，除了接受这个现实，她什么也做不了。

开元二十八年，也就是公元740年十月，唐玄宗和朝廷大臣一起到骊山温泉宫。唐玄宗下诏命令杨玉环前去侍驾。玉环心里相当矛盾，因为她原本是寿王的妃子，现在却要去侍奉寿王的父亲，即当朝皇帝唐玄宗，这种感觉不是一般人能轻易接受的。然而，她也知道皇命不可违背，而且，她想到倘若顺从了皇上，杨家也可以得到更大的荣耀。因此，她一咬牙，一跺脚，准备连夜赶到骊山。在临走之前，她与李瑁谈了很长时间，把自己心中的想法全部告诉了李瑁，李瑁很清楚她所说的都非常有道理，并且现在他已经失去了母亲庇护，倘若与父皇作对的话，或许就连性命也不能够保全。因此，尽管对于杨玉环的离开，他感到相当心痛，但是却也不得不接受了这个事实。在骊山上，唐玄宗终于梦寐以求地得到了杨玉环。唐玄宗感到因为拥有了杨玉环，自己一下子年轻了很多。杨玉环很清楚自己命运已经不可避免地要发生改变，于是，她就决定接受这个现状，可以试着去做唐玄宗的妃子。于是，她就向唐玄宗说出自己的担忧：自己曾经是寿王的妃子，现在如果直接侍候皇上，一定会招来朝中众位大臣的非议，她不知道应该怎么办才好。唐玄宗也觉得这是一个不容易解决的难题，父亲抢儿子的妻子，这原本就与礼节相悖，自己怎么才能十分妥当地处理这个问题呢？

这个时候，高力士再一次为唐玄宗出了一个主意，让他将全部的顾虑都打消了。自古以来，有谗臣则会误国，高力士的这种做法不一定是十恶不赦的，但是绝对算不上什么好事。而杨玉环的命运再一次发生了巨大的变化。但是，这种变化对她而言，到底是好还是坏呢？

荒唐的转变

开元二十九年，也就是公元741年正月，在唐玄宗的安排之下，杨玉环摇身一变，由寿王妃变成了一位法名为太真的女道士，并且居住在宫中的太真宫。这样一来，杨玉环就可以随时侍寝，而唐玄宗对外称，这只是一个女道士，而不是寿王妃。无论此说法多么荒诞，天下是否会有人相信，反正唐玄宗就这样理直气壮地占有了杨玉环。但是，杨玉环对于这种状态十分不满。她不愿意一直当道士，也不想大家都称她"太真"，她想要将自身的命运改变。于是，有一天，她要求唐玄宗以及宫中的人不要再用"玄真"这个称呼叫她。唐玄宗听完，马上以"娘子"来称呼她，并且规定宫中之人也不可再用"太真"这个称呼叫她。如此一来，玉环的身份与地位又悄悄地发生了改变。

杨玉环不仅长得国色天香，而且还能歌善舞，再加上她不断地向唐玄宗施展媚术，将唐玄宗的魂彻底勾住了。为了能有更多的时间陪杨玉环，唐玄宗甚至将军国大政全部交给宰相李林甫处理，一门心思与杨玉环在一起缠绵。唐玄宗为杨玉环的一颦一笑、一举一动痴迷着，似乎完全忘记了他曾经很宠爱的梅妃，也忘记了后宫其他的妃子。众大臣知道玄宗很宠爱杨玉环，便纷纷前来讨好杨玉环。看着朝廷大臣的各种面孔，杨玉环对于宫廷生活认识又有了新的发现。起初，她觉得只要有唐玄宗的宠爱就够了，但是当她亲眼看到宫廷的一些十分残酷斗争之后，才慢慢地感受到在后宫虽然可以得到以前不曾得到的快乐，而且也要承受所未有的压力。后来，她感觉高力士很能干，而且对自己也很亲切，就想要与之接近。果不其然，高力士什么都听她的，为她办了不少事。她看到现在有了一个很能干的助手，心中很高兴。在宫廷的尔虞我诈中生活，杨玉环原本一个纯洁朴实的少女，也变成了一个懂得要阴谋诡计的怨妇。

正当杨玉环对于宫廷的生活慢慢适应的时候，她又认识了一个十分特殊的人物——安禄山，正是他后来给唐王朝带来了一段危难的历史。安禄山是一位胡将，他的父亲属于胡族人，母亲则属于突厥人。唐玄宗很看重安禄山，提升他担任大唐的第一个胡族节度使，而且将北部边境的军权、民权以及财政大权都交由他负责。

当杨玉环听到关于安禄山的各种传闻之后，心中很想见见这个英雄。然而，当她亲眼看到这个人的时候，却感觉他的长相肥胖而滑稽，非常好玩。不过，更为有趣的还在后面呢。当安禄山拜见玄宗之后，居然像看不到任何人一样，直接来到玉环的面前，向她深深地鞠了一躬，然后称其为母亲。这让唐玄宗和杨玉环都很吃惊，不知道他为什么要这么做。安禄山解释说，他知道自己的母亲是谁，却不知道自己的父亲是谁，而且在很小的时候，母亲就去世了。所以，他很尊重与怀念自己的母亲，渴望自己能再有一个母亲。但是，他觉得一般人不配做他的母亲，只有杨玉环才配做他的母亲。

对于他的这个建议，唐玄宗与杨玉环更为惊讶，因为杨玉环比安禄山小十几岁，儿子比母亲还大很多，这实在太荒唐了。但是，看到他说得十分认真，知道他不是在开玩笑，于是，在片刻的思考之后，唐玄宗表示自己没意见，让杨玉环自己决定。杨玉环觉得这事很有趣，自己只要点点头，就可以多出一个这么大的儿子，而且还是她一直想见的人。所以，她也没多想什么，就爽快地点头答应了。于是，宫中马上开始摆盛宴对这件事情进行庆贺，同时，唐玄宗还将不少金银赐给了安禄山，而且还给他加官晋爵，将北部边塞的军政实权给了他。这样，又有十万人马归入了他的帐下。

杨玉环在经过五年努力后，终于在天宝四年，也就是公元745年八月如愿以偿地成为了唐玄宗的贵妃。当满朝的文武大臣都跪在自己的面前表示祝贺的时候，杨玉环的心中有一种说不清道不名的感触和激动。但感慨之余，她心中又多了一些酸楚，毕竟，她曾经是寿王李瑁的妻子，现在却做了他的父亲的妃子，这多少会令人感觉不自在，而且在一个月之前，李瑁又娶了一位妻室，这让她的心情更是汹涌澎湃。毕竟，李瑁是自己深爱过的丈夫啊！五年的时间就这样过去了，杨玉环不禁发出无尽的感慨。杨玉环终于从太真宫出来，当她走进新的住处——兴庆宫的时候，她顿时被它的场面陶醉了。不管是从数量上，还是从质量上，那些侍女、织锦以及伙食都比从前要好很多。这样的场面，她曾经憧憬过无数次，如今终于梦想成真了。她数年的辛苦也是值得的，因为她取得了预期的效果。

理想终于变成了实现，她从前的温顺性格好像跟着变了。原本，在成为李瑁的妻子后，她就开始喜欢上了奢靡的生活，现在成为皇帝的妃子，她的穿戴更是挂满了珠宝，饮食质量也提高了数倍。只要有一点儿不顺心的地方，她就会大发雷霆，弄得所有的人都战战兢兢的。她在饮食上的花销相当大，御厨们也是非常小心地伺候着，生怕杨贵妃一个不高兴就会大祸临头。杨玉环需要的珠宝饰物更是比所有的嫔妃都好很多，这也凸显了她在后宫中的与众不同。也许。这个时候，她才展现出任性的一面。如果只是一个平民百姓，她敢这样放纵自己吗？唐玄宗给了她无尽的享受，却也将她的朴实的本性慢慢地腐蚀掉了，这都是她美色惹得祸啊！

与皇帝进行"较量"

当杨贵妃在后宫的地位逐渐稳定后，杨氏家族的地位也随之不断攀升。杨贵妃的父亲杨玄琰被追封为济阳太守，封齐国公，母亲李氏被追封为陇西郡夫人。与此同时，杨贵妃的叔叔，也就是她的养父杨玄璬被册封为光禄卿银青光禄大夫，她的哥哥以及其他亲戚也都得到了相应的封赏。在杨氏家族中，受到封赏最显贵的就是杨贵妃的三个姐姐，她们分别被册封为韩国夫人、虢国夫人与秦国夫人，并且被赐居住在长安，能随意出入皇宫。由此可见，其显赫的地位。

杨玉环的三个姐姐都长得十分美丽，并且经常将自己打扮得花枝招

展，在皇宫走动，显得很惹眼。其中，以虢国夫人的长相最为突出，而且更喜欢在唐玄宗面前凸显自己的妖媚，仿佛想要引得玄宗的关注。事实上，唐玄宗也确实被她迷住了，经常和她眉来眼去，甚至当众打情骂俏。杨贵妃将这一切都看在眼中，记在心里。于是，在这几个人之间，一场暴风雨的前奏慢慢地显露出来了。

天宝五年，也就是公元746年夏季，一场积蓄已久的暴风雨终于来临了。这一年，唐玄宗带着百官到曲江游玩。这个消息马上将长安的百姓惊动了，百姓们全都挤到了从皇宫到曲江的路上。因为这个机会十分难得，不仅可以趁着这个机会看看皇帝的龙颜，而且还能一睹随驾前来的倾国倾城的杨贵妃的容颜，这难道不是人生一大快事？正是在这次出游的过程中，无法容忍唐玄宗喜欢其他女人的杨贵妃终于与唐玄宗第一次发生了正面的冲突，而事情的起因就在她的姐姐——虢国夫人的身上。在外出游玩的时候，除了杨贵妃在玄宗的车辇中随侍外，她的三个姐姐都坐着钿车随行，与此同时，百官都在左右随侍，场面相当宏大。几天以来，大家都玩得相当尽兴。

有一天晚上，唐玄宗游了一天感觉很疲惫，而且还喝了不少酒，就想要回帐休息，而杨贵妃却兴致高涨，便提出让唐玄宗自己回去，自己再欣赏一会儿黄昏的美景。杨贵妃正在兴致勃勃地欣赏美景的时候，突然发现虢国夫人不见了，她的脑海中马上浮现出了以前玄宗和虢国夫人两个人打情骂俏的场景，心中立刻升起了一股无名之火。于是，她马上带着随从回到了唐玄宗的帐篷中，果然不出她的所料，唐玄宗与虢国夫人两个人正在床上做着那令人难以忍受的事情！她一句话也不说，只是怒气冲冲地盯着唐玄宗与虢国夫人，盯得这两个人都惊慌不安。半晌之后，杨贵妃终于开口了，不过，她既没有指责，也没有谩骂，而是下令马上回宫。

这样的现实，杨玉环接受不了，她根本没有办法接受其他女人来分享自己的男人，而且这个可恶的女人还是自己的姐姐。姐姐是靠着自己才有了现在地位的，她怎么能够做出这样的事情呢？她越想这件事情越感觉生气，越想越觉得自己受不了。当高力士回来劝说她应该与唐玄宗好好谈一谈的时候，她立刻拒绝了，认为唐玄宗应当向她道歉。然而，第二天，玄宗不仅没有来道歉，而且还宣布了一个令她更为愤怒诏令——命令她马上离开皇宫，到她的哥哥家去住。唐玄宗将杨玉环赶出了皇宫，使得杨氏家族上下一片恐慌。他们是依靠杨玉环才有了如今的地位与权势，现在，如果杨玉环失宠了，那么，整个杨氏家族的人所拥有的一切也会因此而立即失去。于是，他们就聚集在一起商量怎样将这场灾难化解。

他们想来想去，觉得解铃还须系铃人，只有杨玉环才能够将这场危机彻底化解。但是，当他们与杨玉环商量这件事情，想让她向玄宗道歉的时候，杨玉环却对他们的担心一点儿也不在意，坚持认为应当是唐玄宗向自己道歉，这件事情不是自己的错，所以，自己不可能先向唐玄宗低头的。另一方面，唐玄宗自视为一国之君，从来没有受到过这样的羞辱。虽然他非常爱杨玉环，但是却不能容忍发生这样的事情。于是，在一气之下，他就赶杨玉环出了皇宫。但是，事后他又感觉后悔了。因为虢国夫人虽然也是一个美人，但是也只不过是一个普通的美女，怎么比得上杨玉环的倾国倾城？所以，他就等着杨玉环来向自己道歉，只要杨玉环认个错，他就会立刻原谅她，让她再搬回皇宫居住。然而，在漫长的一天等待之后，唐玄宗就感觉坐不住了。他没有想到杨玉环的态度会这样强硬。只不过一天的时间，他就觉得心力交瘁，心神有些恍惚了。第二天，他就将很多杨玉环平常用的珠宝衣物送了过去，担心她在宫外生活不习惯，而且他还让很多原本伺候杨玉环的侍女去宫外继续伺候。杨玉环觉得自己很有面子，但是既然唐玄宗没有说要让她回宫，那么她就继续与之僵持着。到了第五天，唐玄宗实在受不了了，就命令高力士将杨玉环接回了宫。在这次的较量当中，杨玉环大获全胜。两个人见面的时候，唐玄宗表现出来那种关心和爱护，让杨玉环很感动。同时，她听说在这些天中，唐玄宗由于思念自己而心力交瘁，深深地体会到了唐玄宗对她的深情。她非常感动，就不再计较什么，与唐玄宗和好了。

　　杨玉环重新回到唐玄宗身边令其非常高兴，于是，唐玄宗就给了杨玉环很多赏赐，而且对她家族的人也都给了不少赏赐。这因祸得福的结果，可是完全出乎杨氏家族意料之外的。因为杨氏家族都认为杨玉环不肯向唐玄宗认错，肯定会给家族带来祸害的，然而，没想到结果反而获得了这么多的赏赐。杨玉环的魅力居然已经到了这个地步，实在令人不敢相信啊！于是，这件事也助长了杨玉环的骄纵心理，她的生活变得更加奢靡。她更加恃宠而骄，经常由于自己很小的需要就动用国家很大的人力与物力，这"美女一笑可倾城"用在她的身上是最合适的了。不过，第二年，杨氏家族又遇到了一场祸事。

　　杨贵妃在皇宫当中过着要风得风、要雨得雨的日子。如果她看上了什么东西就一定要弄到手，谁也阻止不了。于是，她也越来越放纵自己的欲望，只要是自己喜欢的事情，她就无所顾忌地去做。但是，这一次，她却因为自己的任性而招来了一场祸事。因为这一次她看上了一支玉笛。在当时的社会中，借笛子是一种相当不礼貌的行为，而且她所想要借的笛子的主人还是十分擅长音乐的唐玄宗的弟弟——宁王。但是，杨玉环却不管这些，她只知道她喜欢那支笛子，想要那支笛子，所以，就将笛子借了回来。当玄宗亲眼看到杨玉环吹着那支借来的笛子的时候，非常生气，感觉自己再也没有办法对于杨玉环的放纵进行姑息了，于是，再一次将她赶出了皇宫，依旧让她住在自己哥哥的家中。这一次，杨氏家族再一次又害怕又慌张。现在是第二次犯错，在第一次的时候，唐玄宗最后向杨贵妃低了头，已经导致唐玄宗丢了颜面，第二次怎么可能再低头呢？

　　杨氏家族的人都认为这一次的大祸是不可能避免的了，就做好了充分的准备来迎接所有的劫难。不过，杨玉环却依旧表现得不屑一顾，如果唐玄宗不向她道歉，她是绝对不会原谅他的。但是，她的心中还是有些惴惴不安的，毕竟这一次确实是她太任性了，也不知道唐玄宗还能不能再一次向她低头。杨玉环是非常幸运的，由于唐玄宗没有办法忍受她离开后的痛苦生活，仅仅只是过了四天，唐玄宗就开始派人赏赐给杨玉环非常美味的膳食，对此，她的心中是相当感动的。于是，杨玉环就用自己的一缕青丝作为回赠，而且还表达了自己对唐玄宗的思念情意。唐玄宗再也忍不住了，马上派遣手下再一次将杨玉环接回了皇宫。与此同时，杨氏家族也再一次获得了非常多的赏赐。

在这件事情结束之后，杨氏家族的人再也不担心杨玉环犯错而连累杨氏家族了，他们甚至认为，一旦杨贵妃犯了错误，他们不仅不会受到惩罚，而且还会获得很重的赏赐，这个结果可是相当不错的。而杨玉环一回到皇宫又恢复她的本性，与她离开之前没有一丝一毫的变化。如果非要问有什么变化的话，那么答案就是她比以前更加变本加厉了。与此同时，唐玄宗也更加将她看作是捧在手心的珍宝，并且发誓再也不会将她赶出皇宫了，而且还对她所有的要求都给予了满足。杨玉环只是凭借一张国色天香的脸，就获得了中国历史上众多后宫嫔妃都根本没有办法获得的宠爱，真的可以说是一桩奇谈啊！她的骄纵和奢靡就是在这种环境之下逐渐地养成的。实际上，杨玉环想要的只不过一种十分奢侈的生活罢了，如果就这样终老的话，难道不是一件很美妙的事情吗？然而，历史的发展却并没有让她如愿以偿。

亲戚、干儿子化为"狼虎"

杨玉环逐渐地习惯了这样骄纵和奢侈的生活。她的内心深处所需要的就是一种快乐的感觉。但是，这个时候，还有一个不快乐的因素始终没有得到解决，一直让她念念不忘。那就是唐玄宗以前非常宠爱的嫔妃子——梅妃。当初杨玉环刚刚以女道士的身份进宫的时候，曾经在元宵之夜出去观赏花灯的时候，与梅妃不期而遇。梅妃看到她长得相当美丽，就想要取笑她一番，于是，就对她道士的身份嘲讽了几句。杨玉环一直没有忘记这件事情，现在，唐玄宗在偌大的后宫之中专宠她一个人，当年的嘲讽之仇也是应该报了。在整个报仇的过程中，都没有碰到很多的阻碍，她只不过安排了杨钊动手除掉梅妃，所有的事情都完成得相当顺

利。即使唐玄宗知道了这件事情，也会由于对梅妃不再感兴趣，而又专宠于自己一个人，因此，必定不会与她计较太多的。

　　杨钊是杨玉环的一个亲戚，原来只不过是很小的官，由于他沾了杨玉环亲戚的光，就开始不断地进行升职，后来一直坐上了御史中丞的高位。他心中对于杨玉环是十分感激的，而且他也知道自己拥有的一切都是杨玉环给的，于是，就更加用心地为杨玉环做事了。杨玉环因为恃宠而骄，所以在朝廷当中也变得越来越放肆了，她的一切想法和要求，基本上就相当于唐玄宗的圣旨。与此同时，她大力提拔杨钊，使之职位不断高升，从而使自己的亲戚中也多了一个高官。如此一来，自己的脸上就会显得更加有光。而唐玄宗对于杨玉环是有求必应，不断地为杨钊升职，而且还给他赐名为国忠。后来，杨国忠的官位居然到了兵部侍郎兼御史中丞、遥领剑南节度使等职，这样的权位在当时已经算是相当显赫的了。

　　然而，杨国忠却并不是一个善类，他开始在朝廷中结党营私，不断利用自己手中权力进行贪污索贿，横行霸道。由于他与杨玉环的关系，唐玄宗十分器重他，因此，不管他做什么事情都非常顺利，没有受到过一丝一毫的阻碍。然而，有一个人对他的所作所为表示强烈的不满，这个人就是当朝宰相李林甫。杨国忠自然不会让这样的人存在，但是李林甫毕竟高居宰相的重要职位，是不能够轻易动他的。怎么办呢？杨国忠经过深思熟虑，决定与杨贵妃的干儿子安禄山进行联合，将李林甫赶下台。于是，这两位朝廷大奸臣就展开了一场明争暗斗。从表面上看，无论是谁在这场斗争之中失败都是一件好事，但是正是由于这两个像饿狼一样的人相互争斗，导致朝廷变得更加混乱不堪。杨玉环提拔杨国忠只是因为他与自己是亲戚关系，而杨国忠正是仗着自己的这个身份在朝中相当猖狂，暗中培养自己的势力，已经达到了权倾朝野的地步。尽管李林甫是一个老奸巨滑之人，但是杨国忠的身后还站着一个杨贵妃，因此，他自然不敢轻易地动杨国忠。

　　天宝十一年，也就是公元752年十一月，这场恶狼之斗终于有了一个结果，李林甫因为疾病去世了，杨国忠也因此有了继续高升的机会。果不其然，唐玄宗马上册封杨国忠为当朝右相，没过多长时间，他身上的职位逐渐地增多，后来，居然身兼三十多个职位。与此同时，他常常目空一切，独断专权，成为那个时候的朝廷慢慢势弱的一个非常重要的原因。当李林甫死了之后，杨国忠又盯上了另外一个人。这个人就是平卢、范阳、河东三镇节度使，同时也是杨玉环那个比自己还要大的干儿子——安禄山。杨国忠觉得，只要安禄山存在，对于自己来说，就是一个很大的威胁，他随时可以取代自己，因此，一定要将他除掉才能确保自己的安全。然而，他却忽略了一个很重要的问题，那就是安禄山的手中有着重兵，同时，也是唐玄宗相当宠信的臣子。他想要将安禄山除掉，基本上是不可能实现的。

杨国忠不是不知道这一点，而是他看得越清楚，就觉得安禄山更加可恨，想要将他除去的愿望就变得更大强烈了。不过，在唐玄宗的眼中，杨国忠负责处理朝政，安禄山负责保卫边疆。有了这两个人，他就可以高枕无忧地与杨玉环一起享乐了。杨国忠的官位已经做得最大了，为了更好地安抚安禄山，唐玄宗再一次召安禄山进宫，与杨玉环一起将很多金银财帛赏赐给了他，与此同时，还为他修建了一个非常大而且十分豪华的宅子。当初，杨贵妃收安禄山为子的时候，主要是因为觉得很有趣，很好玩，但是时间长了，她对安禄山却真的生出了几分亲切的感觉，在唐玄宗赏赐给安禄山不少财物之后，自己又单独将很多东西赏赐给了他，让安禄山非常感激。因此，唐玄宗认为，在这样的待遇之下，这位胡将就会更加忠诚地为朝廷办事，这样一来，朝廷的统治也会变得更加稳固了。杨贵妃也为自己有这么一个有本事的干儿子感到很有面子，心中的虚荣心也不禁又膨胀了许多。

然而，他们大错特错了，朝廷在大奸臣李林甫和杨国忠破坏之下，已经变得日渐衰败了，国力慢慢地衰弱，正是一个造反的好时机。安禄山的手中拥有重兵，而且其野心也是相当大的，遇到这么好的机会，他自然不可能白白地放弃，因此，他竭尽所能地对唐玄宗和杨玉环进行讨

好，从而更好地麻痹他们。与此同时，他却在暗地里悄悄地为起兵反叛做着准备工作。由此可见看出，尽管杨国忠在朝廷中能够呼风唤雨，但是与安禄山相比，他只不过是一个不起眼的小角色。于是，一场巨大的灾祸就这样降临了。这就是典型的养虎为患。然而，非常可笑的是，唐玄宗自认为天下是太平的，却不知道自己的生命已经危在旦夕了！

终尝恶果　一命呜呼

天宝十四年，也就是公元 755 年十一月初九，安禄山正式拉开了率兵反叛的序幕。他在范阳起兵，率领十五万兵马，浩浩荡荡地奔着长安城来了。"为清朝廷奸佞，诛杨国忠"就是他所打出的反叛的理由。当这个消息传到朝廷的时候，起初，玄宗还以为是消息有误，但是随着战报不停地传来，唐玄宗才终于明白自己犯了一个相当大的错误，数年来居然都在养虎为患。安禄山的部队只不过用了短短一个月的时间，就已经打到了洛阳，直接逼近长安城。玄宗又惊慌又害怕，因为他这么多年以来，他的心思都在杨玉环一个人的身上，朝政早已经荒废了，这个时候面临这样一种危难的境地，他不由地感觉有点儿手足无措。当他得知洛阳失守的消息的时候，他才终于知道现在的局势早已不允许他再害怕、慌张了。于是，他慢慢地冷静下来，马上起用了曾经在战场之上数次立下战功的哥舒翰在潼关进行镇守，从而解除朝廷的燃眉之急。于是，哥舒翰率领二十万大军，在潼关镇守。安禄山得知这件事情之后，也不敢再轻易妄动，于是将进攻的步伐放慢了。

天宝十五年，也就是公元 756 年，安禄山在洛阳城内登基称帝，自己号称是大燕国的皇帝，打算与大唐王朝进行分庭抗礼。唐玄宗得知这个消息之后震怒，甚至想要御驾亲征。但是，杨国忠担心如果玄宗走了，太子李亨就会监国；而如果太子李亨监国，那么，杨家满门一定会遭遇大祸，于是，就让杨玉环不管用什么办法都要将唐玄宗留住。在杨玉环的干预之下，唐玄宗才没有亲自率军出征。

但是，在不久之后却出现了相当好的一个转机，郭子仪和李光弼突然率领兵将从后方对安禄山的部队发起进攻，而哥舒翰也打了一个大胜仗。这个消息传来之后，所有人的心都受到了极大的鼓舞。面对这样对朝廷有利的局势，唐玄宗想要一鼓作气彻底地击败叛军，就命令哥舒翰出关与叛军进行决战。

潼关是长安的屏障，哥舒翰很清楚目前叛军的气势正处于旺盛时期，尽管唐朝的军队也取得了一些胜利，但是，毕竟过了太长时间的太平盛世，部队的战斗力已经大大降低了，因此，他想要据险而守，等到时机成熟的时候，再与叛军决一死战。但是唐玄宗却等不了，他连续好几次命令哥舒翰出城作战。在万般无奈之下，哥舒翰不得不仓促地出战，但是，在进兵的途中，遇到了叛军的埋伏，哥舒翰在战斗的过程中不幸被俘虏。就这样，潼关彻底地失陷了，整个朝廷直接面临着分崩离析的危险。

在不得已的情况下，唐玄宗只好带着杨玉环、杨国忠、皇子皇妃以及一大群心腹大臣逃跑了。杨玉环已经感觉到尽管这是安禄山预谋已久的一个阴谋，但是这场灾难还是与自己有着很大的关系的，因此，她的心绪一直不宁，总是感觉会有什么事情将要发生在自己的身上了。

太子李亨对于当时的局势进行了非常认真地研究，与此同时，龙武将军陈玄礼也派人来与他进行商量，声称国家所遭遇的这场巨大的灾难，都是因为杨国忠引来的。如果不将这个人除去，大唐王朝必定会灭亡的。多年以来，太子李亨一直对杨玉环心存不满，对于杨国忠更是非常厌恶。他觉得，这两个人就是导致大唐王朝出现危难的根源，一定要将其除掉，才能够确保大唐王朝的江山太平。因此，一场变故正在慢慢地靠近唐玄宗和杨贵妃，而他们两个人还什么都不知道。杨国忠确实是引发这场祸乱的原因之一，但是太子李亨却把目标定在并没有什么明显过错的杨玉环的身上，这里面有没有他自己的想法呢？这就不得而知了。

当唐玄宗等人逃到马嵬驿的时候，已经接近黄昏时分了，唐玄宗与

大多数的官员正在吃着晚饭。陈玄礼悄悄地命令一群吐蕃人突然将杨国忠拦住，让他给拨发粮食。陈玄礼趁着这个机会率领很多人冲了上去，把杨国忠团团围住，并且斥责他与胡人串通起来造反。

杨国忠听了大惊失色，知道这其中肯定有什么阴谋，立刻转身想要逃走，但是，那怎么来得及呢？杨国忠还没有跑出几步远就被众人用大刀给砍死了。

接着，陈玄礼又率领兵将把驿馆给团团围住了，说要让唐玄宗将妖姬杨玉环交出来。玄宗得知杨国忠已经被诛杀的消息之后，非常震惊，正在茫然不知所措的时候，又听到了陈玄礼在外面大喊："请皇上将杨贵妃交出来，以便保全大唐的社稷。"这就好像是天上的惊雷炸响，唐玄宗完全晕了！他根本就没有想到，在顷刻之间，局势就发生这样大的改变！他稍稍地镇定了一下，知道如今的形势已经变得相当紧迫了，他知道太子李亨肯定参加了这场变故。这个时候，如果不听从陈玄礼的话，自己也极有可能大祸临头，保不住性命。即使是杨玉环的心腹高力士也觉得大势已经去了，如果杨玉环不死，那么陈玄礼肯定不会放过他们的。于是，高力士就开始劝说唐玄宗将杨玉环交出去。这些年以来，唐玄宗都当杨玉环为自己的魂魄一样陪伴着自己。试想一下，如果让一个人失去魂魄应该是多么痛苦啊？

唐玄宗不管怎么样，都没有办法同意这件事情。他万分绝望地闭着眼睛，不知道该怎么办才好。杨玉环非常清楚不管唐玄宗会不会将自己交出去，自己的性命都不会保全了，而且唐玄宗这样舍不得自己去死，心中非常感动。所以，她下定决心，用自己的生命来换回唐玄宗的生命。于是，她让高力士传令下去，告诉外面的兵将她将会以死殉国，从而还大唐一片太平。她跪在地上向唐玄宗辞行，唐玄宗的头脑中已经一片茫然，不知道在想些什么，或者说已经完全没有了任何的反应。当高力士把杨玉环已经被处死的消息公布的时候，外面的兵将们都高呼着："皇上英明，皇上万岁……"

杨玉环富贵半生，已经十分满足了。虽然她眼中含着泪花，对于她拥有的所有东西很舍不得，但是她也笑了，因为她觉得自己的一生并没有虚度，自己所有的愿望都实现了。于是在马嵬驿站，杨玉环就在佛堂前的梨树上告别了这个她无限留恋的世界，终年只有38岁。杨玉环虽然已经死了，但是她的名字与故事却被后人津津乐道，永远地流传了下来。

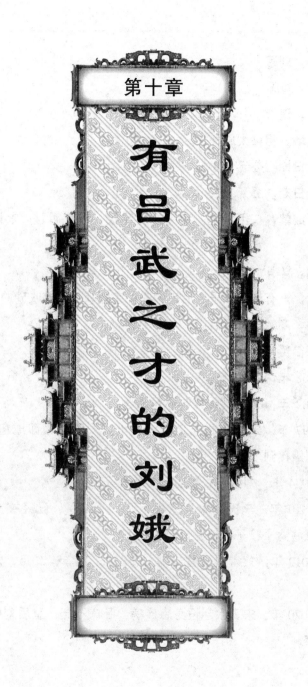

第十章

有吕武之才的刘娥

☆姓名：刘娥

☆别名：刘氏

☆民族：汉族

☆出生地：祖籍太原

☆出生日期：公元 968 年

☆逝世日期：公元 1033 年

☆主要成就：任用名臣；和平过渡政权；培育明君；宋第一位摄政皇太后

☆配偶：赵恒

☆子女：没有亲生孩子，后来的宋仁宗赵祯是刘娥收养的儿子

☆谥号：章献明肃皇后

☆生平简历：

公元 968 年，刘娥出生在太原。

公元 982 年，15 岁的刘娥与赵恒相遇。

公元 997 年，宋太宗赵光义因疾去世，太子赵恒即成皇位。随后，将心爱的刘娥接到了宫中。

公元 1004 年，刘娥正式被册封为"美人"。

公元 1010 年，李氏为宋真宗生下了一个儿子，已经被晋封为'修仪'的刘娥将这个孩子寄养在自己的名下。

公元 1012 年，刘娥被被晋封为"德妃"。同年十二月，刘娥被册封为皇后。

公元 1020 年，宋真宗赵恒身患疾病，卧床不起，皇后刘娥替其处理日常的政事。

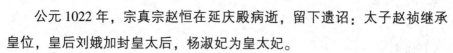

公元 1022 年，宗真宗赵恒在延庆殿病逝，留下遗诏：太子赵祯继承皇位，皇后刘娥加封皇太后，杨淑妃为皇太妃。

公元 1033 年，刘娥身穿天子的衮冕祭祀太庙，在太庙文德殿接受了百官给自己上的尊号："应天齐圣显功崇德慈仁保寿皇太后"。一个多月后，刘娥病死在保慈殿。

人物简评

自古以来，老百姓最感兴趣的都是深宫秘事。在宋代的深宫秘事中，"狸猫换太子"是最广为人知的。话说德妃刘娥与李晨妃同时怀孕，李晨妃先于刘德妃生下皇子，刘德妃因为嫉妒，就用一只剥皮狸猫替换了皇长子，宋真宗认为李宸妃生下怪物，就对她进行惩罚，而把刘德妃后来生下的儿子立为皇储。另一种说法是，李宸妃生下了一个皇子，但刘德妃却不幸流产了，她在万分嫉妒之下，就用狸猫换了李宸妃的儿子并占为己有，最后的结果是：李宸妃在被迫的情况下流浪民间，直到包拯横空出世，才将这件后宫秘史揭开。于是，刘娥被活活地吓死了。包拯也因为帮助宋仁宗将亲生母亲找了回来而被提升为龙图阁大学士。

实际上，真实的历史与这个传说故事相差实在太远了。尽管当事人依旧是宋真宗、刘娥和李宸妃，但是这与包拯根本没有半点关系，因为包拯中进士之后，由于父母年事已高一直没有离开家乡，直到刘娥去世之后的第四年，守完孝的包拯才出仕为官的。而且，历史上真实的刘娥并没有传说中的那么坏，而且她还是一个很有才有德的人，为大宋王朝的生存与发展作出很大的贡献，史书称其"有吕武之才，无吕武之恶"。

生平故事

初识刘恒暗相会

刘娥的祖父刘延庆曾经担任右骁卫大将军之职。随着历史车轮不断地向前发展，赵匡胤建立大宋王朝。这个时候，祖父刘延庆去世了，父亲刘通则做了禁军军官，并且后来因为军功被提升为虎捷都指挥使，领嘉州刺史。

嘉州是现在的四川乐山，大概也是在此时，刘家迁移到了四川，成为了成都华阳人。传说，刘通的妻子庞氏突然做了一个梦，在梦中，她看到一轮明月进入了她的怀抱，不久之后，就发现自己怀孕了，足月之后就生下了二女儿刘娥。但是，伴随着梦月出生的刘娥的命运似乎并不算好，刚出生没有多长时间，父亲刘通就奉命出征，没有想到的是，这一去就再也没有回来，刘通在战争中阵亡了。刘通死了之后，家道也随之中落了，庞氏不得不带着还在襁褓中的小女儿投奔了娘家。按照常理来说，作为刺史夫人的庞氏肯定会带些财产回娘家，但是不知道是什么原因，反正刘娥在外祖父家的日子并不好过。虽然刘娥也读书识字，但是却过得与贫穷的百姓没什么两样。不过，她却学会了一个谋生的技艺——击鼗。这种小鼓属于一种乐器，如今好像早已失传了。

对于刘娥这个寄居的外孙女，庞家也只是管饱饭。刘娥才长到十三四岁，庞家就迫不及待地将她嫁给了青年银匠龚美。龚美想要外出谋生，于是就带着新婚妻子刘娥来到了京城开封。没过多久，龚美就在这里交了很多朋友，其中有个朋友名叫张耆。张耆在襄王府中谋生，也就是百姓们常说的"豪仆"一类人物，所以，龚美在与他交往的时候格外用心，两个人的关系非常好。

襄王就是后来的宋真宗赵恒，这个时候，他的名字还是叫作赵元侃，还没有被册封为太子。不过，这里就出现了一个问题，赵恒与刘娥是同一年出生的，具体时间为公元 968 年，但是，倘若按照宋朝历史的记载，刘娥与赵恒第一次相会是在 15 岁的时候，她根本就不可能进"襄王府"，因为赵恒被册封为襄王的具体时间是端拱元年，也就是公元 988 年，那个时候，刘恒已经 20 岁了。而在这之前，刘恒也是 17 岁才册封为"韩王"的。所以，刘娥与刘恒 15 岁初次相会的事情有待考察。不过，有一点却是可以肯定的，即在刘恒所有的妻妾中，刘娥来到刘恒身边的时间是最早的。

当时，刘恒还没有婚配，不知道听谁说蜀地女子都是才貌双全的，就命随从暗中打探，为自己物色一名蜀姬。而这个时候的刘娥，既然作为银匠的妻子，为了维持生计，不得不抛头露面，依靠击馨赚钱，所以对于她的美貌，很多人都是知道的。所以，赵恒的随从很快就打听到了刘娥。于是，刘恒王府贴出了选姬的告示。龚美得知王府选姬的消息之后，自然不想放弃这个机会，为了能够让刘娥顺利地进入王府，就说自己只是刘娥的表哥。就这样，刘娥在这一年来到了赵恒的身边。

刘娥不仅天生俊美，而且十分聪明，与刘恒年龄与相貌都十分匹配。所以，很快，两个人就相爱了，就变得如胶似漆了。正在这对年轻的男女痴情相恋的时候，赵恒的乳母秦国夫人却站出来坚决地反对。因为虽然刘娥在赵恒眼中是完美无缺的美人，但是在秦国夫人看来，她就只是一个出身低贱、来历不明的野丫头，根本不配做赵恒的宠姬。但是，令秦国夫人没有想到的是，一向对她千依百顺的小王爷，这一次却一反常态，根本不听她的话。于是，忍无可忍的秦国夫人就到皇帝那里去告状。

宋太宗得知儿子小小年纪就"溺于女色"，非常生气，立即召来赵恒，狠狠地将他训斥了一顿，命令他马上将刘娥从王府中赶出去。没有过多久，17岁的赵恒被册封为"韩王"，遵从父亲的吩咐，迎娶了忠武军节度潘美的八女儿为妻。年仅16岁的潘氏被册封为莒国夫人。刘娥被逐出王府，赵恒迎娶了一位出身名门的嫡妻。秦国夫人看到这样的结局非常高兴。但是，令她与宋太宗意想不到的是，刘娥并没有因此离开赵恒。也许是长辈们越反对，两人的爱情燃烧得越长久。在父亲的逼迫下，赵恒不得已将心爱的刘娥送出王府，但是他不甘心就这样放弃刘娥，而是偷偷地把她藏在了王宫指挥使——张耆的家中。在以后的日子中，赵恒的王爵逐渐地升迁，所承担的责任也越来越多了，但是，只有一有机会，他就想尽一切办法来张耆家中，与刘娥聚一聚。

刘娥与赵恒就这样偷偷摸摸地过着自己的小日子，而且一过就是十五年。在常人眼中，这种日子应当是备受折磨的，然而，这样的相处方式，反而使两个人之间的感情变得更加深厚了，也许这就是"距离产生美"吧。

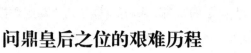

问鼎皇后之位的艰难历程

宋太宗至道三年，也就是公元997年，59岁的宋太宗赵光义因为疾病去世了，留下遗诏，让已经做了两年太子的赵恒继承王位。在一系列的变化中，赵恒登上了皇帝之位，历史上称为宋真宗。身居权力巅峰的赵恒终于能够如愿以偿将心爱的女子——刘娥接到自己身边了。不过，宋真宗并非一个迷恋儿女情长的糊涂皇帝。总的来说，他可以算是一个重情重义的男人。这个时候，他已经30岁了，非常清楚自己应当尽的责任与义务。想当初，赵恒与刘娥在被迫无奈的情况下分居两地，然后遵从父母的命令迎娶了潘氏为妻。作为韩王妃的潘氏被册封为莒国夫人。很可惜，潘氏命不太好，结婚仅仅六年就去世了。潘氏死了两年之后，太宗又为已经身居襄王之位的赵恒赵王选了宣徽南院使郭守文的二女儿作为续弦妻子。这一年，郭氏被册封为鲁国夫人，后又晋升为秦国夫人。尽管潘氏与郭氏都是父母给赵恒选择的妻子，但她们都尽力做好妻子的职责，而常言说得好，日久生情，多情的赵恒也逐渐喜欢上了她们。赵恒登基为帝两个月后，他册封继室郭氏为皇后，一个月之后，又追封已经死去八年的潘氏为"庄怀皇后"。

当然了，对于守候了自己15年的蜀姬刘娥，赵恒也是不会忘记的。很快，赵恒就接刘娥进了宫，准备册封她为"美人"。多年的夙愿终于实现了，刘娥与赵恒告别了两地分居的日子，名正言顺地走到了一起。更令刘娥感到欣慰的，虽然皇帝后宫有无数的美女，但是赵恒对她的情义没有半分改变，给刘娥的待遇仅仅次于皇后。

这个时候的刘娥已步入中年。住在张府的时候，因为与赵恒聚少离多，所以为了排解内心的孤寂，刘娥博览群书、研习书画棋乐，因此，如今走进皇宫的"刘美人"早已经是知识渊博的才女。

入宫之后，刘娥看到其他宫妃都有自己的父母兄弟，而自己却只是孤身一人，心中很难受，于是，她请求真宗，让"表兄"龚美更改姓名为"刘美",当自己的哥哥。其实,早在刘娥与赵恒刚相遇的时候,龚美便就与"表妹"一起进了王府,并且逐渐成为了赵恒的心腹。所以,当刘娥提出这样的请求后,真宗毫不犹豫地答应了。于是,当年地位卑微的小银匠龚美,摇身一变也成了让人羡慕的朝廷命官。

景德元年,也就是公元1004年的正月,刘娥正式被册封为"美人"。同一天,真宗册封另一位出于藩邸的姬妾——杨氏为"才人"。但是,在这段时间内,真宗过得很不开心。因为就在头一年,郭皇后与赵恒生的儿子赵祐不幸夭折了。令真宗更为难过的是:赵祐死了半月之后,另外一名小皇子也死了。后宫妃子先后为真宗生下了五个儿子,但是竟然没有一个能够活过十岁的。宋真宗将近四旬,儿子的接连夭折让其突然之间感觉万分悲凉。为了自我安慰,也为了以防万一,宋真宗不得不从宗室幼童中挑选优秀者养在自己的身边。

虽然至今没有儿女,但是宋真宗还是熬住了,但是作为母亲的郭皇后却难以承受。她嫁给宋真宗十多年,前后生了三个儿子,都相继夭折了。面对这样的打击,郭皇后过度悲伤,身体一天不如一天。景德四年正月,赵恒率领后宫嫔妃宗室前去西京朝陵。他不仅祭扫了祖父母、伯父母、父母以及早亡的第一任妻子——潘氏,而且还祭扫了堂兄弟以及儿子们。但是,这次的祭扫活动却再次触动了郭皇后的哀思。回到开封后没多久,郭皇后就病倒了,最后在四月十六日去世,享年仅仅只有31岁,谥庄穆。

面对品行端庄、贤德淑良的郭皇后早逝,赵恒在很长时间都闷闷不乐,直到秋天依旧没有心思享受宴乐。宋真宗还没有摆脱丧妻丧子的痛苦,朝廷上也不平静了。宰相王旦当面对宋真宗进行指责,说他治理之下的王朝并非"圣朝承平";王钦若竟然说真宗亲自征讨的"澶渊之盟"只不过是被寇准利用了罢了,结果,真宗与寇准之间果然像王钦若盼望的那样产生了嫌隙,而且这也让宋真宗颜面尽失。在这样的处境下,宋真宗急着做些什么以便证明自己的能力,于是,王钦若抓住这个机会,引导真宗把祥兆瑞梦之说当了真,开始沉浸在自己幻想出来的"天书"、

"神梦"。而且还将年号都改为了"大中祥符"。上行下效，在几年之中，全国上下一起塑造"天书奇谈"，瑞芝仙草这类事件更是像潮水一样汹涌而来。

"天书奇谈"之说发展到后来让一代名相寇准也被迫妥协了。寇准被贬出京师后，就与地方官一起创造出了一起天书祥瑞，因而再次被任命为宰相。"天书奇谈"把整个国家搞得乌烟瘴气，直到十几年后才告一段落。不过，宋真宗如此沉迷于"大中祥符"与"天书祥瑞"不是没有任何原因的，除了能帮他重新找回"圣明"信心之外，后宫也传来了一个天大的好消息，那就是又有一位皇子诞生了。宋真宗终于再一次有了自己的亲生儿子，不用以宗室的儿子来继承大统了。这位皇子就是宋真宗最后的一个儿子，即后来的宗仁宗赵祯。他的亲生母亲是刘娥的侍女李氏，但是却在刚出生时就认刘娥作为自己的母亲。

李侍女出生卑微，性情沉静，入宫后就成为了刘娥的侍女，偶尔也会为真宗侍寝。有一天，李侍女做了一个梦，在梦中，有一个仙人从天而降，还说是来给她当儿子的。梦醒之后，她将这个梦告诉了真宗与刘娥。两个人都非常高兴。不过，刘娥这么高兴还是有原因的，因为多年以来真宗始终对她一往情深，在郭皇后死后，真宗就想立她为后。但是，由于她出身卑微，而且没有子女，所以众大臣坚决发对，强烈要求真宗册立宰相沈伦的孙女沈氏为皇后。真宗怎么可能乐意呢？但真宗也知道以刘娥的背景，再加上没有儿子，想要让她做皇后可不是一件容易的事情。所以，真宗干脆就闭口不再谈立后的事情。

现在，刘娥的贴身侍女竟然做了一个这么吉祥的梦，于是，一个'借腹生子'的妙计横空出炉了。没多久，李侍女果真怀孕了。真宗得知这个消息之后非常高兴，在空闲游赏的时候，总是会将李氏带在身边。有一天，李氏与真宗一起登台远眺之时，李氏头上的一枝玉钗掉了下来，李氏心中很不高兴，而真宗却在心中暗暗地祈祷，如果玉钗掉到地上没有一点儿损伤的话，这一胎就是一个男孩。等侍从将钗呈上的时候，真宗发现玉钗真的完好无损，心中不免极其兴奋与喜悦。

大中祥符二年，也就是公元 1010 年四月十四日，李氏真的为宋真宗生下了一个儿子。孩子刚刚落地，李氏作为母亲的权利与义务也就结束了。因为宋真宗很早就对外宣称刘娥怀孕了，并且早在孩子出生之前就晋封刘娥为"修仪"了，同时晋封杨氏为婕妤。如今，这个刚刚出生的小男孩也就很自然地成为了刘修仪的儿子。不过，对于这个儿子的抚养工作，刘娥并没有亲自负责，而是将她交给了杨婕妤进行照顾。为什么刘娥敢把这个得之不易的儿子交给杨婕妤抚养呢？难道不怕她暗中使坏？原来，这位杨婕妤是刘娥老乡，比刘娥小 16 岁。因为她聪明机智，而且又宽容豁达，所以刘娥待她就像亲姐妹一样。宋真宗很爱刘娥，所以爱屋及乌，对这位与刘娥十分要好的妃子也很有好感，所以，只要晋封刘娥，也就不会忘了杨氏的那一份。他们夫妻三人之间，可以说是没有一丝一毫的芥蒂，相互之间都非常信任。在养育孩子方面的精力，年过四十的刘娥自然比不上二十出头的杨氏，所以她毫无顾虑地让杨氏帮她抚养这个孩子。

如此一来，赵祯就成为真宗与刘娥、杨氏的孩子，而他的亲生母亲李氏在整个过程中仅仅是一个"代孕"之人而已。最后，李氏仅仅得了一个封号——"崇阳县君"。不过，这与历史上类似事件相比，真宗与刘娥已经做得很好了。也许对与李氏有点儿愧疚，在此之后，真宗依旧让李氏频频侍寝，而刘娥也没有反对。不久之后，李氏又为真宗生了一个女孩，被晋封为才人，从此正式跨入了妃嫔的行列。然而，非常不幸的是，这位小公主也在很小的时候就夭折了。面对女儿的夭折，李氏再次认为自己"命薄"，没有做"皇子皇女"母亲的福气，最后，她选择了沉默。对于不能与自己的亲生儿子相认这件事情，李氏一生也没有任何不满，也从未做过或是想要做与儿子相认的举动。

面对儿女频频夭折，宋真宗认为自己与众多嫔妃，好像都没有做父母的"好命"。所以，当后宫随后又生下一个公主后，他马上把这个孩子送进了道观，让其出家为女道士。结果，这位公主真的顺顺利利地长大了，这仿佛再次证明后宫嫔妃确实没有福气做母亲。于是，宗真宗在位

的时候，一直没有晋封这位小皇女为公主，直到赵祯做了皇帝之后，她才被晋封为"卫国长公主"，号清虚灵照大师。

在这种情况下，养在刘娥名下的赵祯就成为了宋真宗的唯一的孩子。既然刘娥是他名义上的母亲，所以，宋真宗就开始计划着将刘娥推上皇后之位。况且刘娥精通书史，懂得朝政大事，早已经成为宋真宗名副其实的贤内助。但是，宋朝的大臣似乎与其他朝代不同，敢于在皇帝面前说"不"。虽然他们还不敢明着说后宫的隐私，但是他们心中都是有数的，特别是品阶较高的官员，基本上都知道刘德妃是如何"生"出太子的。所以，宋真宗也不得不想方设法地对他们进行迁就。在赵祯出生之后的几年中，每次宋真宗想要"立之"，刘娥就一定会"固辞"，从而平息朝廷众位大臣的汹汹议论。这场拉锯战打了很长时间，终于，宋真宗再也忍耐不住了。大中祥符五年，也就是公元 1012 年十一月，刘娥正式被晋封为"德妃"。宋真宗开始为立刘娥为皇后做最后的准备工作。就在这个十分关键的时刻，宰相王旦突然声称自己"生病"了，拒绝上朝。刘娥十分了解大臣们这么做的真正含义，于是，她再一次表示自己心甘情愿地不坐皇后之位。

但是，宋真宗却不想将这件事情再拖下去了。为了避免老宰相与其他高阶官员翻脸，他决定先给宗室与内外官员进行加官进爵。于是，王旦、向敏中、楚王、相王以及舒王等人都得到了相应的加封。不过，真宗依旧感到有些心虚，所以，封后礼仪一切从简。既不让地方官员进宫朝贺，也没有正式的封后仪式，即便是封后诏书也不与朝廷大臣公开议论，仅仅下令把封后诏书传到中书省，自己家中宣布一下即可。即使这样，众位朝廷大臣依旧不甘心。当宋真宗让翰林学士书写封后诏书的时候，被选中的杨亿居然当面拒绝了。宋真宗也没有过多计较，而是找别人代劳了。

在一阵慌乱的忙碌之后，十二月丁亥，刘娥终于坐上了至高无上的皇后的宝座。这一年，她已经 44 岁。刘娥与赵恒从 15 岁相遇，经过这么多年的坚持，终于修成了"正果"。

丈夫去世　临朝听政

刘娥登上皇后之位后，成为了宋真宗的名正言顺的贤内助。她不仅博古通今，才华出众，而且有着极强的记忆力，朝政事务与大臣们之间的关系，她只需要听一遍就能够记清楚。在后宫事务方面，她也努力地做好表率，除了大型典礼外，她的衣着打扮与普通的嫔妃都一样。在对宫中的家务事进行处理的时候，她也严格地遵循以前定规而不敢有一丝一毫的逾越。因此，宫中的嫔妃婢女都对她心悦诚服。刘娥能够做到这种程度，也难怪赵恒会不顾一切坚持立她为皇后了。

宋真宗每天在退朝后都要批阅奏章到很晚，刘娥总是在他身边陪伴，还时不时地与赵恒就某件事情进行讨论，并且给出自己的意见与建议。每次宋真宗外出巡幸的时候，也总是会把刘娥带在身边。经过三十多年的风雨同行之后，宋真宗与刘娥已经从"少年夫妻"转变成了"老来伴'。但是，不管怎么说，以宰相李迪与寇准为首的众位大臣对赵恒坚持立出身卑贱的刘娥为皇后的事情非常不甘心，特别是宋真宗还允许刘娥参与政事，这让他们感到更为反感。刘娥当然也明白高处不胜寒的道理，为了使自己的地位得以巩固，她就开始笼络大臣，创建属于自己的势力。被刘娥笼络的人以钱惟演与丁谓为首：钱惟演的妹妹嫁给了赵美为妻，而丁谓则与钱惟演是姻亲的关系。就这样，两大派势力似乎一定会在某一天一较高低。

天禧四年，也就是公元1020年二月，赵恒身患疾病，卧床不起，不能处理日常的政事，所以，上呈给皇帝政务事实上都交给了皇后刘娥进行处理。一时之间，丁谓这一派的势力大涨。同年六月，朝廷中出了一件大事。这件事情还得从寇准说起。毫无疑问，寇准在中国历史上算是比较正派的宰相，而且也非常有才。但是，自从当年被贬相，后来又重新恢复宰相之位后，他就开始渴望更多的权力，于是，便开始大力培养自己亲信朋党。不过，常言说得好，恃才者多半傲物，寇准也不例外。

寇准仗着自己的才能，表现得很高傲，动不动就对别人显示出鄙视的意思，而且还经常为了一时之快得罪不少人。所以，原本朝中有些想依附他的人，也转投到了丁谓一方。

后来，寇准由于处治刘氏在四川的宗族而与刘娥结下了梁子，于是，两者之间水火不容。寇准心中很清楚刘娥成为实际的掌权者，那么对于身为宰相的他意味着什么。于是，他更加用心地对真宗的近侍宦官进行笼络。真宗生病的时间不短了，心中很担心自己将要离开人世，偶然间曾有过让皇太子监国的想法。而他就此与自己的亲信太监周怀政说过一次。而周怀政是"寇准派"的人，于是，他马上将此消息告诉了寇准。寇准听后十分高兴，因为太子只有 10 岁，若太子监国，那以寇准为首的众大臣就能将丁谓一派顺利除掉，而且还能让自己充分施展政治抱负。于是，寇准就打算走一步险棋。他马上趁机向宋真宗请求允许太子监国，并且将丁谓的职务罢免。而宋真宗对此也没有反对。所以寇准一回到家中，就马上将翰林学士杨亿找来，让他起草一份让太子监国的诏书，并且做出承诺：只要能够成功罢免丁谓的职务，就让杨亿代替丁谓的职务。杨亿听后非常高兴，于是就关起门来拟诏。而寇准眼看着事情即将成功，心中非常好，就多喝了几杯酒。由于太兴奋了，居然当众将自己的计划说了出来。他的这番酒后真言很快就传到了丁谓那里。

丁谓知道这个消息之后，非常吃惊，马上采取行动，开始诋毁寇准，并且请求宋真宗将寇准撤职查办。而生病的宋真宗记性非常不好，根本不记得自己曾对寇准说的话了，对于丁谓的请求立即同意了。没想到，仅仅几杯酒，就将寇准的锦绣前程给断送了。寇准的宰相之位被罢黜了，李迪成为了新的宰相。

周怀政眼看着事情不妙，担心自己会被追究责任，竟然想出一个很大胆的主意——将皇后刘娥废掉，尊宋真宗为太上皇，逼他将皇位让给太子赵祯，恢复寇准的宰相之位。但是，周怀政没找对合作伙伴，不仅计划没成功，反而被杨崇勋、杨怀吉向丁谓告发了。丁谓马上连夜与其党羽进行联系，第二天就进宫告诉了真宗。与此同时，丁谓还揭发当年寇准和朱能伪造"天书"的事情。真宗非常生气，想要立即将寇准斩首。多亏了李迪从中帮着周旋，最后才保住了性命，被贬为相州知州。但是，丁谓又擅自改动了旨意，寇准在一个月后就成为了道州司马。

有一天，宋真宗在会见辅臣时突然发怒，说："皇后刘娥现在太不像话了，昨天唤走了所有的嫔妃，将我一个人扔在寝宫中。"作为首辅大臣的李迪原本就对刘娥没有什么好感，听到真宗这样说，就开口道："皇后竟然敢这样张狂，皇上应当用国法惩罚她。"正在李迪就如何对刘娥进行惩罚的事情向真宗建议到正带劲的时候，真宗突然清醒了，越听李迪的话越觉得不对劲，出声问道："为什么要对皇后进行惩罚？"众位大臣听了之后不知道怎么回事，就把事情的起因又说了一遍。真宗感到很迷惑："我真的说过那样的话吗？根本就没有！"李迪惊呆了自然不用多用，而从此之后，刘娥就与李迪结下了大仇。没有过多久，李迪的宰相之职就被罢黜了。

这个时候，宋真宗的病已经变得非常严重，感觉是时候作出一些安排了，就将文武大臣召到承明殿中，宣布：从此之后，由太子赵祯在资善堂听政，皇后刘娥在旁边辅助。这实际上就是给了刘娥决定天下事情的权力。所以，满朝的文武大臣都对这个决定感到担心，因为他们几乎都清楚太子不是刘娥的亲生儿子。副宰相王曾就借助钱惟演之口向刘娥谏言："太子的年龄还非常小，如果皇后不相助，那么就不能够成长立足；而皇后倘若不倚仗太子的名义，那么，肯定不能得到人心。假如这个时候，皇后格外加恩于太子，太子才能得以平安；只有太子平安了，皇后与刘氏一族才能够获得平安。"对于王曾提出的这个劝告，刘娥表示赞同。于是，她与杨淑妃一同克尽母亲的职责，无微不至地关心太子赵祯，将其看作是自己的亲生骨肉，就连平时的饮食也一定要亲自过问。母子之情溢于言表，这让那些想要离间刘娥与赵祯之间关系的人不敢轻举妄动。

乾兴元年，也就是公元 1022 年二月甲寅，宋真宗赵恒在延庆殿病逝，享年 54 岁，并留下遗诏：太子赵祯继承皇位，皇后刘娥加封皇太后，杨淑妃为皇太妃。这个时候，小皇帝赵祯仅仅只有 11 岁，所以，朝政大事实际上都是刘娥处理的。

正式成为大宋的统治者

在宋朝的历史上，太后临朝可是头一次，因此，大臣们当务之急就是如何安排。王曾建议以东汉制度作为参考，太后坐在左边，幼帝坐在右边，每隔五日到承明殿中进行一次垂帘听政。然而，丁谓妄想专权，所以，他提前通过宦官雷允恭得到太后刘娥的同意，下了一道懿旨："每个月的初一和十五，皇上上朝议事；遇到大事时，由太后将宰相们召集起来，当面商量对策；日常军政都由雷允恭负责转奏刘娥，然后由太后进行处理。"对于如此安排，王曾很担心，但却没有任何办法。从此之后，丁谓都会通过雷允恭在刘娥看到奏章前事先看一遍，如果他看着顺眼，才会送到刘娥的面前。面对同僚的时候，丁谓动不动就拿"太后"压人，而面对太后的时候，他就会拿"群臣公议"进行胁迫。

丁谓自认为已经将朝政大权控制在自己的手中，就开始慢慢地得意忘形，首先，他一而再地给自己加官晋爵，然后就想着借助刘娥的手除掉死敌李迪与寇准。比较幸运的是，这些人都识破了丁谓的诡计，才得以保全性命。但是，刘娥聪明超出了丁谓的预料，很快就察觉到了丁谓的不良企图，而且决定在其根基还不深之前将其除掉。

当初，刘娥的皇后之位不稳定，需要培养自己的势力，所以才容忍了丁谓等人的不法行为。而现在真宗已经传下遗诏，众位大臣对于太后听政已经认可，但丁谓与雷允恭等人还想专权，这就相当于自寻死路了。况且，这个时候，丁谓早已经声名狼藉，刘娥根本不愿意由于他的缘故而使自己的名声受到影响。没多久，雷允恭在为真宗陵寝监工的时候，没有经过刘娥同意就擅自移动地穴，而所移的方位居然是一个泉眼，在风水学中，这属于"绝地"。刘娥知道之后，非常生气，马上把雷允恭送进了大牢，并且准备严查这件事情。王曾想要趁此机会将丁谓一起除掉，就向刘娥告发丁谓有意庇护雷允恭，因为擅自移动皇陵就是丁谓所出的主意。他包藏祸心，图谋不轨。其实，刘娥知道在这件事情上，丁谓与雷允恭并没有什么大的过错，也明白王曾的用心。但是，王曾这样做正好是刘娥想要的，所以，她就将计就计，对于王曾所说的深信不疑。

丁谓得知这个消息之后，非常害怕，急急忙忙地跑到帘子前面为自己进行辩白，当他口若悬河、指天发誓，说得正带劲的时候，一个内侍却将帘子卷了起来，问道："您在与谁说话呢？皇太后早已经走了。"这属于政治事件，而不是刑事事件，皇太后刘娥在事情发生之前就已经选择好了，现在根本不可能愿意再听什么呈堂证供之类的东西。于是。那一年六月雷允恭被斩杀，丁谓的官职被罢免。这个时候，距离他计划将寇准与李迪杀死，但是却没有成功的时间还不足半年的时间。丁谓被贬离开京师之后，刘娥接受了王曾的意见，就开始与宋仁宗赵祯一同听政决事，也就是正式地开始垂帘听政了。九月，宋真宗的灵柩葬进了永定陵中。在下葬的时候，太后刘娥再一次接受了王曾与吕夷简的正确建议——把"天书"当成随葬品一同埋进了永定陵中。直到这个时候，虚耗大宋王朝国力十多年的"天书奇谈"总算是结束了，国家的政治环境与社会环境也随之变得一片清净。

想方设法提高母族地位

虽然从天圣元年开始，太后刘娥正式控制了宋朝的实权，但是她也很清楚，自己出身十分卑微，而宋朝大环境是"以士大夫为尊"，所以，她必须将母家的地位抬高。首先她一而再再而三地为自己的祖宗进行追封，加到最后，刘娥的曾祖父刘维岳就成为了平军节度使兼侍中兼中书令兼尚书令，曾祖母宋氏就成为了安国太夫人；祖父刘延庆成为了彰化军节度使兼中书令兼许国公，祖母元氏就成为了齐国太夫人；父亲刘通就成为了开府仪同三司魏王，而母亲庞氏则成为了晋国太夫人。

尽管这样，刘娥依旧感觉底气不是很足。早在真宗大中祥符年间时，

刘娥就曾经想要与右谏议大夫——刘综攀亲戚，但是，刘综却没有同意，而是直接回答："我们家没有人在宫中。"面对这样的情况，刘娥也毫无办法，只好作罢了。现在，刘娥成为了大宋王朝的皇太后，再一次有个为自己的家族攀高的想法。她派人对朝廷上下所有刘姓官员的家世一个挨着一个地调查了一遍，最后发现龙图阁直学士刘烨家是最为出色的。因为刘烨家的族谱不仅十分齐全而且家世也相当显赫，祖宗十二代都是做官的。刘娥马上将刘烨召见宫来，主动地与他套关系，亲切地说道："你看，我姓刘，你也姓刘，把你们的家谱拿来，给我看一看，说不定，咱们还是亲戚关系呢!"

但是，刘烨可不是一般趋炎附势的小人，而是"宋王朝的士大夫"，非常清高。对于和当朝的皇太后拉关系，他根本就没有一点儿兴趣。所以，在太后刘娥提出看家谱的要求时，他连连摇头，表示不愿意将自己的家谱拿出了。没有想到的是，太后刘娥一门心思想要与之攀亲，根本不在乎面子问题，厚着脸皮一个劲地凑上去问。刘烨实在不知道该如何拒绝了，但是他又不想妥协，于是，在万分心急之下，就假装自己突然爆发疾病，当场就昏倒在地上。刘娥看到刘烨突然昏倒，只能让人将他抬出了皇宫。这件事情发生之后，刘烨强烈地要求将自己调出京师做地方官。刘娥在万般无奈之下，不得不任由他去了，再也不提认亲的事情了。

既然认亲没有成功，刘娥就开始专心地对"哥哥"刘美的亲戚朋友进行栽培。而刘美本人早已经去世了。在他死的时候，宋真宗还很伤心，为之废朝三天，并且追赠他为太尉、昭德军节度使。刘美的大儿子刘从德当时只有 14 岁，被提升为供备库副使，二儿子刘从广刚出生就被封为内殿崇班。真宗死了之后，刘娥将刘美的儿子女婿当成自己的亲生孩子一样对待，非常照顾。

刘美的女婿马季良，本来只是一个不入流的茶商，凭借岳父的关系才入朝为官的。这就算了，太后刘娥却异想天开，非要他去做史官。那可是一个才子云集的地方，没有真本事是不能进入的，在入门之前必须经过考试。对于女婿的才学到底有几分，刘娥自然是知道的。马季良刚刚进入考场，刘娥就派内侍送去了膳食。太后赏赐，那就必须马上拜领开始吃，否则就是大不敬。看到这样的情景，几位考官实在没辙，经过商量之后，就让马季良去吃，而他们几个分头帮马季良答卷子。由考官们来答的卷子，自然有很高的水平。就这样，马季良就名扬天下了，不仅顺利地进入史馆，而且还做到了龙图阁直学士之职。

刘从德历次担任地方官，尽管其能力十分有限，但是太后刘娥却擅长找到他的"闪光点"。比如，他担任卫州知州之职的时候，有一个县吏，名字叫作李熙辅，非常善于拍他的马屁。于是，他就将李熙辅这个人"才"推荐给了朝廷。刘娥则马上为这个原本只是一个小官吏的李熙辅升职，令其做了人人羡慕的京官。而且刘娥还非常高兴地对刘从德进行表扬："儿子能够推荐人才，这是知道为政的表现啊！"然而，也许刘从德太没有福气了，正当他前途似锦之时，却在一次返回京师的路上染上了疾病，最终不治而亡，死的时候仅仅只有24岁。对于这个"侄子"的去世，刘娥非常悲伤，直接把刘从德生前所有的亲戚朋友，甚至奴仆等人全部提拔做了官。刘从德手下有一个名叫戴融的人，非常懂得拍马屁，这一次就从员外郎升任为三司度支判官。众人面对这场"升官记"不禁为之侧目。御史曹修古、杨偕、郭劝以及推直官段少连等人，纷纷表示强烈的反对。但是，那个时候，刘娥正处在十分难过的时候，于是，一怒之下，将他们全都贬官了。

内外均治理得井然有序

当然了，刘娥在治理国家的时候，并不是这样任性妄为的。她号令十分严明，赏罚也是分寸恰当，尽管对于家人有些偏袒之出，但是绝对不允许他们插手朝政。面对大是大非的时候，士大夫的意见，她还是能够尊重的。王曾、张知白、吕夷简、鲁宗道都受到了重用，同时，刘氏姻族也未曾做出大奸大恶之事。刘娥协助宋真宗治理朝政很多年，深深

地知道朝廷大臣之间的错综关系与其中的奥秘。她心中很清楚，自己年龄大了，而皇帝的年纪还小，在这样的情况下，那些有所图谋的臣子非常容易钻空子，于是她就想到了一个很好的计谋。

在宋真宗刚刚下葬后，身为太后的刘娥就选了一个十分合适的机会，表现出相当恳切的模样对众位大臣说道："现在，国事发生变动，我与皇帝幸亏有诸公的帮助，才能够有今天，我对此非常感激。诸位可以把自己亲眷的姓名都上报给我，我就能够全部推恩给予录用，共同沐浴皇恩。"各位大臣听了刘娥的话之后，都十分高兴，把自己能够想到的亲戚的名字全部上报了上去，刘娥把所有的名字都记录了下来。从此之后，只要遇到推荐官员时，她都会拿着记录核对一番，只有榜上无名者才能够顺利升迁，因而很好地避免了朝廷大臣编织权力网的可能。

除了对外治理朝政，对内治理皇宫，刘娥也做得非常好。邓国大长公主姐妹进宫见太后刘娥的时候，刘娥看到她们的年老发落的时候，就感叹道："姑老矣。"并且，将不少贵重的珠宝首饰赏赐给了她们，以便遮挡逐渐稀少的头发。

这个消息传出去之后，润王妃李氏也想要索取一份，但是刘娥却没有同意，而是婉转地回绝，说道："大长公主身份比较特别，她们是太宗皇帝的女儿，同时也是先帝真宗的妹妹，对她们进行照顾是理所应当的，我们身为赵家的媳妇就不需要过于讲究了。"以前，赏赐大臣茶喝的时候，所使用的茶具上面都带着龙凤的图样，刘娥觉得这不是人臣可以使用的器具，就下令将其全换掉。她对于娘家人的偏袒可是出了名的，然而，每次给刘家人赏赐食物的时候，她也依旧不会忘记把金银龙凤器皿更换为铅器，并且说道："不可以让皇家的器物进入我刘家，他们是没有权利使用的。"当初，刘娥在位居皇后之位的时候，其服饰就十分简朴，现在做了太后娘娘依旧没有改变初衷。仁宗成亲之后，身边的嫔妃宫娥为了吸引皇上的注意，经常穿得十分艳丽。太后宫中的侍女们看到皇帝的侍女衣着打扮那样华贵之后，都感觉自己是太后宫中的人，怎么能够比皇帝的宫娥差呢？但是，任凭她们如何说，刘娥都不会依从，反而非常严肃地告诫她们说："那是皇帝嫔御才能够享受的，你们根本没有那样的资格。"

刘娥、仁宗与李氏之间的纠结

刘娥虽然整日忙着处理政事，但是她却没有忘记身为母亲的责任。宋仁宗赵祯小时候身体比较虚弱，经常生病。刘娥为了更好地照顾仁宗赵祯，使其健康成长，就让自己的好姐妹杨淑妃全权代理照顾的职责。所以，赵祯将刘娥称为"大娘娘"，将杨淑妃称为"小娘娘"。在对赵祯的管束方面，刘娥十分严格，而杨淑妃则是倍加宠溺。赵祯身体虚弱，刘娥担心虾蟹等寒凉食物会对他的身体产生不良影响，于是就禁止他吃那些东西。但是，越是不允许赵祯吃，赵祯就越是想要吃，可把赵祯给馋坏了。杨淑妃非常心疼儿子，就经常背着刘娥偷偷地给赵祯弄一些此类食品来解馋。

尽管刘娥不是赵祯的生身之母，但却将他看作自己的亲生儿子。虽然她自己平时生活十分节俭，却经常拿出自己的私房钱，派遣使者到处进行施舍、拜佛问道。以前是为了真宗祈福，后来就是为了儿子赵祯祈福，他们母亲之间的感情非常深。所以，对于自己的身世，赵祯从未怀疑过，他觉得刘娥就是自己的亲生母亲。而赵祯真的生母李氏对此毫无怨言。尽管赵祯是刘娥从她怀中抱走的，但是她绝对不同于史书上记载的其他"夺人儿子"的皇后，因为她对李氏充满了歉疚之情。

正是由于这个原因，刘娥不仅没有把李氏处死以绝后患，而且还早就在真宗年间就派人为李氏寻找失散的亲戚，最后，真的帮助李氏将她的亲弟弟李用和找到了。在求得宋真宗的同意之后，就封李用和做了官。非常难得的，刘娥这样做是真心实意的，并不是在真宗面前做所谓的表面文章。真宗死了之后，她依旧逐渐地提升李用和，而且也没有对李氏下杀手，而是依据制度把李氏提升为九嫔之一，使其迁往真宗的永定陵，做了一个守陵的"先帝诸妃"。

　　明道元年，也就是公元 1032 年二月，46 岁的李氏得了重病，刘娥急忙派遣太医前去为李氏诊治，并且晋封她做了"宸妃"。但是，李氏终究是没有福气的，根本就没有好好活着享受一天宸妃的待遇，在被册封为宸妃那一天去世了。

　　为了不引起众人的注意，刚开始的时候，刘娥并不想为李宸妃举办一场适合的丧礼，而是想要以普通宫嫔的身份殓葬就可以了。但是，宰相吕夷简却不是一个普通人，他"眼观六路耳听八方"，趁着讨论朝政的机会，当着刘娥与赵祯的面进行询问："听说在不久之前，先帝的一位宫嫔因为疾病去世了？"刘娥听到吕夷简的询问之后大惊失色，急急忙忙地宣布退朝。当刘娥把赵祯送回皇宫之后，就独自一个人召见了吕夷简，并且非常严厉地对他进行责问道："宫中死了一个人，关宰相什么事情？"吕夷简回答说："既然我身居宰相之职，自然对所有的事情都应该过问了。"听到吕夷简这样的回答，刘娥怒火攻心，大声呵斥道："难道宰相是想要通过这件事情离间我与皇帝之间的感情吗？"吕夷简回答："如果太后不想着刘氏家族，那么，我就没有什么话好说的了；倘若太后还对刘氏家族有一丝一毫情谊的话，那么，就应当将那名宫人厚葬。"刘娥听到这里，似乎有所醒悟，也不再遮遮掩掩的了，直接说道："宰相对于李宸妃的丧事有什么高见呢？"吕夷简趁机向刘娥提出请求——以一品的礼仪把李宸妃殡殓，并且在皇仪殿治丧。尽管刘娥最后应允了吕夷简的请求，但是内心深处到底还是有些许不情愿。

　　负责这件事情的人知道刘娥的心思，为了讨刘娥的欢心，就找借口说时辰对于丧葬非常不利，不可以让棺木通过宫门，只能够在宫墙上凿出一个洞，然后从这个洞中运送出去。吕夷简得知这个消息之后，马上据理与刘娥力争："凿墙穿洞与礼制不合，必须要让棺木从西华门光明正大地送出来。"就这样，反复说了三次之后，刘娥心中依旧不甘心，不愿意答应。这个时候，吕夷简暴怒了，也顾不得对方是否是高高在上的皇太后，直接正言厉色地说道："李宸妃是当今圣上的亲生母亲，现在竟然丧不成礼，将来肯定有人要因为这件事情而受罪，真到了那个时候，可不要责怪我吕夷简事前没有给你们说清楚明白！"刘娥总的来说还是一个明理的人。她听到吕夷简这样说也没有生气，并且最终采纳了吕夷简的意见，按照一品礼仪将李宸妃安葬了，而且在下葬的时候还给李氏换上了皇后的冠服，用水银将棺材灌满，以便对李氏的遗体进行保护。与此同时，还对李宸妃的父亲与母亲进行了追封，她的弟弟李用和也再次推恩得以升职。

告别人世还政权

随着手中的权力变得越来越大，刘娥对于权力的贪恋也越来越严重，内心非常不愿意将朝政大权归还给仁宗。朝廷的文武大臣眼看仁宗已经成婚好几年了，还不能独立地处理朝政，就纷纷上书，刘娥对此装聋作哑，没有给出明确的答复。其中，有一个名字叫做林献可的人，进言的态度是最为激烈的，刘娥对他很生气，就将他流放出去了。

同时也有一天想要拍刘娥马屁，以便从中捞取好处的人，抓住刘娥的心理，上书鼓动她登基称帝。刘娥听了之后，虽然有点儿动心，但是，她并不是一个心狠手辣的人，不想因为自己想要当皇帝而大动干戈，于是，她决定先试探一下朝廷大臣的看法，然后再做最后的决定。于是，她找了一个合适的机会，询问参知政事鲁宗道："你觉得武则天这个人如何？"鲁宗道丝毫不顾忌什么，直接大声回答道："唐朝的罪人！"这个时候，对于朝廷文武百官的心思，刘娥也懂了，因此，就将登基称帝的念头放弃了。

然而，仍有一些不死心的人，想要在这件事情上作文章。其中，方仲弓就是其中之一。他向刘娥上书，请求她以武则天给武氏立宗庙作为例子，也给刘氏修建宗庙；还有一个名字叫作程琳的献给刘娥一幅《武后临朝图》。刘娥当着众位大臣的面，非常果断地把这些书册扔到了地上，诚恳地对大家说道："这样做对不起祖宗，我是绝对不会做的！"看到刘娥这样表态，朝廷文武大臣也如释重负，松了一口气。这对于赵祯

来说，也算是一种抚慰，他从内心深处感激母亲刘娥。从此之后，他恪守孝道，每当到了新年或者刘娥生日的时候，他都要率领朝廷文武大臣跪拜恭贺，并且在在天圣七年，也就是公元 1029 年九月颁发诏书，把太后生日"长宁节"的仪礼提升到和皇帝生辰"乾元节"一样的程度。范仲淹对此表示强烈的反对，但是，赵祯根本就不听，一意孤行。

明道二年，也就是公元 1033 年二月，大宋王朝将要举行祭太庙的盛大典礼。刘娥可能感觉自己已经活不久了，就想着在有生之前穿一次天子的衮冕。于是，她提出要求，让自己穿着衮冕前去祭祀太庙。这个要求刚刚提出来，满朝文武大臣为之哗然。但是，到了最后，他们也没有能够拗过这位异常固执的老太太，不得不把皇帝衮衣上的饰物稍微去掉了几样，呈送给她。在二月乙巳这一天，皇太后刘娥身上穿着天子的衮衣，头上戴着仪天冠，在近侍的引导之下，一步一步地走进了太庙行祭典初献之礼。为了使这场祭奠大礼能够取得圆满成功，皇太妃杨氏为亚献者，而仁宗皇后郭氏为终献者。这场巨大的仪式结束之后，刘娥就在太庙文德殿接受了百官给自己上的尊号："应天齐圣显功崇德慈仁保寿皇太后"。一个月之后，已经 65 岁的刘娥的病情逐渐地加重了。

为了给刘娥祈福，希望她早日康复，仁宗赵祯将曾经被娥贬谪的官员都召了回来，大赦天下，同时，还到处征召名医，而仁宗本人更是一步也不离开地守在刘娥的病床前。但是，最后究竟是回天无力，刘娥在病床上坚持了几天之后，还是在保慈殿病逝了。

就在刘娥死了之后的第二天，仁宗在皇仪殿将宰辅重臣都召集起来，号啕大哭地询问众位大臣："太后在临终的时候，曾经几次扯动身上穿的衣服，好像有什么话要进行交代，但是，因为当时她已经说不出话了，不知道太后到底还有什么没有了的心愿？"听到仁宗这样一说，参知政事薛奎马上就明白了其中的缘由，立即对仁宗说道："太后这样做，是不愿意穿着天子的冠服入葬，不愿意被先帝看到她这个样子。"仁宗听了之后，恍然大悟，于是，立即下令给太后刘娥重新换上皇后的服饰，以便完成她回去侍奉真宗的心愿。

正当仁宗赵祯因为太后刘娥去世而悲痛欲绝的时候，朝廷的很多大臣都纷纷向他进言说，他完全不用这样伤心难过，因为太后刘娥根本就不是他的亲生母亲。而燕王甚至说仁宗的亲生母亲李宸妃就是被太后刘娥给毒死的。仁宗听了之后非常震惊，马上派人将李用和召来，让他亲自前去查看李宸妃，也就是他的亲姐姐的棺木。

等待将棺木打开之后，李用和发现李宸妃遗体被水银保持得非常好，看上去面色如生，而且李宸妃身上穿戴着皇后的服饰，即使是随葬器物也是顶级的，全部都是一品夫人的档次。李用和与他姐姐李氏的性情是一样的，都非常厚道而且谨慎，况且，对于当初刘娥让他们姐弟两个人团聚而未加害之，李用和一直非常感激，所以，他将开棺验看的结果据实告诉了仁宗。自己亲舅舅这番话将仁宗所有的惊疑都打消了。为此，仁宗感叹道："人言真的不能全信！"随后，仁宗来到太后刘娥的牌位前面，焚香进行拜谢，同时，为自己轻信谣言而自责地称自己太不孝，而且还哭着说："从此之后，大娘娘的一生都可以清白分明了。"可能是为了向刘娥赔罪，仁宗为刘娥上谥号为"章献明肃"，而他的亲生母亲李宸妃的谥号仍然是"庄懿"两个字。

九月，赵祯颁下诏书，刘娥与李宸妃一同迁葬到真宗安葬的地方——永定陵。就在灵柩起驾这一天，赵祯第一个为刘娥发引，他不仅执行孝子之礼，并且不顾百官的极力劝阻亲自实施执绋的礼仪，也就是牵引着棺材的绳索，一直步行着走，将刘娥送出了皇仪殿。之后，他才去了洪福院，也就是李宸妃下葬的地方，为自己的亲生母亲起灵。当时，他趴在李宸妃的棺木上痛哭流涕地说道："父母的养育之恩，一辈子也不能回报！"从此之后，那些在刘娥当权的时候被贬谪的官员相继回到了朝廷，他们都纷纷把刘娥不恰当的行为在仁宗面前进行控诉。尽管仁宗都一一为他们平反昭雪，并且给予了相应的抚慰，但是依旧忍不住说："听到别人讲母亲的坏话，我实在不忍心啊。"

但是，那些朝臣并不识趣，仍然常常在仁宗面前控诉刘娥的不是。久而久之，仁宗已经被烦得忍受不了了，就直接颁发诏书，要求各位大臣都不能再对太后刘娥的是非进行控诉了。与刘娥在世的时候相比，刘娥去世之后，刘氏家族受到尊崇的程度更厚了。刘美的小儿子刘从广17岁就被任命为滁州防御使。除此之外，仁宗还作主让荆王赵元俨的郡主嫁给了刘从广为妻，帮助他与士大夫做朋友。在他死了之后追赠昭庆军节度使，谥良惠。刘永年，也就是刘从德的儿子，智勇双全，在外国使臣前来寻衅的时候，刚毅不屈地进行应对，契丹人都将其视为神将。刘永年是在英宗年间去世的，死后，被追赠为崇信军节度使，谥庄恪。

太后刘娥曾经留下一份遗诏，让仁宗赵祯尊自己的好姐妹，也就是一起将仁宗抚养长大的杨淑妃为皇太后。赵祯按照刘娥的旨意，册封杨氏为"保庆皇太后"，尽管不可以让杨氏像刘娥那样临朝听政，但是，也算是尽了作为一个儿子的孝道。杨氏在荣登皇太后之位三年后，以52岁没有疾病而死了，谥章惠太后。

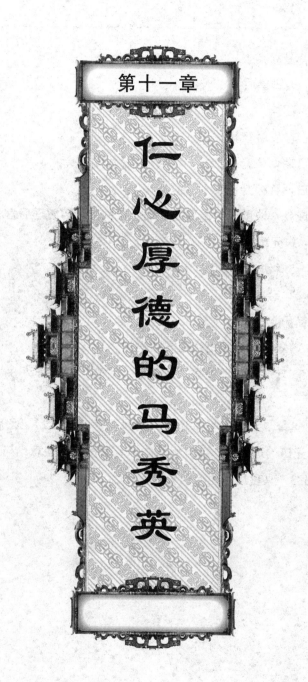

第十一章

仁心厚德的马秀英

后妃档案

☆姓名：马秀英

☆别名：大脚皇后

☆民族：回族

☆出生地：安徽宿州

☆出生日期：公元 1332

☆逝世日期：公元 1383

☆主要成就：协助朱元璋建立明朝，帮助朱元璋管理后宫

☆配偶：朱元璋

☆子女：5 个儿子，2 个女儿

☆谥号：孝慈皇后

☆生平简历：

公元 1332 年，马秀英出生在安徽宿州。

公元 1352 年，朱元璋投靠了郭子兴，后来，与马秀英相识，并娶马秀英为妻。

公元 1368 年，朱元璋登基称帝，册封马秀英为皇后。之后，马皇后竭力帮助朱元璋治理后宫，并且经常向朱元璋提出一些意见与建议。

公元 1383，马皇后因为疾病去世。

人物简评

在以小脚为美的封建历史上，几乎所有的女子都是三寸金莲，唯有明朝开国皇帝朱元璋的皇后——马秀英有一双大脚！马秀英出生在乱世中一个很平凡的家庭中，于是，我国的历史上才会有了这样一个布衣大脚皇后。在明朝开国年间，明太祖朱元璋推崇"重典治世"，而马秀英却坚持以"仁厚"进行劝导。夫妻两个人配合得当，相得益彰，使得明朝在开国初年就有了蒸蒸日上的发展势头。马秀英是一个心地十分善良的皇后，同时也是一个生活非常朴实的皇后。这个来自民间的草根皇后，为明朝后世的妃子们上了相当生动的一课，为他们树立一个好榜样。

生平故事

患难夫妻　共创基业

在中国历史中，出身不高，并且从一无所有的少年，通过十多年的努力，最终问鼎权力巅峰——皇位的人，朱元璋绝对算一个。探究朱元璋的成功，众多忠臣良将的辅助是毋庸置疑的，但是还有一个人，不管他是贫寒抑或富贵，都在背后默默地支持着他。这个人是谁？这个人就是朱元璋的妻子——马秀英。

马秀英的父亲马公素来喜欢行侠仗义，而母亲郑媪只不过是一个很普通的农家妇女。在马秀英出生没有多长时间，母亲郑媪就离开了人世了。父亲马公由于杀了人不得不到处躲藏，后来也去世了。他在离开家乡宿州的时候，将自己的女儿马秀英托付给了定远豪富郭子兴，而郭氏夫妇也非常疼爱马秀英，将其视如己出，而且还收马秀英做了义女。马秀英从小就十分聪明机敏，不管是诗文还是女红全都是一点就通，而且在为人处世方面，显得十分成熟干练，大大超出了她的年龄。再加上，她有一张清秀美丽的面孔，这让郭氏夫妇更加疼爱她。不过，马秀英却有一个非常特殊的习惯：自古以来，封建女子都会从小裹脚，以便将来能够有一双美丽的小脚，但是马秀英却不愿意这么做，而是放任自己的双脚自然地生长。后来，她的脚自然就比同龄女子的脚大很多，也因此，人们称她为"马大脚"。

在封建历史上，大脚的女人是不多见的，而后来坐上皇后之位的马秀英能看出裹脚的危害，因而坚决反对这个传统习俗，更是十分罕见的，这在历史上还成就了一段被后人传颂的佳话。那个时候，蒙古人在中原已统治了很多年了，元朝早已是强弩之末。在这样的情况下，朝廷都是政治非常腐败，官员十分堕落，百姓们过着度日如年的贫苦生活。而这种时期通常也是不少英雄揭竿起义，推翻暴政，开创新时代的好机会。

于是，元顺帝至正十二年，也就是公元 1352 年，郭子兴和农民孙德崖等人在濠州地区聚集了很多人举起了起义的大旗。同时，四方豪杰纷纷响应，一时之间，其声势居然变得非常浩大。而这个时候的朱元璋却只不过是一个名不经传的和尚。朱元璋出生在一个十分贫穷的家庭中，小时候受过不少苦，但是他从小就十分聪明，而且喜欢学习，因此，他偶尔学会的学问，居然比在正式的课堂中的学生学得还多。后来，他的家人不是病死了，就是饿死了。面对上天给予的重压，他的生存也成了问题。最后，在无奈之下，他选择了入佛门当和尚。然而，他胸中怀有远大的志向，绝对不可能就这么与青灯古佛常伴到老死。特别是当时正处在兵荒马乱时期，他亲眼目睹了元军横行霸道，为非作歹，内心一直渴望着能够将汉人的江山夺回来。于是，在各路豪强率兵起义的时候，他就投靠了郭子兴的红巾军。

原本，朱元璋就有着非凡的思想与能力，而且郭子兴又待他十分有礼，因此，在作战的时候，就特别卖力，经常奋勇争先，而且还多次立下战功。军中不管是军官还是士兵提起朱元璋，都是赞不绝口。于是，郭子兴就提升朱元璋担任亲兵九夫长之职。朱元璋为了回报郭子兴的知遇之恩，在杀敌的时候更加卖力，因此，郭子兴也更为欣赏他。由于他这样突出的表现，马秀英被深深地吸引了。当郭子兴注意到这一点的时候，就与夫人张氏关于这件事情进行了商议，认定朱元璋不是一个寻常之人，正好与马秀英匹配，这样一来，还能够让朱元璋更加死心塌地地为他们卖命。于是，马秀英就与朱元璋结成了夫妻，并且还是那种被双方父母选中那种所谓的郎才女貌，只因为一份两情相悦，最终却成就了中国历史上一对绝佳传说。这样的结果，确实是令人十分羡慕的。

尽管朱元璋在小的时候也曾经偶尔学过一些知识，但是过于零散了，而且还十有限。而马秀英则不同，她的学识十分渊博，于是就在无形当中成为了丈夫朱元璋的老师。朱元璋学得相当快，两个人一个教一个学，配合得非常默契。当朱元璋不断地朝着自己的理想前进的时候，马秀英的教导起到了非常重要的作用。朱元璋在军营中表现得相当突出，因为多次建立奇功，而且还将马秀英那么好的姑娘娶回了家，便难免会受到他人的嫉妒与排挤。其中郭子兴的儿子郭天叙与郭天爵对他是最不满的。郭天叙与郭天爵两兄弟属于纨绔子弟，眼看着朱元璋不仅将他们心爱的马秀英抢走了，而且经常获得郭子兴的称赞，心中非常恼火，就在私底下悄悄地计划着怎样对付朱元璋。

于是，他们两兄弟就开始不断地在郭子兴跟前说朱元璋的坏话。刚开始的时候，郭子兴并没有在意，但是时间长了，两兄弟甚至说朱元璋心中对屈居人下一直非常不满，始终渴望着可以自立为王，这郭子兴十分在意。通常来说，各部队的首领者最担心的莫过于这个问题了。尽管郭子兴不太相信朱元璋会有这个意思，却也开始时不时地注意他。但是朱元璋对此却没有一丝一毫的察觉，在与郭子兴一起研究军情的时候，偶尔会指出其不当的地方，这让郭子兴更加警觉。于是，为了安全起见，郭子兴就不由分说地把朱元璋关起了禁闭。郭氏兄弟看到之后非常高兴，并且在暗中吩咐伙夫不要给朱元璋做饭吃，希望能够将他活活饿死。这样一来，就可以在不知不觉中，将这个碍眼的人除去。

马秀英与朱元璋之间的感情非常好，面对丈夫被抓，自然不会坐视不理。她就向张氏为朱元璋求情。不过，张氏却说这是郭子兴所下的命令，她也没有什么办法。于是，马秀英就去看望自己的丈夫，当她得知丈夫已经好几天没有吃饭的时候，心中又惊慌又着急，赶紧去厨房偷偷地从蒸笼中拿出了两块蒸饼，想要悄悄地拿给朱元璋吃。但是，当她急匆匆地从厨房跑出来的时候却撞到了张氏的身上。张氏看到她的神色十分慌张，就知道肯定有什么事情。于是，张氏就把她带到屋中进行询问，问她究竟做了什么事情。马秀英心里非常难过，就哭着将事情的来龙去脉告诉了张氏。张氏听了之后，非常感动，马上让她把蒸饼拿出来，看到她的胸口都已经被烫伤了，就赶紧给她敷了一些药。与此同时，张氏命令下人专门给朱元璋送去了食物。另一面，张氏也非常认真与耐心地与郭子兴谈了谈，郭子兴这才慢慢地打消了对朱元璋的怀疑，而且也弄清楚了事情的真相。于是，他马上将朱元璋给无罪释放了，并且狠狠地将自己的两个儿子斥责了一顿。

马秀英解救丈夫朱元璋的举措，并不是使用了多么高明的计策和手段，而是凭借一份真挚感情的流露，也许这样的行为才是最令人感动的，以情动人，通常才是令人最难忘的。尽管朱元璋再一次回到了战场，但是郭子兴却不再完全信任朱元璋了。他每次派朱元璋出去作战的时候，总是会派出自己的心腹伴随在左右，得胜回来之后也不给予任何的嘉奖。朱元璋原本认为郭子兴依旧不太信任他，但是妻子马秀英在认真思考之后，帮他进行分析说，除了朱元璋之外，每个将军在战后都会将财富送给郭子兴，因此，郭子兴才会对朱元璋有成见的。朱元璋心中感到很疑惑，因为他获得胜利之后从来不拿战利品，因此，他对此不以为然。于是，妻子马秀英就拿出了一部分自己的积蓄交给了张氏，拜托张氏转交给郭子兴，郭子兴这才高兴起来，重新地对朱元璋另眼相待了。朱元璋看到这个结果之后，心中对于妻子马秀英的细腻心思非常佩服，而马秀英也在这件事情当中充分地表现出了她聪明的一面。

郭天叙与郭天爵两兄弟在上一次的事情后，仍然不知道悔改，还想着将朱元璋除掉。这个时候，他们看到父亲又开始重用朱元璋，心中更是不高兴。于是，这一次，他们故意用赴宴的名义将朱元璋邀请过来，想要害死朱元璋。这兄弟二人早已经商量好了，想要在酒中下毒药，想要将朱元璋给毒死，这样一来，就能够将朱元璋这个眼中钉除去了。然而，事情偏偏就是那么凑巧，马秀英在无意当中知道了这件事情。马秀英马上将这件事情地告诉了丈夫朱元璋，而且还给朱元璋献上了一个计谋。朱元璋在前去赴宴的路上，突然一直凝望着天空，正当郭氏兄弟对他的行为表示不解的时候，他突然说道，天上的神明给他传来消息，说这一次宴会将会有毒酒，想要将他毒死。郭氏兄弟听完之后大惊失措，马上请求朱元璋能够饶恕他们。他们怎么都想不明白朱元璋是如何知道下毒的事情的，最后不得不将这件事情归因在神明身上。

马秀英对于朱元璋的爱是非常深的，同时在解救朱元璋的过程中，也是十分聪明而机智的。马秀英对朱元璋不仅有真情，而且还很聪明，朱元璋能够娶到这样的好妻子，还有什么遗憾呢？朱元璋在军中立下的战功越来越多，威信也随之变得越来越高，与此同时，他的势力也是越来越强了。所以，他的心中很自然地就逐渐地生出争夺天下的野心了。朱元璋有这样的想法到底是对还是错，在当时并没有办法给出明确的判断，但是妻子马秀英却是义无反顾地对丈夫表示坚决的支持。不管朱元璋心中怎么想，她都会站在丈夫的这一边。后来，红巾军创建了政权，韩林儿被拥立为皇帝。又过了很长的时候，郭子兴因为疾病去世了，韩林儿就册封朱元璋为左副元帅。没有过多长时间，就又提升他担任大元帅之职，将郭子兴的旧部全部交给他统领。

在朱元璋率领部队南进，打算渡江夺得南京的时候，马秀英曾经叮嘱他，现在天下的豪杰并起，目的在于将暴政推翻，而不是为了杀人，因此，不应当多杀生灵，而是努力地赢得人心。朱元璋听了之后，觉得自己的妻子说得非常有道理，就牢牢地记在了自己的心中。后来，朱元璋带领部队渡江之后，真的听从了妻子马秀英的意见，约束军队尽量少造杀孽，没有对百姓造成一丝的冒犯。在平常的时候，朱元璋也能够做到与士兵一起同甘共苦，因此，军中所有的将士都非常敬佩他。这个时候，马秀英已经怀有身孕，但是依旧随军出征。后来，马秀英在足月之后为朱元璋生下了一个儿子，取名为朱标。她非常用心地抚养着自己的儿子，同时，也在行军的过程中表现出她聪明机智的一面。

比如，有一次，朱元璋在渡江作战的时候，自己先率领主力渡江，妻子马秀英则率领家眷紧紧地跟在后面。但是，马秀英却感觉元军很可能会趁着这个机会对自己部队的后方发起袭击，就马上让后勤人员紧急地过江。结果，果然像马秀英所预料的那样，没多久，元军就杀过来了，正是由于马秀英的随机应变才使得自己这一方的部队没有受到任何的损失。与此同时，马秀英在后方还积极地组织粮运、提供衣物、犒赏将士，以此使军心得以稳定，为朱元璋在前方的战斗提供了非常充足的后备条件。如此一来，每个将士都奋勇杀敌，接连不断地在对战过程中获胜。朱元璋有马秀英这个贤内助，对于战事顺利进展起到了非常重要的作用。通常，群雄并起的时候，经常会出现朝廷即将灭亡，群雄建立割据势力的局面。朱元璋需要面对的敌人，除了元朝军队的残余势力之外，还必须面对各路义军。当他拥有足够的实力之后，就主动脱离韩林儿的军队，自立为吴王，妻子马秀英自然也就成为了吴国夫人。与此同时，他还击败了陈友谅等等义军。不久之后，朱元璋在与元朝进行决战的时候，取得了巨大的胜利，拿下了元大都，最后将全国都统一了。

也许很多人都只是看到了朱元璋所取得的丰功伟绩，但是，试想一下，如果没有他的妻子马秀英在把各种事务都处理得井然有序，为朱元璋在前方全心全意对付敌军做好了后备工作，朱元璋要想打下江山恐怕就没有那么容易了。而且，马秀英确实是非常有才华的，甚至在不少时候，朱元璋想要查找某些资料的时候，只需要询问一下马秀英就可以知道了。马秀英就好像一个机要文书，在朱元璋成就大业的过程中起到了非常重要的作用。

仁厚贤德协助治国

洪武元年，也就公元 1368 年正月，朱元璋在通过长达十七年的辛苦奋斗之后，终于坐上了众人渴慕的位子——皇位。建国之后，改国号为大明，册封马秀英为皇后。那个时候，马秀英36岁。朱元璋从农民起义，到坐上皇帝的宝座，在中国历史上也是不多见的。朱元璋出身贫寒，对于百姓的疾苦自然是十分了解的，而马皇后更积极地提倡"仁厚之治"，学习并借鉴先朝的先进经验为自己所用，从而更好地协助丈夫朱元璋治理国家。

尽管马秀英已经做到了皇后的高位，但是她从来都没有因为这样而任意妄为，依旧像普通百姓那样，在艰苦而朴素生活中保持着仁厚的性格。有人针对她所提出的"学习先朝的仁厚"给出了这样评价：宋朝太过仁厚了。但是，马皇后却说道："太过仁厚，难到不比太过刻薄好吗？"于是，马皇后就将"仁厚"作为自己一生的准则。如果不是朱元璋在统治的时候，手段太过暴戾，"仁厚"甚至都极有可能接近完美了。朱元璋登基称帝之后，战事并没有就此完全结束.

洪武元年，也就是公元1368年七月，徐达的大军终于攻陷了元大都，为朱元璋搜集了不少珍奇异宝。朱元璋非常兴奋，特意带着马皇后一起前去欣赏。马皇后看过那些宝贝之后，却并没有显得特别高兴。她说，元朝虽然有这么多的奇珍异宝，但是却依旧不能使国家得以保全，那么，真正的宝贝到底是什么呢？朱元璋马上就知道了马皇后的意思，说道："贤德才是真正的宝贝！如果能够保持贤德的禀性，多使用贤德之才，才是国家幸运，万民的幸运。"马皇后听了之后非常开心，就深深地向朱元璋鞠了一躬，真诚地赞叹朱元璋深深地懂得治国之道和自己的心意。她说她担心朱元璋会因为这样而变得奢侈与骄纵，那样一来，就会给国家带来灭亡的祸患，朱元璋非常坚定地保证，自己一生必定会将马皇后所说的话作为自己的准则。

朱元璋将历史上的后宫干政作为前车之鉴，所以专门提出了"后宫不得干政"的政策。所以，当马皇后就百姓的生活问题提出问题的时候，朱元璋就说她不应该干预政事。但是，马皇后却说，既然天下人是朝廷的子民，而自己是一国之母，因此，自己当然有权去注意与关心他们的事情。马皇后不仅较好地做到了"后宫不得干政",而且又经常指出朱元璋处理政务时候的弊端，并且偶然也给出自己的意见与建议，因此，更显示出了马皇后的才能和品德。

比如，有一年爆发了一场旱灾。马皇后询问朱元璋将会怎样处理这次的灾情，朱元璋说已经下令马上赈济受灾地区，对于这件事，他没有懈怠半分。而马皇后则说，如果能够未雨绸缪，事先做好了必要的储备，那么，是不是比事后再进行赈济的效果更好呢？朱元璋听了之后，感觉马皇后的话很有道理。马皇后就倡导宫中尽量节约花销，以便将节省下来的食物和钱财供给受灾地区的百姓使用。终于，有一天，上天降下了一场大雨，将百姓的燃眉之急给解除了，马皇后亲自上朝对此进行庆贺。对于马皇后这样关心天下的百姓，不管是皇帝朱元璋，还是朝廷中的各位大臣都是非常敬佩的。不少人认为马皇后绝对能够与唐朝的长孙皇后相提并论。朱元璋则称她为"家之良妻，犹国之良相"，由此可以看出，马皇后在宫中所起到的作用是相当重要的，甚至是不可替代的。正是由于马皇后这样既不直接干预政事，又能够辅助朱元璋，因此，才使得朝廷得以安定、百姓得以安宁。

马皇后对于百姓的情意是十分深厚的，这样时时刻刻牵挂着百姓的皇后，更是值得人敬佩的。在法治方面，马皇后提出，如果法律经常发生变化，那么就会失去效用；如果法律失去效用，那么，国家将会灭亡，因此，法律应当是固定不变的。朱元璋听了之后，感受受益匪浅，就按照马皇后的所说的进行治理。同时，朱元璋在坐上皇帝的宝座之后，脾气就变得异常暴躁，经常生起气来就会随便杀人，这样一来，朝廷中就平白增添了不少冤魂。当马皇后得知这个情况之后，就非常积极劝阻朱元璋，让他尽量少使用斩刑，以便保护国家的根本。

有一次，镇守在和州的参军郭景祥由于他的儿子不太成器，就有人说这个孩子用枪行刺过郭景祥，是一个不祥的儿子。朱元璋听了之后非常生气，立刻下令将其处斩，以便杜绝这种忤逆的儿子。马皇后马上进行劝道，郭景祥只有这一个儿子，如果将他斩杀了，就会让郭家绝后了。

如果斩杀错了，那么就成为了天大的冤枉了。朱元璋马上派人对于这件事情进行调查，果然像马皇后所说的那样，并没有这件事情，就无限感慨道，幸亏有马皇后的提醒，否则，自己就会误杀了郭景祥的儿子了，而且还会使郭家绝后了。

还有一次，宋濂，也是太子朱标的老师告老还乡之后，他的孙子宋慎卷进了左丞相胡惟庸造反的案件当中，这可是要株连九族的大罪，除了宋慎要被判处死刑之外，他的祖父宋濂也会受到牵连，施行连坐。马皇后立马上极力劝阻，表示宋濂曾经是翰林学士，同时也是明朝建国时期的第一文臣，这样德高才广的人又曾经做过太子的老师，而且他并不是他孙子宋慎同谋，尽管他们之间存在亲属关系，但是也不应该施行连坐。马皇后看到朱元璋依旧不愿意松口，就在进御食的时候不准备酒肉，声称已经用酒肉祭奠神灵，以便保佑宋老先生，这样一来，太子就做全了敬师之礼了。朱元璋终于被感动了，再一次被马皇后说服，将宋濂的死刑赦免了。

关于马皇后极力劝阻朱元璋施行轻刑的还有两件事情。一件是：吴兴有一个非常有钱的沈秀，因为他拥有万贯的家财，因此，人们都称他为沈万三。相传，他拥有可以与国家相提并论的财富，而且还愿意主动将自己三分之一的财产拿出了，用以扩建南京城，与此同时，也愿意出钱对三军进行犒赏。但是，朱元璋不仅没有领情，而且还勃然大怒，认为沈秀这样做是对朝廷进行侮辱，居然想要代替朝廷来犒赏军士，这是相当不吉利的。于是，朱元璋就下令将沈秀斩首示众。马皇后立即劝谏道，国家既然设立法律，那么就是为了震摄不法之人的。但是沈秀只不过是一个富翁，并没有触犯法律。他即便不祥，那也是他自己不祥，与国家有什么关系呢？朱元璋感觉马皇后说得有理，这才下令免除了沈秀的死刑，改成了流放。

另一件是：朱元璋在一次元宵节的时候微服私访，在观赏花灯的时候看到一个花灯上面写着："女子肩并肩，乘风荡舟去。忽然少一人，却向月边住。"这个谜面原本没有什么问题，但是谜底却写着"好双大脚"

四个大字！朱元璋马上就联想到马皇后就是一双很大的脚，当即雷霆大怒，誓要找出写这个谜语的人，施以重重的刑罚。如果找不到这个人，就祸及全城。马皇后得知这个消息之后，急匆匆地前去见朱元道，进行劝道，自己本来就是一双大脚，这是自己选择的，为什么要听别人胡言乱语呢？而且天下的百姓都是朝廷的子民，只不过是戏言一二，难道这也算是犯罪吗？朱元璋听了马皇后的话之后，冲天的怒火居然消失了。于是，朱元璋就将成命收了回来，从而让满城百姓免除了一场灭顶之灾。

正是因为马皇后极力提倡"仁德思想"，才让朱元璋少了很多的杀戮，因此拯救了不少无辜的人的生命。这一点在以往各朝的皇后身上是相当少见的。马皇后经常劝导朱元璋不要在盛怒的时候处理事情，因为人生气的时候，往往会失去理智，非常容易量刑太重，还不如交给宫正司进行处理。这样一来，犯罪的人就能够得到更为公正地判罪。朱元璋的脾气比较暴躁，他的妻子马秀英的秉性纯善，这样中和，才使得明朝初期出现了一派欣欣向荣的景象。但是，马皇后在对待犯错之人的时候，并不是全部都是帮助其减免灾祸。

朱元璋有一个非常特殊的习惯——在朝廷上经常会留下大臣吃饭，称之为"会食"。有一次，当朝廷又进行会食的时候，马皇后私下借助别人收取来了一些饭菜进行品尝，发现这些饭菜烹制得很不好，味道非常寡薄，肯定是后勤人员做了手脚。于是，她马上把这个发现告诉了朱元璋。朱元璋知道之后，马上召来了相关的人员，责令其立即整改；如果有违反法律的，就立即交给相关的官员进行处理。马皇后在法制方面就是如此以仁厚作为宗旨。她协助朱元璋处理政事，从来都是赏罚分明，以便尽量减少滥杀无辜之人，与此同时也保证朝廷不会受到损失。朱元璋有了这样贤良的皇后，在处理朝政的时候才减少了很多偏差。这样的皇后，是大明王朝的福气啊！

帝后性格与手段互补

朱元璋因为贫寒的出身，因此很清楚如果想要民间稳定，国家最需要的是什么。而在平常的时候，马皇后建议朱元璋，国家刚刚安定，人心刚刚稳定，仅仅凭借皇上一个人的力量，恐怕很难使天下得以大治。因此，她向朱元璋提出建议，多多征召贤良之才，使其发挥专长，以便补充国家的所需要的人才。马皇后所提倡的"愿得贤人共理天下"是帮助朱元璋治理天下的准则之一。

马皇后提倡君臣都应该过节俭的生活，她首先以身作则，时时严格要求自己，同时，也建议朱元璋与朝廷众位大臣都奉行节俭。不过，这并不是代表她就只知道一味地省钱。她建议朱元璋，为了维持国家的长治久安，繁荣昌盛，在在培养人才方面应当大力投入。当太学的修建完成之后，全国各地应招而来的学生足足有两千多人。马皇后立刻想到了他们的吃穿费用，她觉得在这些事情上不能有一丝的马虎大意。朱元璋在这些问题上也没有一丝怠慢，命令朝廷给他们提供相应的费用，绝对不允许出半点差错。但是，这个时候，马皇后却向朱元璋提出了更为深入的问题：他们父母与妻小的生活，应当怎样安排？面对皇后所提出这个问题，朱元璋心中十分惭愧，声称自己并未考虑到这些。马皇后就建议，在各地专门设置学仓，以便为每个学生的父母妻小提供吃住。只有这样，诸位贤能之才才可以竭尽一切能力，非常用心地为天子做事。朱元璋听完之后，非常高兴，因为马皇后所提出的意见不但显示出了她爱惜人才的心理，而且也表现出了思考问题比较深刻、细腻，而自己居然完全没有想过这个问题，马皇后的优点刚好将自己的不足给弥补了。他马上照着办了，专门开设了"红板仓"，给太学生的家属赏赐所需要的粮食。

后来，这个制度一直沿用下来，在整个大明王朝，都没有发生过改变。这不仅可以更好地为朝廷输送人才，而且也让贫穷之人提供了一条走向仕途的道路。因此，与其他朝代相比，明朝的才学之人更多一些。很显然，这个结果与明朝历代天子所施行的政策方针有很大的关系，与马皇后的这个建议有着密切的关系。马皇后的一句话，居然有如此的功劳。毫无疑问，马皇后是明朝一个具有相当大影响力的人物！

马皇后不但极力支持朝廷招纳贤才，而且还大力抵制任人唯亲的现象。朱元璋成为当朝天子之后，就想要为马皇后的亲戚朋友加官晋爵。但是马皇后得知他的想法之后，却非常坚决地予以阻止。她表示，在其他的各个朝代，"任人唯亲"的做法屡屡发生，并且带来一定的负面影响。所以不管是不是亲属关系，只要他属于贤良之才，就应当积极地起用。如果没有才能，即便是再近的亲属也不应该使其做官。鉴于他们和自己毕竟是亲属关系，就赏赐给他们很多金银，使其一生衣食都不用发愁，这样做就足够了。朱元璋听从马皇后的建议，不但在对待她的亲属是时这样做的，而且在对待其他朝臣的亲属也是这样做的，将重点工作都放在选拔有才之士上。结果，朝廷真的集结了相当多的有才能的贤士，为明朝后期的发展奠定了一个非常坚实的基础。朱元璋在做了皇帝后，经常小心谨慎对朝廷众位大臣进行观察，担忧他们会功高震主。他觉得，既然自己能够将他人的天子夺过来，那么别人也可以将自己的江山夺走，因此，他经常利用重典来"警世"。

在他的"警惕"之下，不少朝廷大臣就因为朱元璋的一丝猜忌就丢了性命，导致朝廷上下变得人心惶惶，不知道何时自己也会迎来这样的灾祸。于是，有很多朝廷大臣提前辞官，以免自己惹祸上身。马皇后看到这样的情况之后，心中十分不满，就对朱元璋这样滥杀无辜进行了严厉的责备，说他这样做与治国之道相悖，大大地偏离"仁厚"。最为重要的是，这样一来，朝廷的人才就会大量地流失，或者被杀，或者辞官。倘若长此以往，如果有一天，朝廷再也没有一个人可以用的时候，那么大明江山将会变成何种模样呢？马皇后时时提醒着朱元璋，令其心中万分感动。

朱元璋对于马秀英这个家之良妻、国之良母，从内心深处感到十分自豪，觉得即便是与唐朝的长孙皇后相比，马皇后也是更胜一筹的。而马皇后则说，她仅仅是衷心地盼望着朱元璋可以做一个好皇帝，而自己做一个好妻子即可。现在富贵了，也不要忘记了贫穷时候的生活，应当时刻谨记天下的百姓，时刻谨记与自己一起打江山的众位大臣。朱元璋听了妻子这番话之后，心中更为敬佩。于是，后来，他在处理朝政的时候，也经常让其一起参与讨论。不任人唯亲之举，确实与唐朝时期的长孙氏十分相似，也一样的高明！非常可惜的是。她的丈夫朱元璋却太狠了，尽管马皇后时不时地进行劝君，但是那也只是在在一定程度上对于朱元璋的杀戮行为进行了限制，没有能够从根本上使朱元璋的嗜杀状况得以改变。

家庭式的管理

由于马皇后是从普普通通的老百姓慢慢地登上一国之母的位置的，因此，她得了富贵之后，也没有忘记贫穷时候的生活。她努力地追求节俭，非常严格地要求自己，与此同时，在对待别人的时候，她又采取宽容大度的态度。正是因为她秉承该原则来给朱元璋提意见与建议，并且认真地教育儿女。她在后宫管理方面表现得相当出色。

马皇后吸取了历史经验和教训，所以，她从来不会与朱元璋其他宠妃进行猜忌与争斗，而是极力要求和她们和平共处。她对于每个嫔妃都十分关心，就好像是亲姐妹一样。在那个时代，居然没有出现由于权弱受到欺负而产生野心的嫔妃。马皇后能够将后宫管理成这样，可以说功劳至伟啊。后宫中的各个嫔妃都深深地被马皇后的贤德和大度打动了，将马皇后视为自己的姐姐，彼此之间相处得十分融洽。对待普通的宫女，她也像对待自己的儿女那样，在马皇后看来，这些宫女和嫔妃从来就没有高低贵贱的区分。在这样一个非常和睦的大家庭中，朱元璋自然会多子多福，他总共有二十六个儿子与十六个女儿。他有这么多的儿女，与历史各个朝代相比都是位居前列的。尽管朱元璋的这些儿女并非马皇后一个人生的，但是正是因为她将后宫管理得相当到位，才有了如此幸福的成果。

在明朝建国初期，因为朝廷以民为本，从来不做迫害百姓的事情，所以即便是皇宫也并不是什么富贵之地。马秀英虽然贵为皇后，但是她依旧愿意亲自动手，把已经破旧的衣物一针一线地修补好，对于每一件衣服都十分珍惜，从来不舍得丢弃宫中的任何东西。与此同时，她也让后宫的各个嫔妃学会珍惜，经常教导她们不能够铺张显贵。纵观历史上的历朝历代，一国之母能够做到这样的，恐怕只有马皇后了。除了教导后宫的各位嫔妃之外，马皇后对于公主们也是十分严厉的。她要求每个公主都必须学会女红，学会自己制作衣服，而不是像其他朝代的公主那样只知道过着养尊处优的生活。马皇后以"贤妻良母"作为标准来培养每一个公主，这也为她们以后的生活奠定了良好的基础。

在饮食方面，马皇后从来不会因为自己是高高在上的皇后娘娘就尽情地享受大鱼大肉，而仍然保持着在民间时候的作为，将俭朴视为行为的原则。而且，马皇后还经常以此来对朱元璋进行劝教，让其也能够时时想起民间的百姓。马皇后认为如果皇帝也能够像普通百姓那样节俭地生活，那么，这就是国家最大的幸运之事！对于马皇后所说的，朱元璋觉得非常有道理，就极力要求自己以身作则，与此同时，还经常以此来对朝廷大臣进行教导。在中国封建历史上，皇后要求皇帝用百姓的生活方式进行生活，这是相当罕见的。马皇后能够做到这样，实在是令人佩服之至。

有一次，皇子的老师李希颜看着小皇子过于顽皮了，怎么都不肯听从他的教导，于是，在一气之下，他用笔管戳了小皇子的额头。小皇子感到非常委屈，马上就开始号啕大哭。朱元璋得知这件事情之后，心中相当生气，认为李希颜的行为实在过分，就想要惩罚他。但是，马皇后却认为，如果小皇子从小就这样娇纵，那么，长大之后该怎么办呢？李希颜所做的就是在帮助小皇子上进，根本就没有任何的过错。他不仅没过错，而且还有功劳，不仅不应当受到惩罚，而且还应当给予赏赐。朱元璋听完之后，觉得真是这个道理，就提拔李希颜担任左春坊右赞善之职。而李希颜原本认为横祸已经是无法避免的，却没有想到居然是这样的结果。当他知道这是马皇后的意思之后，心中相当感激。后来，他就更加用心地为朝廷效命了。由此可见，马皇后对于皇子的要求可以说是非常严格的。

她经常教导太子朱标，既然将来要接替朱元璋登上九五之尊，那么，在做每件事情的时候，自然应该以身作则，千万不能够为非作歹，要求他在为人处世方面要"仁厚"。朱标也深深地体会到了母亲马皇后的良苦用心，所以，太子朱标往往能够做到严于律己，宽以待人，因此赢得了马皇后的赞扬。

在对待其他皇子的时候，马皇后会根据每一个人的特点而因材施教。比如，在教导被册封为周王的朱植的时候。周王朱植从小就性格就狂放不羁，不懂得收敛。马皇后知道自己不能够时时刻刻在他身边看着，于是，就派江贵妃随行监督，还专门赐了一件纸衣与一个木杖，说一旦周王朱植犯下错误，就命令其披纸衣进行杖责。果不其然，从此之后，周王在做每件事情的时候都十分小心谨慎，没有犯太大的过错。而这一切都应该归功于马秀英马皇后。除了自己的亲生子女之外，马皇后在对待其他嫔妃的孩子，甚至是朱元璋所收的义子也都相当关心与疼爱的，真心地将他们视为己出，因此她不仅在各个嫔妃眼中有着很高的威信，而且在诸位皇子公主心中，她亦是一位非常慈爱的长者，众人都非常尊重她。

在生活当中，她不再是一个一国之母，而更像普通百姓家中的一位妻子，无微不至地照顾着丈夫朱元璋的生活起居，每日早起晚睡，令朱元璋除了朝廷之外，再也没有其他的顾虑。她时刻谨记着自己和朱元璋的出身，绝对不允许生活有条件去奢华而任意地放纵自己，同时，她还不断地给朱元璋提出各种各样的建议。朱元璋对于妻子是非常尊重的，后来，朱元璋将马皇后的不少话都编成语录载入了史册。

令人感动的临终遗愿

洪武十五年，也就是公元 1382 年，马皇后因为疾病卧床不起。朱元璋看着十分心疼，立刻准备将天下的名医都召集起来前来为马皇后会诊，与此同时，祈求神灵来保佑马皇后早日恢复健康。

马皇后得知这件事情之后，马上对其进行制止，她觉得神灵是虚妄之物，而自己已经病入膏肓了，即便来再多的医师也是不管用的，到那个时候，再因为不能将自己的疾病治好，而对那些医师进行严厉的惩罚，那样一来，不是要拖累了不少无辜的人吗？朱元璋听着马皇后的劝阻，含着眼泪答应了。马皇后说自己最后的心愿就是，期盼朱元璋可以继续求贤纳谏，做一个开明的君王；子女可以继续保持节俭朴实的作风；臣民可以安居乐业，大明江山可以千秋万代……马皇后在临终之际，仍然不忘富国，后人听了之后都会十分感动，朱元璋和在场朝臣更是感动得痛哭流涕。不久之后，马皇后还是离开了这个世界，朱元璋悲痛欲绝，他下令设普度大斋，自己亲自烧香为马皇后祭悼。他对于马皇后有着非常深厚的感情，因此，后来，他再也没有重新立皇后。纵观各朝各代的历史，能够做到这点的，也是十分少见的。马皇后后去世之后，谥号为"孝慈皇后"。

后来，朱元璋四儿子燕王朱棣将他的侄子建文帝朱允炆的帝位夺了过来（因为太子朱标很早就死了，因此，朱元璋指定他的儿子朱允炆为自己的皇位继承人），为马皇后上尊谥为"孝慈昭宪至仁文德承天顺圣高皇后"。后来，她又被后世皇帝追赐谥为"孝兹贞化哲顺仁徽成天育圣至德高皇后"。马皇后死后一周年时，有人曾经提出建议，此时可以举行一个祭祀仪式，以便表达对马皇后的思念。但是，朱元璋却说，马皇后在生前的时候，就极力倡导节俭，这样大办，马皇后在天之灵肯定是不会喜欢的，因此，那个提议就不了了之了。但是，后宫的各个嫔妃都极其想念马皇后，于是就编写了一首歌，用来纪念她："我后圣慈，化行家邦；抚我育我，怀德难忘；怀德难忘，于万斯年；毖彼下泉，悠悠苍天。"马皇后贤德淑良的圣明，已经名垂青史，并且成为后世妃子学习的榜样。相较于朱元璋的狠毒，马皇后确实是值得后人尊敬与佩服的。

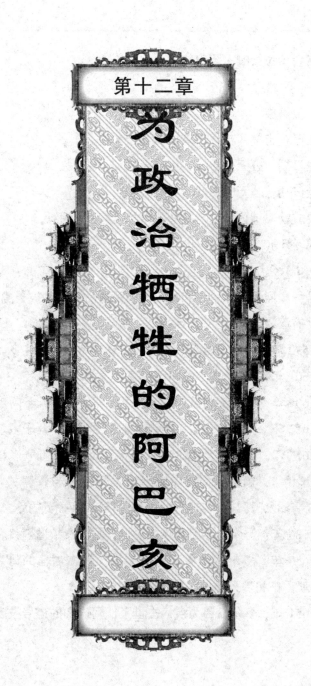

第十二章

为政治牺牲的阿巴亥

☆姓名：乌拉纳喇·阿巴亥

☆别名：孝烈武皇后

☆民族：满族

☆出生地：吉林省吉林市乌拉街满族乡

☆出生日期：公元 1590 年

☆逝世日期：公元 1626 年

☆主要成就：辅佐努尔哈赤四处征战，建立功业。

☆配偶：努尔哈赤

☆子女：3 个儿子

☆谥号：孝烈恭敏献哲仁和赞天俪圣武皇后，后又被罢黜。

☆生平简历：

公元 1590 年，阿巴亥出生在吉林省吉林市乌拉街满族乡。

公元 1601 年，年仅 12 岁的阿巴亥嫁给了努尔哈赤。

公元 1605 年，阿巴亥为努尔哈赤生下了第十二个儿子阿济格。

公元 1612 年，阿巴亥为努尔哈赤生下了第十四个儿子多尔衮。

公元 1614 年，阿巴亥为努尔哈赤生下了第十五个儿子多铎。

公元 1620 年，德因泽向努尔哈赤告发阿巴亥与代善关系暧昧，不久，又有福晋揭发阿巴亥私自盗窃皇帛，阿巴亥大福晋的称号被剥夺。

公元 1626 年，努尔哈赤因为疾病去世，阿巴亥被逼殉葬。

公元 1650 年，多尔衮掌握了朝政大权，就追谥他的母亲阿巴亥为"孝烈恭敏献哲仁和赞天俪圣武皇后"。

公元 1651 年，多尔衮因为疾病去世了，阿巴亥的谥号被废黜。

人物简评

　　她是一个非常美丽的女人，也是一位十分聪敏的母亲，还是一个几乎获得大汗努尔哈赤全部宠爱的大妃。在努尔哈赤在世的时候，她的人生绽放得极其绚丽，然而，在努尔哈赤去世之后，她的生命之花也被迫凋零了。她是谁？她就是努尔哈赤最喜爱的阿巴亥。

　　努尔哈赤是一位世间少见的英雄豪杰，而阿巴亥则是一朵在山间绽放的娇艳鲜花。每当努尔哈赤从战场归来，阿巴亥总能为其洗去一身的疲惫，送去心灵的慰藉。在努尔哈赤爱情雨露的滋养下，阿巴亥也算是享尽人生的乐趣。而且，阿巴亥还为努尔哈赤生下了三个儿子。试想一下，这样一位深受大汗宠爱，又有对汗位极具竞争力的儿子的女人，自然会在政治斗争中成为焦点。不过，因为她在朝廷中没有根深蒂固的基础，所以在这场政治较量中，她不仅输掉了手中的权力，同时也输掉了自己的生命，成为了政治斗争的牺牲品。

生平故事

一帆风顺的前半生

　　乌拉部首领布占泰的弟弟满泰有一个女儿，名叫乌拉纳喇·阿巴亥。阿巴亥从小就长得十分端庄美丽，而且还非常聪明机敏，因此，父辈们对她都极其宠爱。她无疑就好像是一朵生长在黑水白山间的无比娇艳的鲜花，等待着更为适合她的环境来将她进行抚育，促进其长得更为美丽动人。没有过多长时间，这个环境就出现了在阿巴亥的面前。

　　明万历二十一年，也就是公元 1593 年，努尔哈赤率领自己的部队东征西讨，不断地取得胜利，将叶赫、哈达等九部联军击败之后，又慢慢地开始向更多的部族发起猛烈的进攻。为了能够尽早地实现统一大业，他一方面指挥部队不断地向他的敌人发起攻击，另一方面开始主动积极地拉拢一些部族，以便将海西四部的联合彻底拆散。于是，他就瞄上了乌拉部族，准备利用联姻的方式与之交好。双方经常协商之后，努尔哈赤就让弟弟将舒尔哈齐的女儿，也就是自己的侄女嫁给了乌拉部族首领——布占泰，而布占泰又将自己的女儿嫁给了舒尔哈齐，这样一来，两家的关系就紧密地联系到了一起。

与此同时，当努尔哈赤看到布占泰异常美丽的侄女阿巴亥之后，就立即相中了，想要将她娶回家。于是，在努尔哈赤的要求之下，又额外增加了一门亲事，从而让两家显得更加亲密了。就这样，阿巴亥注定要跟着努尔哈赤享受荣华富贵。在努尔哈赤在世的时候，阿巴亥也确实过着非常富足而且幸福的日子。这朵娇美的花儿真的绽放得更为灿烂了。

明万历二十九年，也就是公元 1601 年，努尔哈赤正式迎娶乌拉纳喇·阿巴亥为自己的福晋。其实，在娶阿巴亥之前，努尔哈赤已经娶了好几位福晋，但是，她们与年轻美丽的阿巴亥一比，全部都显得逊色多了。那个时候，努尔哈赤已经43岁了，而阿巴亥却仅仅只有12岁，正是人生最娇嫩、最美丽的年龄，再加上阿巴亥出众的容貌，自然使努尔哈赤深深地为之着迷。所以，自从努尔哈赤娶了阿巴亥之后，另外的几个福晋似乎全部形同虚设一样，基本上彻底失去了努尔哈赤的宠爱。于是，在不知不觉中，努尔哈赤的众位福晋开始羡慕与嫉妒阿巴亥的受宠，而其中一个福晋更是将阿巴亥视为眼中钉、肉中刺，这个人就是努尔哈赤的众多妻妾中排行最末的庶妃——德因泽。

德因泽对于自己的地位非常不满，又对阿巴亥能够获得努尔哈赤如此受宠而感到妒忌与不甘心。于是，她决定寻找一个合适的机会，将这个努尔哈赤最宠爱的女人除掉。然而，她却小看了阿巴亥的魅力和实力。没有过多长时间，阿巴亥的地位就得到了极大的提升。正是由于努尔哈赤最喜爱阿巴亥，所以，就有了将她立为大福晋的心思，但是原来的大福晋叶赫那拉氏并没有犯下任何的过错，根本没有理由将其废除，所以，这件事情只能够暂且搁下了。然而，不久之后，这件事情就有了新的转机。大福晋叶赫那拉氏生病了，并且在三年之后，叶赫那拉氏还是没有挺过去，离开了人世。于是，深受努尔哈赤宠爱的阿巴亥自然而然地成为了大福晋，也被称为大妃。

自从嫁给努尔哈赤之后，阿巴亥所有的事情都是相当顺利的。对此，她的心中也是很满足的，所以，也就没有其他心思去想其他的事情，而是一心一意地辅助努尔哈赤到处征战。尽管由于努尔哈赤十分优秀，她本身并没有任何非同寻常的功绩，但是，她在辅助努尔哈赤的过程中却表现出了在政治上的豁达、缜密以及远见，因而让努尔哈赤更为喜欢与宠爱。后来，她为努尔哈赤生下了三个儿子，也就是阿济格、多尔衮以及多铎。除了辅助努尔哈赤征战的才能之外，她还充分地表现出了管理家庭与相夫教子的能力。虽然努尔哈赤的妃子们之间经常为了自己的利益而相互进行算计，但是却不能使阿巴亥的地位动摇分毫。一个漂亮的开端，让阿巴亥的生活变得更加耀眼夺目。也许是命运格外的垂青，而阿巴亥对于命运也是非常感激的。

时光飞逝，光阴荏苒，一转眼已经过去了二十年，阿巴亥亲眼看着这一切逐渐地变化，心中极其兴奋与高兴。毫无疑问，努尔哈赤在北方地区已经慢慢地拥有了自己的政权，其气势不可抵挡，而且已经开始极大地威胁着大明王朝的江山。当然了，后金内部也并不是和谐相处的，为了使自己的统治地位得以巩固，即便是自己的亲人挡路，努尔哈齐也不会轻易放过的。其中，他的弟弟舒尔哈齐以及他的大儿子褚英就成为这场权力争夺战中的牺牲品。努尔哈赤为了那至高无上的权力，可以说是不择手段。后来，努尔哈赤终于如愿所偿，使自己的地位得到了稳定，成为了众位羡慕的"大汗"。阿巴亥看到这种情景，心中非常高兴。与此同时，她的心中悄悄地浮现出来了一个计划。

阿巴亥所生的三个儿子，每一个都长得十分健康而活泼，特别是多尔衮，已经数次跟着父亲努尔哈赤征战，在打仗的过程中表现得相当勇敢机智，因此，努尔哈赤相当喜爱他。阿巴亥心中对此也是十分开心的，感觉所有的事情都进行得相当顺利。尽管努尔哈赤已经到了晚年，但是那个时候的阿巴亥却仅仅只有30岁，依旧有着无穷的魅力，将努尔哈赤迷得神魂颠倒，把所有的心思都用到她一个人的身上。

努尔哈赤将阿巴亥宠爱到了极致，不仅特许她见到努尔哈赤可以不行大礼，可以与自己一起在一张桌子上吃饭等，可以说是享受到了所有可能享受到的特别待遇。而阿巴亥心中也非常清楚，没有人能够代替自己的地位，只要在努尔哈赤的晚年，自己能够将这种优势继续保持下去，努尔哈赤的继承人就一定会是自己儿子中的一个。阿巴亥的心机非常深，不动声色地开始进行这个计划，而所有的事情似乎也都不断地朝着她预期的方向发展着。阿巴亥的生活一直都是一帆风顺的，当一切都如愿所偿之后，人类的本能就会让她拥有更好的追求。但是，她所有的愿望都会实现吗？也许当这个新的欲望出现之后，她的命运就会发生一系列的改变……

与皇太极进行较量

阿巴亥正在悄悄地实施着她的计划，不过，却引起了一个人的注意，这个人就是皇太极。皇太极拥有相当大的野心，他不仅能力出众，才华卓越，而且他的志向绝对不在父亲努尔哈赤之下，立下誓言要将储位夺到手，以便将来成就一方霸业。但是，现在，父亲努尔哈赤越来越宠爱阿巴亥和她的儿子们，如果照这样发展下去，将来肯定会成为自己争夺大汗位的最大障碍之一。于是，皇太极就暗暗地寻找有利的时机，希望能够找到一个合适的机会将这个眼中钉、肉中刺除去，从而消除自己的心头大患。与此同时，皇太极还有另一个更大的敌人，那就是大贝勒代善。自从褚英死了之后，代善就成为了大贝勒，独立拥有两旗，在追随父亲努尔哈赤四处征战的过程中立下了赫赫的战功，而且由于他的性格十分宽厚，因此深得众人的拥戴。

代善所有的条件都占据着绝对的优势，皇太极不得不自叹不如。尽管各种条件都处于劣势，但是皇太极是不会轻易认输的，因为他具有其他人都没有的优势——心机！从表面上看你，皇太极的这个优势是没有什么大作用的，但是却在一定程度之上，可以左右历史发生的变化。心机非常深沉的皇太极在对自己不利的局势上，没有放弃希望，也没有轻举妄动，而是在暗暗地等待着一个合适的机会，希望可以将代善彻底地扳倒。

然而，没有过多长时间，更不利于皇太极的消息就传了出来。有一次，努尔哈赤在与众人聊天的时候说道，等到他将来去世之后，他的大妃和各个儿子都托付给代善，大家听到努尔哈赤这样说，都知道这是将要传位给代善的意思。阿巴亥对此并不担心，因为即便真的是代善继位，她也可以继续拥有现在的地位，她的儿子依旧有希望在将来继位。但是，皇太极却有点儿慌张了，因为他心中非常清楚，倘若再不使用一些手段，自己将会输得一败涂地。而阿巴亥明白现在的代善有着相当显赫的地位，所以她开始经常与代善进行接触，以便自己将来的生活能过得更好一些。后来，阿巴亥与代善之间的关系变得越来越融洽，两个人的行为举止也是越发随意了。

当皇太极得知这个情况之后，心中非常高兴，认为这对于自己来说可是一个不可多得的机会。于是，他的心中慢慢地酝酿着一个十分可怕的计划。阿巴亥所使用的策略无疑是正确的，从而突出了她开阔的眼光与灵活的头脑。然而，她的对手皇太极却选择了打破常规的方法，以将对手直接毁灭作为目标，施展阴谋诡计，将阿巴亥的策略给破坏了。真是太遗憾！阿巴亥怎么也想不到皇太极是这样一个阴险之人！正在这个时候，一直都非常嫉妒阿巴亥，想要将其除去的德因泽也发现了阿巴亥与代善之间的频繁接触。这一点自然也逃不出皇太极的法眼，于是，他悄悄地来到了德因泽的住处，两个人一拍即合。皇太极还将自己的计划告诉了德因泽，德因泽自然不会反对。于是，一场大祸正在悄悄地逼近阿巴亥与代善。

天命五年，也就是公元1620年三月的一天，德因泽就找了一个恰当的机会在努尔哈赤的面前告了阿巴亥一状，说大福晋阿巴亥和大贝勒代善之间有着不能见人的秘密，而且这两个人经常秘密地交往，关系实在不一般。努尔哈赤听完之后，怎么也不肯相信，他马上派人就这件事情进行调查，结果确实发现阿巴亥与代善之间的关系十分密切，非同一般。努尔哈赤震怒，他怎么可能忍受自己喜欢的妃子与自己最疼爱的儿子之间有这样苟且的事情呢？而且，以前，他也曾经明确地下令禁止嫔妃与贝勒大臣有一丝一毫的瓜葛，现在发生这种事情，他是绝对不可能不发怒的。但是，他也知道这件事情是家丑，如果大肆地宣扬除去，肯定会对自己产生不利的影响，就暂时强忍着没有发作。

而没过多久，又有福晋趁着这个机会揭发阿巴亥私自盗窃皇帛，努尔哈赤就以此作为借口，将阿巴亥大福晋的称号剥夺了，而代善的权力也受到了一定的限制，而且还被剥夺了一旗，与此同时，还成为了努尔哈赤重点监视的对象。而德因泽由于告发阿巴亥有功而得到了阿巴亥原本拥有的和努尔哈赤在同一个桌子上吃饭的特权。到这里，皇太极打击阿巴亥与代善的计划获得了圆满的成功，而德因泽也实现了自己的愿望，可以说是心满意足。从此之后，阿巴亥和她的三个儿子开始过着十分凄苦的日子。

然而，只不过短短一年之后，努尔哈赤就再也没有办法忍受缺乏阿巴亥的生活了。当努尔哈赤带领后金军队将辽阳攻陷之后，他就打算重新将阿巴亥召回来。这不但是因为阿巴亥拥有独特的美丽，而且还因为她能够为努尔哈赤做很多其他福晋都没有办法做到的事情。在没有阿巴亥的一年中，努尔哈赤自己也过得相当郁闷。于是，他想来想去，总是觉得其实阿巴亥也没有做出什么太大的错事，也可能是她和代善之间只不过是普通的交往，但是，大家却将这件事情说得过于严重了。他在心中不断地为阿巴亥进行开脱，直到自己感觉阿巴亥确实是无辜的，然后就下令恢复了阿巴亥的大妃之位。与此同时，努尔哈赤还册封多尔衮与多铎为贝勒，分别统率正白、镶白二旗。但是，努尔哈赤仅仅只是为阿巴亥开脱罪状，但是并没有给这件事情的另一个主要人物——代善一个翻身的机会。可能，他心中也知道自己是偏向阿巴亥的，只不过有意识地不去挑明罢了！

皇太极将这一切都看在眼中，心中很清楚自己的计划只是成功了一半，代善已经失去了与之竞争大汗之位的能力，但是，身为自己眼中钉、肉中刺的阿巴亥并没有被打倒。阿巴亥很清楚皇太极的想法，心中不免有了几分的得意，认定皇太极已经拿她没有办法了。在经历了这场劫难之后，阿巴亥的思想也随之变得更为成熟了。当她再次进入努尔哈赤身旁的政治斗争的时候，比从前更加智慧和果断。不过，她与皇太极之间的斗争并没有就此结束，更惊心动魄的斗争还在后面。没有多长时间，努尔哈赤再一次对沈阳发起进攻。后来，他就把都城迁到了沈阳，并且将沈阳称为"形胜之地"。从此之后，人们就开始称沈阳为盛京。与此同时，阿巴亥等众位福晋以及各个贝勒也都被接到了沈阳。

天命十年，也就是公元 1625 年，沈阳城修建宫殿的工作正式展开了，没多久已经粗具规模了，并且经过不断的扩展建设，宫殿也是变得越来越壮观。阿巴亥将这一切都看在眼中，为努尔哈赤拥有这样的成就而感到高兴。而且她也知道，用不了多长时间，后金肯定会将大明王朝击败，从而一统江山。也正是在如此慢慢地转变过程中，阿巴亥的命运似乎也正在朝着更好的方向发展着。天命十一年，也就是公元 1626 年正月，努尔哈赤率领大军在宁远，也就是今天的辽宁兴城城下和明朝将领袁崇焕展开了一场殊死决斗。虽然努尔哈赤几乎一辈子都在打胜仗，但是如今他毕竟已经老了，在明朝军队炮火的猛烈进攻之下，努尔哈赤本人受了很重的伤，所率领的军队也遭受了十分罕见的惨败！

对于努尔哈赤来说，打胜仗早已经成了一种习惯，而现在，自己却败在了一个年龄不大的年青将领的手中，而且还败得这样惨，心中不免感到万分沮丧。他反反复复思考着这场战争为什么会失败，但是却百思不得其解。他的自尊心一直饱受着难捱的煎熬，时间长了，终于积愤成疾。后来，努尔哈赤转到清河汤泉进行疗养，却没有一丝一毫的效果，心中清楚自己的大限已经到了，就想着回到沈阳，希望能够再与自己喜欢的大福晋阿巴亥再见一面。在距离沈阳四十里之远的福陵隆恩门，努尔哈赤终于见到了心爱的阿巴亥。阿巴亥看到努尔哈赤病得如此严重而痛哭不止。努尔哈赤虽然对于自己戎马半生的尘世十分留恋，但是却终究不能违背天命。这一年的八月，享年68岁的努尔哈赤去世了。努尔哈赤死了，阿巴亥的保护伞也随之消失了！阿巴亥和皇太极之间的斗争也到了最关键的时刻！

最后的生死决战

努尔哈赤死了之后，阿巴亥表现得伤心欲绝。这不仅是因为她永远地失去了心爱的大汗，更是因为她感到自己少了一个保护自己大靠山，而自己的处境也立即变得相当危急起来，因此，她的心中才会这样痛苦。当努尔哈赤的灵柩被拉回沈阳之后，众位贝勒之间就展开了一场争夺大汗之位的斗争。

阿巴亥心中非常清楚，如今她已经失去了努尔哈赤的直接保护，她不得不主动积极地投入权力的控制中，只有这样，自己的儿子才有可能得到大汗之位。代善在那一次的风流案之后，就彻底失去了争夺大汗之位的能力，于是，阿巴亥的儿子与皇太极之间正式开始了关于大汗之位的争夺战。阿巴亥觉得如今自己的三个儿子各自执掌一旗，其中，二儿子多尔衮又立过不少战功，只要自己能够将局面把握好，将形势控制住，大汗之位极有可能落到自己儿子的手中，其中，可能性最大的就是二儿子多尔衮。

异常精明的阿巴亥在心中悄悄地将一切都算计好了，因为努尔哈赤去世的时候，只有自己陪在他的身边，所以她能够任意伪造努尔哈赤的遗命。阿巴亥认定已经胜券在握，而皇太极则完全处于劣势。然而，她似乎忘记了上一次的教训，她怎么可能斗得过皇太极的阴险心计呢？尽管她计划得十分完美，似乎已经将所有的事情都掌控在自己的手中，但是，皇太极从来都不走寻常路，而从来都是将她直接毁灭作为目的。上一次是这样，这一次还是这样，阿巴亥怎么可能有获胜的机会呢？

皇太极很清楚阿巴亥目前所处的位置与手中所有的权力，于是，他对当前的局势进行相当仔细的分析。这个时候，阿巴亥正式宣布了努尔哈赤在临终之际的遗命，也就是"多尔衮嗣位，代善辅政"。但是，对于她所宣布的这份遗命，四大贝勒并没有给予认可，因为除了阿巴亥之外，再也没有一个人能证明这份所谓的"遗命"是真实的，因此，他们拒绝接受。虽然这份"遗命"没有被承认，但是却也引发几个贝勒的不满。于是，皇太极突然想到了一个好主意。皇太极知道，尽管与他争夺大汗之位的是力量已经远远超过四大贝勒的阿巴亥的三个儿子，但是真正对他的权位产生威胁的却是阿巴亥本人，只要将阿巴亥除掉，他就有把握将阿巴亥几个儿子的势力分散，让其没有办法联合在一起。如此一来，自己就可以顺利地登上大汗之位。

通过认真而仔细的策划，皇太极先是将代善、阿拜以及莽古尔泰三个兄弟买通，这四大贝勒开始同时实施事先制定好的计划，然后在努尔哈赤死了之后的第二天，皇太极、代善以及莽古尔泰三个人一起来到了后宫，由莽古尔泰在阿巴亥面前宣读努尔哈赤的"遗诏"。"遗诏"中声称，阿巴亥的嫉妒心非常强，如果留下来，那么国内必定会发生祸乱，等到自己去世之后，一定要让她一起陪葬。

阿巴亥听完之后惊呆了，半天没有反应过来。她怎么可能会想到皇太极竟然能够走出这样狠毒的一步棋呢？阿巴亥当然不会就此认命，于是开始极力辩解，说先皇在世的时候，相当宠爱自己，从来没有对自己有过什么别的想法，而且关于先皇在临终时候的所有遗言，自己都听得清清楚楚，根本就没有让自己一起陪葬的说法。与此同时，她直接痛斥这肯定是皇太极胡乱编造出来的谎言。但是，皇太极根本不为所动，仍然平心静气地说这的确是先皇临终时候的遗言。阿巴亥继续对皇太极加以怒斥，说这完全是他设下的一个阴谋，就是为了将大汗之位夺到自己的手中，这才不惜这样对自己进行陷害。尽管阿巴亥也知道如今说这些肯定没有任何作用了，但是她又不甘心就这样死去，所以她不断地申辩

这不可能是先皇的遗命，这都是皇太极设下的一个诡计罢了。然而，不管她怎么申辩都不会有一丝一毫的作用了，因为如今已经不会有人站在她身边了。

想要皇太极放她一条生路，这根本就是不可能的事情。皇太极以非常强硬的语气说，这就是先皇的遗命，一定要执行。莽古尔泰也在旁边帮腔道，先皇舍不得离开阿巴亥，在归天之后，希望她能够来陪伴自己，这才有了让阿巴亥陪葬的遗命，因此，希望她别再拒绝了，从此之后，她就能够永远与先皇在一起了。现在还剩下一个代善没有讲话了。阿巴亥曾经与代善的关系非常好，否则，也不会出现当年那样的风流案。于是，她将唯一生存的希望放到了代善的身上。不过，非常可惜的是，代善却一直低着头不说话，任凭他的两个兄弟不断地对阿巴亥进行软硬兼施。而在后金政权时期有一个这样的规定，倘若殉者不愿意殉，那么就要被大家群起扼死。阿巴亥深深地知道自己已经没有一丝的活路了，终于打算面对这个现实了。而且，阿巴亥很清楚，只要自己死了，自己的三个儿子马上就会成为众矢之的，用不了多长时间，肯定会遭到皇太极的毒手。于是，她说道，自己一生跟着先皇努尔哈赤，获得了不少其他人都没有得到的权力和光荣，自己也应该满足了，所以，她能够接受陪葬的事情。但是，她放心不下自己的那几个儿子，希望自己死了之后，三个儿子可以平安地活在这个世界上。她要几个贝勒各自发誓，在她死了之后，必须将她的几个儿子照顾好，不能够暗害他们。

代善第一个发誓，他保证自己肯定会将她的几个儿子保护并且照顾好的。虽然阿巴亥对于代善不念旧情，没有救她的性命感到十分恼怒，但是，这个时候，代善能够做出这样的保证，阿巴亥的心还是得到了几分的宽慰。于是，她又转向另两个贝勒，紧紧地盯着他们。皇太极就和莽古尔泰一起发誓，表示肯定会好好保护她的儿子。到了这个时候，阿巴亥的心中已经没有任何的顾虑，最后咬了咬牙，在沐浴完毕，盛装打扮，并且佩戴上努尔哈赤生前赏赐的很多珠玉之后，在努尔哈赤死亡的同一年同一月的十二日辰时自缢而死了，终年仅仅只有 37 岁。在与皇太极的这场较量中，阿巴亥最终以惨败而结束！

　　阿巴亥可以算得上是一个智谋双全的女子，但是，她遇到了心机深沉的皇太极，所以，最终还是逊了一筹。大汗之位的争夺战就这样告一段落，局势也最终稳定了下来。阿巴亥死了之后，皇太极再也没有障碍了，在众位贝勒的拥护之下，顺理成章地登上了大汗的宝座。他登位之后，遵守了自己对阿巴亥的承诺，对于阿巴亥的几个儿子都没有为难，甚至于到了后来，还将多尔衮视为自己的心腹大臣。但是，他对外所说的阿巴亥的死亡原因和他所编造的遗诏是有着很大的不同的，只说阿巴亥心中想着先皇努尔哈赤，自愿以身相殉，心甘情愿地陪伴着先皇一起葬在沈阳的福陵。

　　他之所会这样说，也许是想要将他阴谋中折射出的罪行掩盖吧！不过，皇太极可是没有打算就这样罢休，因为当年帮助他告发阿巴亥与代善风流案的妃子德因泽知道他曾经设计的阴谋，为了避免以后可能会节外生枝，所以，他就命令德因泽也一起为先皇努尔哈赤殉葬了。与此同时，努尔哈赤的另一位庶妃阿济根也一同殉葬了。德因泽最后落了一个这样的下场，不知道她是否对自己当年的各种举动感到后悔呢？不过，由此却可以看出，皇太极的手段如此狠毒，实在令人感到心惊。

　　直到顺治七年，也就是公元 1650 年的时候，多尔衮掌握了朝政大权，就追谥他的母亲阿巴亥为"孝烈恭敏献哲仁和赞天俪圣武皇后"。一年之后，多尔衮因为疾病去世了，孝庄太后和顺治帝马上把他划入了罪人的行列。与此同时，他的母亲阿巴亥也被罢黜了谥号，他的牌位也被从太庙当中挪了出来。阿巴亥原本能够成为受到后人敬仰的大妃，但是，他的儿子却成为大清王朝的罪人，连累她在屈死之后，最终也没有能够受到后世皇族人尊重与纪念。这不得不说是她的时运太不济了！

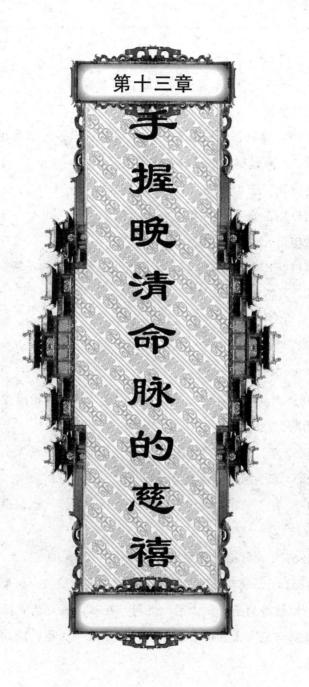

第十三章

手握晚清命脉的慈禧

后妃档案

☆姓名：叶赫那拉·杏贞

☆别名：孝钦显皇后、慈禧皇太后、西太后

☆民族：满族

☆出生地：内蒙说、安徽说、浙江说、甘肃说、山西说、北京说。其中，北京说一直是得到认可的正式说法。

☆出生日期：公元 1835 年

☆逝世日期：公元 1908 年

☆宗教信仰：藏传佛教

☆主要成就：辛酉政变；镇压太平天国；洋务运动；清末新政。

☆配偶：爱新觉罗·奕詝

☆子女：1 个儿子

☆陵墓：定东陵

☆生平简历：

公元 1835 年 11 月 29 日，慈禧出生，通常认为慈禧出生在北京西四牌楼劈柴胡同，也就是今天的今辟才胡同。

公元 1852 年，18 岁的慈禧进宫选秀，被册封为兰贵人。

公元 1854 年，慈禧被晋封为懿嫔。

公元 1856 年，慈禧为咸丰皇帝生了皇长子载淳，也就是后来的同治皇帝，当天被晋升为懿妃。

公元 1857 年，慈禧被晋封为懿贵妃。

公元 1861 年，咸丰皇帝去世，皇子载淳继承皇位，慈禧因为是皇帝的生母，所以被尊为圣母皇太后；九月，在恭亲王奕訢支持之下发动政变，慈禧太后与慈安太后联合恭亲王，杀肃顺等大臣，成功地夺权，开始垂帘听政。

公元 1874 年，同治皇帝去世，因为没有子嗣，就遵照皇太后意思，由醇亲王奕譞的儿子载湉继位，历史上称为光绪帝，慈禧继续听政。

公元 1881 年，慈安太后钮祜禄氏因为疾病去世，从此之后，慈禧太后开始一宫独裁。

公元 1888 年，光绪皇帝大婚，第二年亲政；慈禧继续"训政"。

公元 1894 年，慈禧太后六十大寿庆典；甲午中日战争战败。

公元 1898 年，由于光绪皇帝进行戊戌变法，慈禧太后发动戊戌政变，斩杀六君子，囚禁光绪皇帝，之后，重新"训政"。

公元 1901 年，慈禧太后与皇帝下诏罪己、行庚子新政。

公元 1908 年，光绪皇帝去世，慈禧太后立醇亲王载沣儿子溥仪为帝，同年 11 月 15 日，慈禧太后去世，葬在了定东陵。

人物简评

　　慈禧太后是近代历史中最具有传奇色彩，最富有争议的一个人物。她是晚清同治、光绪两朝的最高决策者。她以垂帘听政、训政为名，统治了中国整整47年。长期以来，无论是有关慈禧的史学论著，还是文学作品，大部分都仅仅讲了慈禧祸国殃民的一面，所以，在大多数人的心中，慈禧就是一个昏庸、专横、残暴的老妖后。然而，历史上真实的慈禧，在其当权时期，也曾经为朝廷作出了很大的贡献，所推行的政策也有很多是合理的，所以，才造就了造就"同治中兴"的气象。由此可见，慈禧也算得上是一位政治手腕高明，为人处世干练的少数长期当政的女性统治者。

生平故事

进宫选秀得宠爱

　　道光十五年，也就是公元1835年，伴随着一阵十分响亮的啼哭声，一个小女婴降生了，父母为她取了个小名为"兰儿"。谁也没有想到，就是这个兰儿的小姑娘将来会与大清王朝的命运紧密连在一起。她就是历史上非常著名的慈禧太后。

　　咸丰二年，也就是公元1852年，兰儿已经成长为一名亭亭玉立的18岁大姑娘了，并且作为秀女将要入宫选秀。同年五月，随着一阵非常急促的脚步声响起，原本宁静的清晨被打破了。只见一队人马护送着十二顶轿子走了进来，每顶轿子的帘子都是低垂着的，所以，没有人能够看清楚帘内的光景。

　　这个时候，有一顶轿子的主人似乎一点儿也不甘寂寞，撑开轿帘想

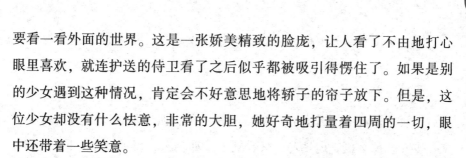

要看一看外面的世界。这是一张娇美精致的脸庞，让人看了不由地打心眼里喜欢，就连护送的侍卫看了之后似乎都被吸引得愣住了。如果是别的少女遇到这种情况，肯定会不好意思地将轿子的帘子放下。但是，这位少女却没有什么怯意，非常的大胆，她好奇地打量着四周的一切，眼中还带着一些笑意。

没过多长时间，几名宫廷侍卫走了过来，然后把轿子打开，将轿子的主人迎了出来。这个时候，人们才看清楚，原本，轿子中居然是一个天生丽质的美人儿，她就是这一届的秀女。这位少女定了一下心神，就跟着一起来的几名女子，被安排在一间厢房内等待传召。厢房的后面有一个小园子，园子中有一个小池塘，有一片翠竹林，旁边还有几株月季正在盛开着，非常美丽。

池塘清澈的水波将几位女子的模样映了出来，少女看着水中的自己，居然有了一种顾影自怜的感觉。

不久之后，这位少女就与其他秀女一起被传进了一间非常华丽的宫殿，分批侍立。忽然，有人高声喊道："皇上皇后驾到！"少女与大家一起三跪九叩，行着拜见皇帝的大礼。

这个时候，咸丰皇帝走到案几旁边坐下之后，说道："都起来吧！"

少女慢慢地站起身来，看向皇帝所做的位置。皇上长得还算英俊，只是脸色有一些苍白，没有自己想象中的那样冷酷与威严。就在少女打量咸丰皇帝的同时，咸丰皇帝也朝她看了过来，因为她实在太大胆，居然没有一丝一毫的顾虑，这也让她与其他女子显得那么不同。

这个时候，几名宫女走了过来，给每个秀女递上了一个小盘。这就是清朝选秀的规矩，皇上手里只有两只荷包，他喜欢哪一个秀女，就会把荷包放在哪一个秀女的盘子中，那么，这个秀女将来就会成为皇帝的妃嫔。

这个少女环顾了一下四周的几名秀女，她们都是低着头，一副非常羞怯的样子。只有她一个人，仍然是那样地毫不在意。咸丰皇帝的目光也始终停在她的身上，她对着咸丰皇帝嫣然一笑。

咸丰皇帝拿起一个荷包，朝着这位少女走来，把荷包放到了她的盘子中。

这位少女马上下跪致谢："谢陛下与皇后隆恩！"咸丰皇帝非常满意。随后，没有被选中的秀女全都被侍从领走了，四名被选中的秀女留了下来。少女就那么挺直地站着，只看到她发如乌云，目如秋水，贝齿如雪，眉似柳叶，肤如凝脂。咸丰皇帝的眼光再一次停留在这位少女的身上。

"你是叶赫那拉氏？"

"回皇上，臣妾叶赫那拉氏，小字玉兰，小名兰儿。"

"玉兰，兰儿，那朕现在就册封你为兰贵人。"

"臣妾谢皇上隆恩，谢皇后恩典。"

就这样，长相出众、性情大胆、举止大方的兰儿被咸丰皇帝选中，被册封为兰贵人。同时被选中的其他三名秀女分别被册封为贞嫔、云嫔以及丽贵人。

册封仪式结束之后，兰贵人就随着宫女来到了储秀宫，这就是后宫中的西六宫之一。

因为兰贵人天生丽质，生性也非常活泼，所以咸丰皇帝非常宠爱她。有一段时间，咸丰皇帝基本上每天晚上都会留宿储秀宫，对于兰贵人的专宠盛极一时。

诞下龙子升贵妃

兰贵人进宫之后两年中，咸丰皇帝对她的盛宠一直不断，因此遭到了后宫其他妃子的不满与嫉妒，其中，皇后是最不高兴的一个，但是，咸丰皇帝每天都沉迷在兰贵人身上，一有时间就去她的宫中，她们也没有机会对付兰贵人。

在万般无奈之喜爱，皇后不得不一方面发动各个妃子与大臣劝说皇帝应当注意身体，要勤于政事，一方面则是寻找合适的机会，准备给兰贵人一点儿颜色看看。

一天早上，皇后命令心腹太监捧着祖训，带领着几个侍卫直奔兰贵人的储秀宫。储秀宫外十分安静，除了几个日常打扫的秀女之外，根本看不到其他的人影。

皇后看到这样的景象之后，心中的怒火更大了，正要进入宫中的时候，忽然有一个太监将她的去路拦住了。太监说道："皇后娘娘，昨天晚上，皇上有传话……"

还没有等这个太监把话说完，皇后就大声训斥道："滚开，别在这里挡路！"

太监看到皇后这样生气，也不敢再拦，只好悻悻地躲在一边。皇后走进宫中，跪到地上，手中拿着祖训，朗声说道："皇上，臣妾已经把祖训请了出来，还请皇上认真聆听！"

这一句话就好像平地雷一样，惊得咸丰皇帝与兰贵人一跃而起，咸丰皇帝急忙说道："皇后不用念祖训了，朕立即起床上朝听政。"

咸丰皇帝急忙地穿戴完毕之后，就直接去上朝听政了。

皇后看到之后，心中的怒火也消了一些。于是，她把祖训收了起来，对正在地上跪着的兰贵人说道："你我都是皇上的妃子，应当替皇上分忧才是，但是，自从你进宫之后，就整天迷惑皇上，让皇上对于朝政不理不睬，难道你想让皇上背上昏君的骂名吗？"

兰贵人听了皇后的训斥之后，哭哭啼啼地请求皇后进行责罚。皇后没有再说什么，只是让随侍的太监将兰贵人带到了坤宁宫。

坤宁宫正是皇后所住的地方，同时也是皇后行使自己权力的地方。这个时候，皇帝身边的一个太监看到如此情况之后，急忙悄悄地溜了出去，朝着咸丰皇帝上朝的地方跑去。

咸丰皇帝听完太监的禀报之后，心里非常着急，赶紧写了一道手谕，让太监拿着手谕前去坤宁宫。

坤宁宫内，兰贵人在地上跪着，不说一句话。而皇后则慢吞吞地说道："祖宗的家法在这里，你也不要怪本宫。"刚准备行刑的时候，忽然，门外传来太监的叫喊声："皇上有旨。"

皇后一听，心中知道不好了，但是，她也没有其他把法，只能与其他人一起跪下来接旨。太监道："皇上有旨，兰贵人怀有身孕，特赦兰贵人不受责罚。"皇后听到这里，大惊失色，她吃惊的并不是皇上这道非常及时的圣旨，而是兰贵人怀孕这件事情。原本，兰贵人就专宠一身，现在又有了身孕，那以后还了得。尽管皇后心中很恼怒，不是滋味，但是最终也不得不遵循皇上的意思，将对兰贵人的责罚免了，并且让她在宫中好好养胎。

咸丰四年，也就是公元 1854 年二月，大地还处在一片冰冻的状态下，整个世界都笼罩在一种萧条的气氛中。而这个时候的紫禁城却是灯火通明，每个人的脸上都带着喜色，储秀宫更是人来人往，非常忙碌。

在人们非常焦急的等待中，一声嘹亮的啼哭声响起，兰贵人的儿子出世了，这也是咸丰皇帝唯一的一个儿子，取名为载淳。

咸丰皇帝得知这个消息之后，急急忙忙带着人赶往储秀宫。这位皇子的出世，让压在咸丰皇帝心头数年的大石头总算落了地。他等待着这么多年，终于盼来了可以继承江山的儿子。

载淳满月那一天，一位太监手中拿着咸丰皇帝的圣旨来到了储秀宫，宣旨到："兰贵人诞下龙子，使我大清王朝后继有人，功不可没，即日起，册封兰贵人为懿贵妃。"

就这样，兰儿仅仅用了两年的时间，就从兰贵人变成了懿贵妃。如此快速的晋升，在后宫妃子中可是不多见的。

咸丰去世　辛酉政变

咸丰十年，也就是公元 1860 年秋天，英法联军向北京发起进攻，用一把大火将闻名于世界的圆明园烧毁。咸丰帝带领肃顺等大臣以及后宫嫔妃们逃到了热河行宫。而北京这个烂摊子，就丢给了咸丰帝的弟弟恭亲王——奕䜣来处理。

有一天，咸丰皇帝在批阅奏折的时候，忽然感到头昏脑胀，没有办法再批阅下去。于是就让在身边伺候的懿贵妃代笔。刚开始的时候，懿贵妃还有一些推辞，后来看到咸丰皇帝执意要这样，也就没有再说什么，而是坐到了案侧，有模有样地批阅起奏折来。

这个时候，懿贵妃说道："皇上，这是恭亲王的奏折，臣妾不敢擅自做主。"

咸丰皇帝拿起奏折一看，原来是恭亲王想要来热河行宫拜见皇上。咸丰皇帝犹豫不决，因为这个恭亲王奕䜣也是他的一块心病啊！

咸丰与奕䜣是同父异母的兄弟，咸丰刚刚出生没有多久，他的母亲就去世了，是奕䜣的母亲把他们拉扯长大的。道光皇帝在位的时候，非常疼爱奕䜣。奕䜣自小身体素质就非常好，而咸丰则是身体虚弱，经常生病，不像奕䜣那样活泼。就这样，在咸丰皇帝的心中，非常嫉妒他这个弟弟。

尽管最后皇位还是由咸丰继承，但是中间也经历了很多波折，使得两兄弟之间有了解不开的心结。

从此之后，咸丰帝与奕䜣不和已经数年了，奕䜣的亲生母亲静太妃去世之后，奕䜣曾经数次请求咸丰将其册封为静太后，但是咸丰皇帝始终没有答应。这也使得两个人的关系越来越差。甚至两个人都不愿意再看到对方的存在。

现在，奕䜣想要来热河拜见，这件事情引起了咸丰皇帝的警觉，他知道自己的才华一直不如奕䜣。后来又想起，奕䜣曾经对自己的皇位所造成威胁，现在，自己身体日渐衰弱，儿子才五六岁，那么奕䜣是否会威胁到儿子的皇位呢？想到这儿，他更坚定了心中的想法，绝对不能让奕䜣来热河。

随后，咸丰还征求了懿贵妃的意见，懿贵妃认为这也属于人之常情，并没有什么不妥的地方。

咸丰听到懿贵妃这样说，心中非常烦躁，他忽然想到了肃顺，虽然肃顺是一个粗鲁之人，但是，咸丰皇帝却非常欣赏他处理事情的方法。于是，他让人将肃顺召来，想要就此事问问肃顺的看法。

没过多久，肃顺来到了咸丰皇帝的书房。给皇上行过礼之后，就坐在了书案侧边的椅子上，看到咸丰皇帝日渐苍老的脸之后，肃顺说："皇上，您应当多加保重身体，不要太劳累，朝中事情交给我们就行了。"

皇帝听到肃顺如此说着，心里非常舒坦，道："还是爱卿最是体贴。朕今天将你叫过来，是有事要与你进行商量。"说着将把奕䜣的奏折递给了肃顺。

肃顺看完之后，惊讶地叫道："奕䜣要来热河？"

肃顺本来就有专权的野心，而阻挡他当政的两大障碍就是能力出众的奕䜣与经常帮助皇上批阅奏折的懿贵妃。不过，肃顺不会让自己的野心暴露出来，他不露声色说道："皇上，臣觉得恭亲王是皇上的亲弟弟，他来探望也是人之常情，恐怕不好拒绝啊！不过，表面上臣觉得理所应当，但是，私下里却感觉并不简单啊，皇上还是小心一点儿为好。"这句话正好说到了咸丰的心坎中。

肃顺接着问道："皇上，您每天这么操劳，奏折批阅可有人代劳吗？"

咸丰回答说："懿贵妃一直在旁边帮朕。"

"皇上，汉朝时期，吕后专权，正是在君王不理朝政的时候；唐朝时期，武则天专权，也是由于高宗有病没有办法处理朝政。皇上，由此可以看出，后妃干政，不是一件好事呀。"

咸丰笑着说道："这件事情，朕心中早已经有了打算。"

"皇上还是小心为妙啊！懿贵妃不是叶赫那拉氏吗？她的祖先曾经许下诅咒，说爱新觉罗氏会毁在叶赫那拉氏的手里。"

咸丰皇帝听到这里，心中猛然一震，的确，他怎么可能忘记那个诅咒。他急忙问道："肃顺，依爱卿看来，应当怎么办？"

肃顺说："皇上可以效仿汉武帝处理钩弋夫人的方法。"

咸丰皇帝自然听说过这个故事，在汉武帝70岁的时候，钩弋夫人生下了皇子弗陵，汉武帝想立弗陵为太子，但是又害怕自己时日不多，担心钩弋夫人会因此而干涉朝政。因此，在他临死之前下了诏书，自己去世之后，就让钩弋夫人一起殉葬。

想到这里，咸丰就拿起笔，写下了遗诏："朕死，必杀懿贵妃以殉，毋使覆我宗。"

储秀宫内，懿贵妃正在发呆，自从那一天她同意奕䜣来探望皇上之后，皇上就再也没有召见她，这让她心里感到非常不安。"主子！"懿贵妃最喜欢的小太监安德海匆忙地来到她面前。懿贵妃看到这样的情况之后，就让其他人都退下了。

安德海把肃顺与皇上之间密谈的事情告诉给懿贵妃！懿贵妃听了之后，全身发凉，过了很长时间，她说道："与其这样坐以待毙，倒不如拼一个鱼死网破！"

在她还是兰贵人的时候，这个肃顺就处处与她作对，现在居然给皇上出了这样一个恶毒的注意，那么，她只能被迫反击了。

不过，如今，皇上已经对她起了防范之心，她不可能向皇上求助了。不过，皇后却一直对肃顺专权非常不满，倘若能与皇后联合，也未尝不是一个好办法。不过，要想与皇后进行联合，还需要等待一个合适的时机啊！

几天之后，安德海给懿贵妃送来了两个消息：第一，肃顺趁着皇上不在的时候，居然坐到龙椅上，还问随从自己是否像皇帝。第二，一个小太监打碎了肃顺的一个和田羊脂玉杯，后来小太监粘合之后，递到肃顺面前时，小内监忽然惊叫一声，玉杯掉在了地上，摔成了碎片，小太监慌忙跪在地上说："刚才奴才看到主子鼻孔冒出两道黄气，非常像龙脉，因此失手打碎了玉杯，还请责罚。"肃顺听了这话之后，非常高兴，自然不会计较玉杯的事情。这两件事情随便一件都能够置他于死地。

懿贵妃把这两件事情禀报给了皇后，两个人经过商量之后，决定联合恭亲王，将肃顺撤掉。有了皇后的大力支持，懿贵妃的心也算稍稍安定下来。这几天，咸丰皇帝心中可又不安了，本来以为懿贵妃的事情解决之后，就能够高枕无忧了，但是，皇后却将肃顺那两件事情告诉给皇上，皇上听了之后，心里相当震惊！他一直处在这种矛盾中，不断地挣扎着，肃顺想要专权的事情究竟是真是假呢？就这样，外有帝国的侵略危险，内有大臣专权的危机，这让本来身体就不好的咸丰帝变得更加虚弱了。没过多长时间，他就卧床不起了。

有一天早晨，皇后还在梳洗打扮，就有一个太监前来传召。皇后心中一惊：难道皇上的病情又加重了吗？皇后这样想着，心里就越发地担心，当她看到床上病入膏肓的咸丰皇帝的时候，再也控制不住自己的情绪，就开始呜呜地哭了起来。

咸丰皇帝拉着皇后的手，喘着粗气说道："等我死后，一定要提防两个人，一个是肃顺，一个是懿贵妃，他们都不是善辈，你不是他们对手。如今，朕赐给你一道密诏，倘若懿贵妃图谋不轨，这个能够让你便于行事！"

咸丰皇帝交代完毕后，将让皇后退下，然后，自己闭上眼睛休息了。

两天后，咸丰皇帝下来圣旨，自己驾崩之后，由载淳继承皇位，并且册封载垣、匡源、端华、肃顺、穆荫、杜瀚、景寿、焦佑瀛为辅政大臣，由他们八个人一起辅佐新君。

把所有的事情都安排妥当之后，一天早上，咸丰皇帝在宫女的搀扶之下走到了屋外，看着庭前的花儿开得正好，月季、芍药非常娇艳，这让咸丰的心中非常高兴。他感觉自己的身体仿佛又恢复了生机，全身都觉得舒畅，身体也变得更为柔软了。

咸丰十一年，也就是公元 1861 年七月十七日深夜，咸丰皇帝在睡梦中去世了。咸丰皇帝的死，代表着一个时代的结束，同时也代表着一场阴谋的开始。

咸丰皇帝驾崩之后，朝中各大势力都处在一种紧张的状态，目的无非只有一个，那就是要在最短的时间内，掌控最大的权力。

第二天，懿贵妃与皇后召见了肃顺。肃顺走进后宫，对着懿贵妃与皇后行了一个马马虎虎的礼，就大大咧咧地坐在一旁的凳子上。

皇后对肃顺说："先皇驾崩，新皇登基，爱卿必须辛苦一点了！"

肃顺拱了拱手说道："先皇对于微臣恩重如山，臣不敢不鞠躬尽瘁！"

皇后顿了顿，对着帘内招了招手，说道："赐茶！"

刚开始的时候，肃顺还有点儿犹豫，不过当他看见懿贵妃和皇后也吃着同样的茶水的时候，就放下了心，茶水应当不会有问题。于是，肃顺端起茶水，轻轻抿了一口，赞道："好茶，真是好茶，谢皇后与懿贵妃赐茶！"

这个时候，皇后说道："肃大人，新皇登基，哀家与懿贵妃的称呼可是要改一改了？"

肃顺心中一愣，后宫的人这么快就要动手了。

不过，肃顺可是一个非常狡猾的老臣了，根本不会被这样的事情难倒，他不紧不慢地说："臣肃顺给二位太后请安。"皇后与懿贵妃看到这种情况也没有说什么，只是让他退下了。

几天之后，在肃顺等大臣的辅佐之下，新皇发布诏书，尊奉先帝之后为皇太后，居住东宫；尊封先帝懿贵妃为皇太后，居住西宫。人们将她们分别称为东宫太后与西宫太后。而这西宫太后就是慈禧太后，而东宫太后则是慈安太后。

有一天，肃顺听说下人来报，说是慈禧太后把自己最宠爱的太监安德海赶走了，肃顺非常吃惊。这安德海可是最招慈禧太后喜欢的，忽然把他赶走，事情肯定有异常。不过，后来又听说是由于安德海在照顾小皇子的时候，不小心把小皇子摔伤了，两位太后一气之下就将他赶走了。这样一想，倒也合乎人之常情。

半个月之后，恭亲王递上一封奏折，要求赴热河叩拜梓宫。肃顺看了这个折子后之后，心中的警觉性马上提高了很多：恭亲王这是要有所行动了。

"二十多天之前，我们还命令他在京都处理事务，他这个时候过来干什么？"肃顺问四周的人。

过了好半天，一位大臣才说道："尽管恭亲王在京都，但是他对热河的事情却这样了解，难道有内应吗？"

肃顺说道："那是肯定的，否则，奕䜣还能长着顺风耳不成？"

大臣又说道："自从先皇驾崩之后，西宫太后的野心也越来越大，常常拿着先帝来威逼我们做事情，尽管并没有造成多大的危害，但是也不能不防啊。"

肃顺说："嗯，西太后的妹妹现在京城，倘若她们利用这层关系，让两宫太后与恭亲王联合起来，那么我们的形势可是相当不利啊。"

所有人听了之后，都感到浑身冒冷汗。

肃顺这一边商量对策的时候，西太后也没有干坐着。这个时候，她去找到了醇郡王，也就是先皇的亲弟弟，慈禧的妹夫。

慈禧问醇郡王："恭亲王那边怎么样？"

醇郡王答道："安德海已经把这边的情况告诉给了恭亲王，他就要来热河了。"原来，把安德海赶出去，不是为了惩罚他，而是为了让他给恭亲王通风报信啊。

几天后，恭亲王奕䜣果真来到了热河。

恭亲王身上穿着孝衣，面色十分悲痛，朝着咸丰皇帝的灵堂飞奔而去。奕䜣跪在咸丰皇帝灵前，痛哭流涕。

这个时候，忽然有人喊道："辅政大臣到！"

原来是八位辅政大臣到了，奕䜣急忙整理一下衣服，站起身来前去相迎。

双方见面之后，奕䜣抢先行礼："奕䜣德薄，在这里拜见各位大人。我这一次前来为了叩拜先帝棺梓，宫中的世情，还请诸位大人费心。"

这句话说得肃顺心中非常舒服，双方一番虚情假意地寒暄后，忽然，又有宫人来报，说两宫太后想要邀请恭亲王前去问话。肃顺听了之后，心中又警觉起来，他抬头看了看奕䜣。

奕䜣假装非常为难地说："大人，您看这……"

这一下，问题转到了肃顺前面，他也不好说什么，只能说道："两宫太后传旨，恭亲王前去就是了。"

奕䜣刚刚准备离开，礼部侍郎杜翰说："自古以来，叔嫂就一定要懂得避嫌，现在先皇驾崩，太后正在服丧，这个时候见面恐怕不太适合吧，希望恭亲王三思而后行。"

奕䜣听到这里，不得不留了下来。

又过了一会儿，两宫太后又派人传话说："恭亲王乃是先皇的亲弟弟，况且醇郡王和福晋也正在太后那里闲聊，当然可以前去一叙，外人不得多言。

就这样，肃顺这一帮大臣也没有话说了。于是，奕䜣就跟着下人来到了东宫，两宫太后把他迎进去之后，关上了宫门。

过了很长时间，奕䜣说："肃顺老贼，按照常理应当千刀万剐，不过如今还要请两位太后暂且忍让一下。依臣看来，太后可以扶灵回紫禁城，然后再找机会将肃顺一党处置了。"

两宫太后问道："为什么要扶灵归京呢？"

奕䜣说："还请太后放心，回到京城之后，一切事情就会变得好办多了。要想办法阻止八位大臣进行联合，对他们采用分而治之的办法，更不能够让他们挟天子以令诸侯，因此，在扶灵归京的时候，也要带着新皇一起走才可以。就这样，三人商定好了接下来的计谋。

这个时候，肃顺也把自己的几位同僚刚刚送走，他哪里知道，他的命运就在刚才已经被决定了。

随后，董元醇的一封奏折将皇宫里面的平静打破了，使得诸位大臣与后宫嫔妃人心惶惶、坐立不安。

董元醇原本山东道监察御史，官位居中，不算大也不算小，在平常的时候，根本就不会有人注意到他。他上奏，希望两位太后可以垂帘听政，亲自辅佐新皇处理朝政，并且主张将辅臣制度废除。这一份奏折就好像一块大石击在平静的湖面上，惹得朝野上下议论纷纷。而这个董元醇也就成为了人们谈论的焦点对象。

但是，自从元朝建立以来，辅臣制度就一直流传到今天，这个制度的拥护者可是非常多的。咸丰皇帝驾崩后，八大辅臣在朝中可以说是要风得风，要雨得雨，权倾天下，又有谁敢如此光明正大地与他们对着干呢？这个董元醇究竟是做什么的人，他背后又有谁呢？没错，在董元醇的背后正是两宫太后与恭亲王奕䜣。

这一份奏折尽管没有起到非常明显的效果，但却是投石问路的一招好棋，结果让慈禧和慈安都十分高兴，因为董元醇的这个意见，朝中有一半人都是表示支持的，看来想要扳倒肃顺也并不是不可能的。

一天，两宫太后颁下懿旨，宣八位辅政大臣前往宫中议事。

慈安太后拿着奏折，对八大辅臣问道："山东道监察御史董元醇的奏章，想必诸位爱卿都已经知道了，那么你们是如何看的呢？"

载垣上前一步，满脸不屑地说："小小一个监察御史，能够有什么样的高远见解，自从我大清王朝建立以来，就没有'垂帘听政'这个说法，简直荒谬至极。"一旁的小皇帝吓了一跳，赶紧钻进慈安的怀中。

慈禧说："你们都是军机大臣，位列公卿，居然在皇上面前大呼小叫，难道想要谋反吗？"

肃顺听到这里，心中非常生气，大声说道："董元醇这个贼子是要破坏祖宗的规矩，臣等不依，天下人也不依。还请皇上与皇太后明鉴。"

肃顺的语气非常冲，居然将5岁的小皇帝给吓哭了。

肃顺看到这样的情况，也不知道该说些什么，最后慈安摆了摆手，让他们全部退下了。

两个月之后，咸丰皇帝已经去世几十天了，但是灵柩却一直放在热河避暑胜地。

九月，宫内传来懿旨，让肃顺等人前去问话。

慈安说："先皇驾崩已经两个月了，新皇应当继承大统，还要请诸位大臣尽早安排，早日返回京师。"

肃顺没办法反驳，于是就说："太后说的是，只不过皇上还小，恐怕很难胜任。"

慈安依然非常温和地说："那么其他大人也是这样认为的？"

肃顺一听，知道自己说错话了，于是赶紧说道："太后息怒，臣等会尽早商议，定下回京的事宜。"

九月底，在肃顺的安排之下，载垣与端华负责护送太后、皇帝回京，而肃顺则是要护送先皇灵柩返回京师。

回到京师的第二天，两宫太后就将奕䜣等众位大臣召来，当着大家的面宣布了肃顺等人的各种劣行，并且下旨革去他们的官爵，随时准备捉拿听审。

而这个时候的肃顺正在护送灵柩回宫的路上，对于宫中的事情全然不知。有一天，肃顺走进一间驿站，正要更衣休息的时候，突然听到外面一阵吵闹声，他刚一开门，就被一拥而上的士兵捆成了肉饼子，士兵押着肃顺来到了醇郡王面前。郡王说道："辅臣这几天过得好吗？本王在这里已经等候多时了。"

肃顺十分愤怒地说："我乃先皇亲自任命的辅政大臣，你们如此对我，难道想要违抗圣旨吗？"

郡王说："两天之前，太后已经将你们的官职革去了，你现在已经不再是什么辅政大臣了。"说着，就拿出太后的诏书，念给肃顺听。

把肃顺拿下之后，两宫太后以及她们的亲信也都松了一口气。不过接下来她们该怎样处置这八位辅政大臣呢？

于是，太后的众多亲信又聚集在一起，商量处理的办法。慈安太后说："肃顺等人是先皇亲自任命的辅政大臣，倘若我们将他们处死，岂不是与祖上的旨意相违背。"

恭亲王奕䜣说："不管怎么样，都不能放过肃顺，我们可以先定他们一个矫诏之罪，说他们假传圣旨，先皇根本就没有册封他们为辅政大臣。"

十月初六，两宫太后传下懿旨：肃顺等八位大臣，愧对先帝隆恩，矫诏欺君，自封为辅政大臣，欺瞒天下，罪不可赦，即日处死。

一代权臣就这样稀里糊涂就成为了刀下亡魂。肃顺死了之后，两宫太后又命令载垣、端华自尽而亡，并且把剩余辅政大臣全部治罪，其家属亲眷或者流放，或者监禁，牵连的人达到数百人。历史上称这个事件为"辛酉政变"。

慈禧的掌权之路

将八位辅政大臣除去之后，慈安太后与慈禧太后的心思转移到至高无上的皇权上，把赌注押在了恭亲王奕䜣的头上，赋予了他不少的权力，让他一时间之间，手中的权力无人能企及。奕䜣与众位大臣商量了让两位太后垂帘听政的议题。众大臣自然明白奕䜣的话外之音，再加上他的权势滔天，因此，并没有多加反对。两位太后垂帘听政标志着慈禧太后掌权的开始。

后来，因为奕䜣与慈禧太后在重建圆明园的问题上起了冲突，所以，慈禧太后就对奕䜣怀恨在心，想要把奕䜣这个绊脚石除去。接着，慈禧太后宠爱的太监安德海由于私自试穿龙袍，而被慈安太后与同治帝赐死，这就更加剧了慈禧心中的不满：自己的亲生儿子居然联合外人对付自己。

同治十二年，也就是公元1873年，同治皇帝这一年年满18岁，这是他立后亲政的年份。慈禧太后亲自为同治选了一位皇后，目的就是想要通过皇后来掌握同治的动态。但是，没有想到的是，皇后与皇上是一条心，慈禧太后的所作所为，皇后都会一字不漏地说给同治皇帝听，这也让同治皇帝更加防备着慈禧太后。

有一天，慈禧太后偷偷跟在皇后后面，听到了她与同治之间的对话，慈禧非常生气，气冲冲地冲进去将皇后打了一顿，然后，又狠狠呵斥了同治帝。

同治对于慈禧太后是又惧又怕，最后不得不出宫躲一躲，这一躲不要紧，同治在外面开始留恋烟花场所，还惹了一身的病。同治想到自己后继无人，就偷偷写下遗诏，让孚郡王之子载澍为继承者，并且将这个遗诏交给了李鸿藻。

然而，李鸿藻却是一个两面派，这边刚刚出了同治皇帝的宫殿，那边就到了慈禧太后的宫殿，把诏书这件事情告诉了慈禧太后，慈禧太后一怒之下，把同治害死。同治驾崩之后，慈禧就立醇亲王的儿子载湉为下一届的储君。

慈禧太后把载湉扶上皇位，又开始了她的第二次垂帘听政。几个月后，俄国向伊犁发兵，对新疆南路进行骚扰，帝国北疆告急。

慈禧太后赶紧召集各位大臣一切商量对策。

李鸿章说道："太后，俄国人侵犯我朝的边界，依照微臣看，俄国人不是那么好对付的，还是议和为好。"

慈禧太后听了之后，点了点头。这个时候，两江总督左宗棠站出来反对道："这件事情绝对不能议和。新疆南路是一个非常富饶的地方，俄罗斯在很早的时候就已经开始觊觎。近些年，我大清朝割地赔款的事情愈演愈烈，总不能把祖宗的江山这么白白葬送了呀？臣愿意率兵出征，保卫我大清疆土！"

慈禧太后早已经被洋人吓坏了胆，对于出兵一事更是连想都不敢想。最后只好挥手退朝，容以后再议。慈禧太后刚回到寝宫，就听到有人禀报，左宗棠带着一具棺材求见。慈禧太后知道他肯定为了抗俄的事情而来。左宗棠报着必死的决心，请求慈禧太后发兵新疆。在无奈之下，慈禧最后不得不同意左宗棠的请求，出兵伊犁，任命他为将军。

得到命令后，左宗棠就立即开始计划出兵的事宜。两年之后，左宗棠将新疆南路四城收复。捷报频频传入京城，朝野上下都沉浸在一片喜气的气氛中，慈禧太后脸上的忧愁也没有了。这一次大战，俄军被打得落花流水，并且主动提出议和。公元1880年，清朝将伊犁彻底收复。

按照常理来说，外患已经平定了，慈禧太后应当高兴才是，但是看着东宫慈安太后，慈禧太后还真是高兴不起来。

慈禧太后与慈安太后两个人心中本就有芥蒂，后来由于肃顺的事情，两个人才联合起来，将肃顺拉下台，到了最后倒也相安无事。慈安太后是一个喜欢安静的人，通常也不会参与朝政。不过，慈安太后插手朝政的手段与慈禧太后完全不一样，这也让慈禧太后心中非常不高兴，因此，一直在想办法除去慈安太后，从而让自己成为真正的掌权者。但是，慈禧太后知道，慈安太后手中还有一道先皇御赐的诏书，可以随时拿去自己的性命。所以要想除去慈安太后，一定要将诏书骗过来才行。

有一天，慈安太后生病了，慈禧太后让人给她送了一些肉汤。

慈安太后喝完之后，感觉这次的肉汤非常鲜美，于是问道："这碗肉汤非常美味，是什么食材做成的？"小太监支支吾吾了半天，说道："这是用慈禧太后手臂上的肉熬制而成的。"

慈安听了之后非常震惊，立即前往慈禧太后的寝宫。进去之后，慈安太后就看到慈禧太后躺在床上，手臂上还缠着一层厚厚的绷带，面色非常苍白，慈安太后心中十分感动。在这种感动之情的驱使之下，慈安太后就把先皇的遗诏拿了出来，并且当众烧掉了。

自从遗诏被烧毁之后，慈禧太后就再也没有什么可怕的了，对慈安太后也没有了以前的尊敬，这让慈安太后追悔莫及。

后来，慈禧太后请慈安太后吃糕点，慈安太后吃完半天之后，就感觉身体非常不舒服。不过，她也没有多想，但是，三天之后却一命呜呼了。从此之后，慈禧太后就开始了独揽朝政的日子。

公元1883年，中法战争正式爆发。公元1885年，中法战争结束，清政府损失惨重。而这一年，慈禧太后的颐和园也正在建设当中。一天，慈禧太后把醇亲王召来，说："现在，中法已经结束了，我们要做几件事。李鸿章打算建立学堂，聘请德国人为教师，你怎么看呢？"

醇亲王回答："这是一件好事儿啊。"

慈禧太后说："行，那就批准了！"

就这样，过了两年后，光绪皇帝已经长到了18岁，也到了亲政选后的时间了。

经过一番挑选之后，皇后的人选只剩下了五个人。除了慈禧太后的侄女之外，还有两对姐妹花。慈禧太后内侄女叶赫那拉氏领头，然后就是德馨家的两姐妹，最后就是长叙家的两姐妹。在慈禧太后的一手操办下，最终的皇后之位落在了叶赫那拉氏家族。

大婚之后，光绪开始亲自处理朝政。慈禧太后也住进了颐和园。尽管光绪皇帝已经独掌朝政，但是慈禧太后仍然对他看管地非常严，一刻也不肯放松，只要有重要的事情，慈禧太后都一定要亲自过目，而且光绪帝还要常常去颐和园请安。

公元 1894 年，也就是光绪亲政的第五年。有一天早晨，一大批日本军从海上过来，对中国的船只发起攻击。得知这个消息之后，光绪皇帝宣布对日开战。中日甲午战争正式爆发。

战争开始之后，坏消息接连不断传来：八月三日，日本将朝鲜全境占领。两天之后，中日在黄海激战的过程中，经过五个小时候的对抗，清政府的四艘船只被日本军队击沉，有六百多名官兵壮烈地牺牲了。

李鸿章看着自己一手创办的北洋水师损失惨重，于是就决定"避战保船"，下令北洋水师放弃制海权。最后的结果只能是作茧自缚，被围困在了海港内。由于清政府的软弱，日本变得更加猖狂与嚣张。

就这样，李鸿章被任命为议和全权大臣，与日本代表人物伊藤博文在马关谈判。

公元 1895 年三月，中日正式签订了马关条约。条约的内容为：将辽东半岛、台澎列岛割让给日本；赔偿日本军费白银三亿两；承认朝鲜自主独立；开放苏州、沙市、重庆、杭州与长沙作为商埠。

公元 1898 年三月，光绪皇帝正在批改奏章的时候，他的老师翁同龢请求见驾，并且交给光绪帝一卷书，也正是从这个时候开始，一场轰轰烈烈的戊戌变法活动就拉开了序幕。

但是，戊戌变法进行得并不是很顺利，朝中不少的官员都持反对意见。不过。让光绪帝与戊戌变法支持者感到安心的是，在颐和园养老的慈禧太后并没有什么动静。这让光绪帝也纳闷不已，这可不像慈禧太后的作风啊！

四月的某一天，光绪帝前往颐和园给慈禧太后请安，慈禧太后看着光绪帝，好像闲聊一样地问道："皇帝，你最近过得还好吗？"

"儿臣还好。"

"政务十分繁忙，你能够吃得消吗？"

"还好，没有什么大问题。"

慈禧太后点点头，长长舒了一口气，接着说道："最近有不少人对你的老师翁同龢非常不满，这件事情你知道吗？"

听到这里，光绪皇帝的心沉了下来，这件事情他的确是第一次听说。翁同龢是这一次戊戌变法的主要实施者与策划者，是最大的功臣。是他将康有为推荐到光绪皇帝面前，倘若没有他，就没有这场戊戌变法。更何况翁同龢德高望重，光绪皇帝正要委以重要职位。现在，慈禧太后却说出了这样的话，干扰意味非常明显。

慈禧太后瞄了光绪一眼，拿起桌子上的奏折，就扔到了光绪帝面前说："这些都是大臣弹劾翁同龢的折子，这个人不经允许，却敢擅自用权，你居然还重用他？"

光绪低着头什么也没有说，他心里很清楚，慈禧太后所说的都是"莫须有"的罪名，只不过是在找借口罢了。看来慈禧太后并没有放下朝政大权，还是想要掌握在自己手中的。

光绪皇帝非常无力地说："那按照太后的意思，应该怎么办？"

慈禧语气非常坚定地说："把他革职吧，另外，你应当重用荣禄！"

光绪皇帝回到宫中，第二天，就按照慈禧太后的意思，将翁同龢革职查办，并且对荣禄加以重用，任命他为直隶总督兼北洋通商大臣，与此同时，还给予了他很高的军权。一时之间，荣禄权倾朝野。

公元 1898 年七月二十九日，戊戌六君子之一的杨锐正在军机处当值，突然，听到太监传旨，命他马上进宫拜见光绪皇帝。

杨锐立即放下手中工作，跟着传旨的太监，来到了光绪皇帝的御书房——养心殿。

光绪皇帝看到杨锐进来之后，就把身边的所有人都遣走了，他神情非常紧张地说："我刚才已经收到消息。慈禧太后决定九月份发动兵变，把我囚禁起来，再一次实施垂帘听政。"

杨锐听完光绪皇帝的话之后，脸色变得十分苍白，不知道该说些什么。

光绪皇帝接着又说道："我如今就好像是一叶扁舟，在宫中没有任何的依靠。而现在所有的希望就是依靠康有为等大臣们了，你们必须要想办法将我救出去。现在，宫中到处都是慈禧太后的人，我根本没有办法从宫门走出去，因此，我将你找来，就是希望你可以和康有为、梁启超等人进行联系，让他们尽快想办法将我接出去，希望你们不要辜负我啊！"

接着，光绪帝又把一条玉带赠给了杨锐，诏书就藏在这条玉带中，他命令杨锐出宫之后，把这个玉带交给康有为等人。

宫外，康有为看着杨锐垂头丧气地走出来，就询问他出了什么事情。于是，杨锐又把光绪帝的话告诉给了康有为。康有为马上叫来戊戌变法的主要人物一起商议对策。

要想将光绪皇帝救出来，就必须找一个与荣禄有着相同兵权的人才可以胜任这个任务。现在，众人商量之后得出一个结果，袁世凯就是最佳合适的人选。他曾经对于戊戌变法也十分同情，倘若能够将他说服，那么光绪帝也就有救了。而前去游说的任务，就落到了谭嗣同的头上。于是，谭嗣同连夜赶到了天津，拜见了袁世凯。袁世凯对于光绪皇帝要被囚禁起来的事情深表同情，并且表示一定会杀了荣禄这条狗。然而，谁也没想到的是，袁世凯是一个当面一套，背后一套的阴险小人。当着谭嗣同的面，答应了他的请求，发誓要把光绪皇帝救出来，但是心里却不是那么想的。

八月六日，光绪皇帝还在睡梦当中，就听到太监急促的叫喊声。原来是慈禧太后带着一行队伍，从颐和园过来了。光绪皇帝痴痴地坐在床上，小声嘟囔着："完了，完了，这下朕的皇位恐怕再也保不住了。"

慈禧太后进来之后，光绪皇帝假装非常镇静地上前给慈禧太后请安。慈禧太后满脸怒气，根本没有理会光绪皇帝，就在太监李莲英的搀扶之下，朝着光绪皇帝的寝宫走去。

慈禧太后把光绪皇帝案上的奏折拿起来，然后凶巴巴地呵斥道："皇帝，我现在只问你一句话，你可清楚儿子杀父母是什么样的罪过？"

实际上，光绪皇帝并不知道，袁世凯刚刚把谭嗣同送走，一转身就把他们密谋的那件事情告诉给了慈禧太后，并且说光绪皇帝命令他带兵围困颐和园，而且还要把慈禧太后处死。光绪皇帝极力为自己进行辩解。但是，慈禧太后却没有耐心听他的任何解释，挥手说道："你每天就知道变法变法，现在，连最基本的孝道都没有了，我看这大清朝就要毁在你的手中了。"

第二天，光绪皇帝昭告天下，慈禧太后第三次垂帘听政，而光绪皇帝则被慈禧囚禁在了瀛台，只有在特大庆典的时候，他才会出现在众位大臣的面前。

光绪被囚禁起来之后，康有为与梁启超就从北京逃了出去，但是杨深秀、杨锐、林旭、刘光第、谭嗣同以及康广仁等六人则被押到了菜市口，斩首示众，历史上将他们尊称为"戊戌六君子"。

公元 1898 年，已经 64 岁高龄的慈禧太后，再一次将朝政大权控制在自己的手中。不过，这一次慈禧太后并没有以前那样好过。因为洋人正在步步紧逼，大清朝的国土也不断地沦丧，这让她承受了非常大的压力，也让她的统治地位受到了前所未有的威胁。

现在，慈禧太后非常着急地需要一股力量来将外来的洋鬼子彻底打败。而这个时候，义和团运动也应运而生了。

义和团运动在山东地区爆发，它的出现恰好符合慈禧太后如今的迫切需要。慈禧太后想要看着义和团与八国联军斗争，等到他们斗得两败俱伤的时候，她就坐收渔翁之利。于是，慈禧太后多次谕令地方督抚，"实力剿捕，毋得养痈贻患"。在朝廷的暗中帮助下，义和团的势力迅速发展，变得越来越大，并且进入北京。慈禧太后心中不再谈定了，她害怕他们会危及自己的江山统治，于是，就不再为义和团提供武器了。而且，这个时候，各国驻华公使在与清政府照会的时候，强烈要求清政府镇压义和团。之后，又不顾清政府的反对，坚持调兵进入北京，在使馆官员的指挥下，肆意对义和团进行抓捕与驱赶。

清政府统治集团的内部，以载漪、刚毅以及徐桐为代表的顽固派，建议对义和团进行招抚，以便更好地与列强进行对抗。而奕欣、王文韶、张之洞、袁世凯等人，则提议清剿义和团，从而避免列强对清政府的武装侵略。

因为外国列强一直欺辱大清国，所以，慈禧太后早已经对其十分痛恨。现在，慈禧太后对顽固派与之对战的主张非常欣赏。而且，慈禧太后看到一份所谓的"洋人照会"，居然勒令她将朝政大权归还，这是最让她不能忍受的，因此，她才决意宣战。就在这一天，八国联军已经将大沽口炮台攻占。

1898年6月21日，慈禧用光绪皇帝的名义发布对列强宣战的诏书。然而，刘坤一、张之洞等地方督抚强烈反对慈禧太后的决定。他们联名上奏，主张清剿义和团，与洋人讲和。并且通过积极的活动，与列强签订了条约，实行"东南互保"。这个时候，慈禧太后的决心已经开始动摇了。她一边命令各省将军督抚要认真布置战守的事情，并且继续利用义和团来对各大使馆进行围攻，从而更好地抗击八国联军；一边命令荣禄前去使馆对各国使臣进行慰问，并且在北玉河桥树了一块木牌，牌子上面写着"钦奉懿旨，保护使馆"几个大字。接着，又分别向俄国、英国、日本、德国、美国以及法等国国家元首致国书，请求他们能够出面"排难解纷"、"挽回时局"。然后，慈禧太后又任命李鸿章为直隶总督兼北洋大臣，打算和列强进行谈判。然而，最终八国联军也没有停止攻击。

1898年8月14日，八国联军进入北京。第二天凌晨，慈禧太后就带着光绪皇帝等人，在两千多名士兵的护卫之下十分地仓皇从北京逃了出去。与此同时，命令奕劻、李鸿章作为全权大臣，与列强谈判，将这场战争的全部责任都推到了义和团的身上，也开始大力清剿义和团。最后，八国联军提出了非常苛刻的条件，慈禧太后全答应了，随后在1901年9月，签订了丧权辱国的《辛丑条约》。

《辛丑条约》条约签订后，慈禧太后又返回到了北京，再一次站到了大清朝统治者的位置上。自从戊戌变法失败后，光绪皇帝被慈禧太后囚禁在瀛台，每天只能对着杂草、枯树、清水唉声叹气，身体也随之不断地衰弱，终于在1908年11月14日，光绪皇帝病死在瀛台，那一年，他才 38 岁。

　　光绪皇帝去世后，慈禧太后扶植年龄仅仅只有 3 岁的溥仪登上了皇帝的宝座，这是慈禧太后所扶持的第三个傀儡皇帝。溥仪上位之后的第二天，慈禧太后就驾崩。她没有想到的是，她苦心经营了 48 年的大清王朝，在她死了之后，被武昌起义的炮声，彻底地给瓦解了。封建社会也到此结束了。